Touren für Entdecker

Wandern in Stuttgart

Spannende Touren im Grünen, am Wasser und zu kulturellen Highlights

J. BERG

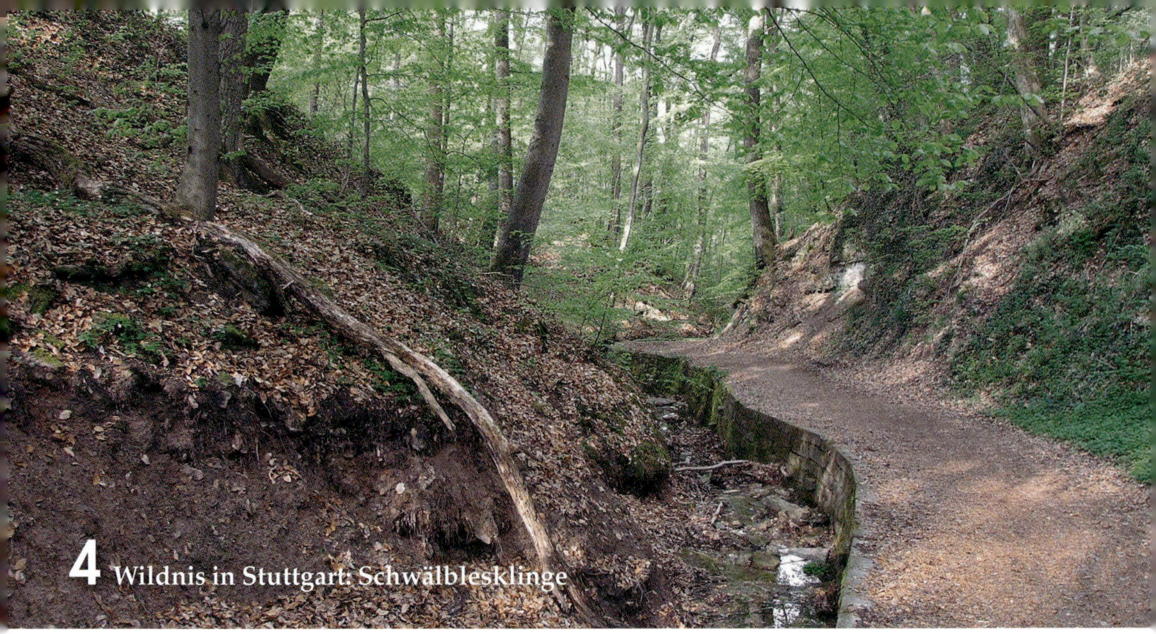

Inhalt

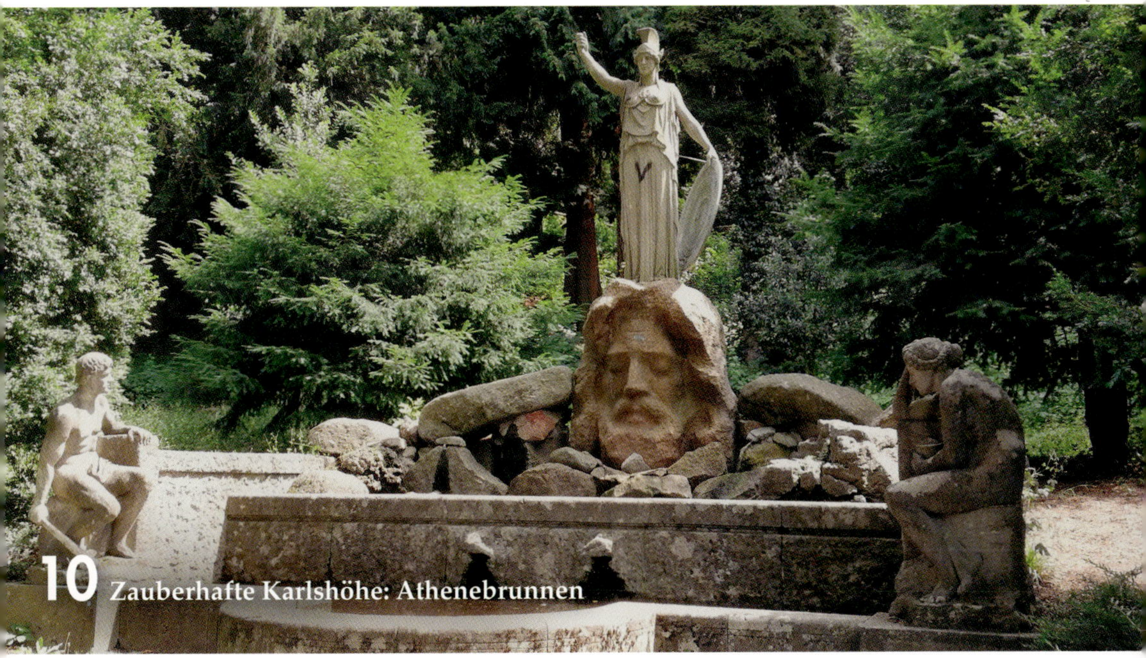

10 Zauberhafte Karlshöhe: Athenebrunnen

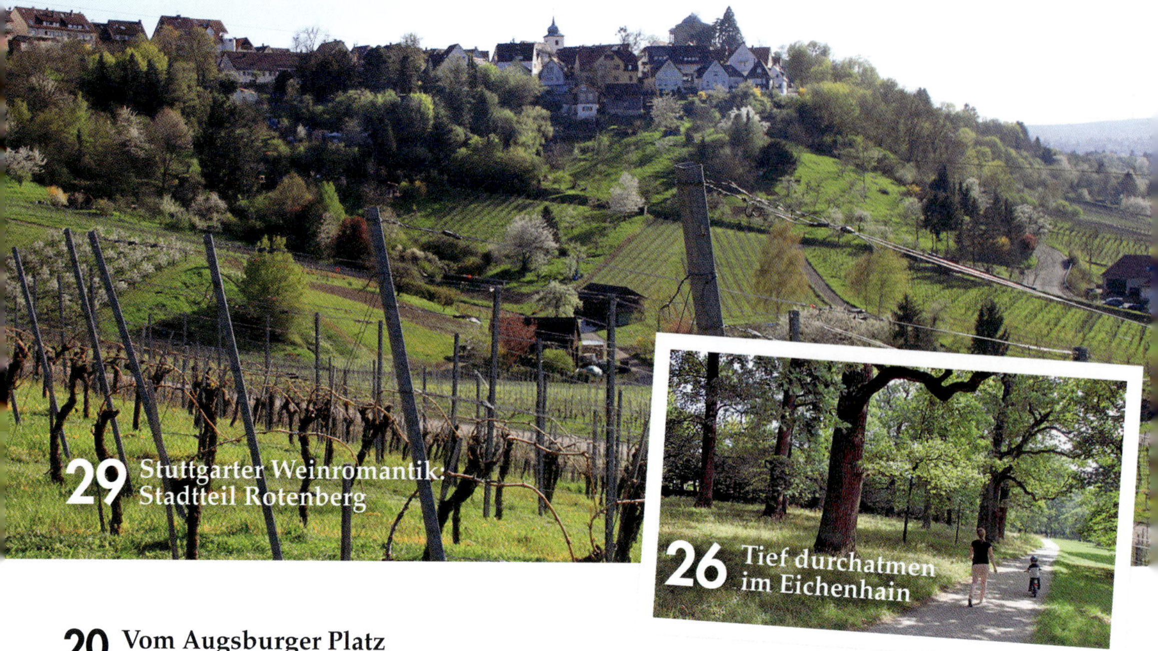
29 Stuttgarter Weinromantik:
Stadtteil Rotenberg
26 Tief durchatmen
im Eichenhain

Tourenüberblick

	Tour	km									
1	Von Degerloch übers Teehaus zum Marienplatz	5,8	46/ 220	1.30	•	•	•		•		•
2	Vom Wilhelmsplatz zum Marienplatz	6	155/144	2	•		•		•		•
3	Durchs Lehenviertel zum Haigst	4,8	174/174	1.30	•		•		•		•
4	Vom Marienplatz zur Schwälblesklinge	5,8	76/190	2	•	•	•		•		•
5	Vom Marienplatz zum Schnarrenberg	4,7	164/164	1.30	•		•		•		•
6	Von Heslach durch die Baumreute zum Blauen Weg	6,1	140/147	2	•		•		•		•
7	Vom Erwin-Schöttle-Platz und Südheim zum »Eiernest«	4	71/ 71	1.30	•		•		•		•
8	Von Kaltental nach Sonnenberg	5,6	151/151	1.45					•	•	•
9	Über die Elsenbachklinge nach Dachswald	4,7	73/73	1.30	•				•		•
10	Vom Feuersee zur Karlshöhe	3,3	58/58	1	•		•		•		•
11	Von der Schwabstraße auf den Monte Scherbelino	10,6	218/240	3	•	•	•		•		•
12	Von Botnang zur Solitude	11,8	217/217	3.15	•	•	•		•	•	•
13	Vom Hölderlinplatz zum Chinesischen Garten	10,4	117/154	3	•		•		•		•
14	Vom Killesberg nach Feuerbach	5,5	101/101	1.30	•	•	•		•		•
15	Vom Europaviertel zur Weißenhofsiedlung	6,9	154/154	2	•		•		•		•
16	Vom Nordbahnhof zum Kulturschutzgebiet	7,9	106/106	2.30	•	•	•		•		•
17	Durchs Birkendörfle zum Bismarkturm	5,5	151/114	1.30	•		•		•		•
18	In und um Zuffenhausen	5,2	38/22	1.30	•	•	•		•		•
19	Von Cannstatt übers Römerkastell zum Pragsattel	6,4	138/59	2	•		•		•		•
20	Vom Augsburger Platz zur König-Karl-Brücke	3,4	2/24	1	•		•		•		•
21	Vom Neckartor zum Schloss Rosenstein	7,3	51/37	2	•	•	•		•		•
22	Vom Schlachthofviertel zur Gänsheide	4,3	214/79	1.30	•		•		•		•
23	Von der Geroksruhe zum Eugensplatz	6,2	130/173	2	•		•		•		•
24	Schlossplatz, Villa Reitzenstein und Altstadt	5,1	124/124	1.30	•		•		•		•
25	Über die feine Uhlandshöhe nach Ostheim	4,6	92/113	1.30	•	•	•		•		•
26	Rundwanderung um Sillenbuch	8,2	74/74	2.30	•		•		•		•
27	Von der Dobelstraße über Frauenkopf nach Gaisburg	7,9	220/293	2.30	•		•		•		•
28	Von Wangen nach Hedelfingen	6,3	201/198	2	•		•		•		•
29	Von Untertürkheim nach Rotenberg	9,8	262/262	3	•		•	•	•		•
30	Von Obertürkheim über die Katharinenlinde nach Uhlbach	7,6	240/240	2.30	•		•	•	•		•

Wälder, Weinberge, Stäffele

Stuttgart ist vielfältig und faszinierend, und wer's so nicht kennt, der sollte sich auf den Weg machen und die Stadt beim Wandern entdecken. Wie keine zweite deutsche Großstadt erstreckt sich Stuttgart über eine reich gegliederte Landschaft mit bewaldeten Höhenzügen und tief eingegrabenen Tälern. Die Landesmetropole mit ihren facettenreichen Wohnquartieren, eingebettet zwischen den Wäldern oberhalb der mondänen Halbhöhen und den belebenden Parks, hat außergewöhnlich viel zu bieten. Auf meinen Touren erleben Sie einen charmanten Mix aus großstädtischen und dörflichen Wohnvierteln mit herrlichen Ausblicken, interessanter aktueller wie auch historischer Architektur und viel Natur.
Sie werden überrascht sein, wie viele Touren mitten im städtischen Trubel beginnen und Sie schon bald in die erholsame Natur eintauchen lassen. Reich an schönen Wanderwegen und den legendären Stäffele, Aussichtspunkten, Wäldern, Weinbergen und Wiesen, ist die Stadt selbst ihr perfektes Naherholungsgebiet – für Bewohner wie Besucher. Dieser Stadtführer wendet sich an alteingesessene und neue Kesselkinder, Bewohner der Metropolregion und einfach alle, die Stuttgart ganz neu entdecken möchten.

Start- und Zielpunkte und Tourenlänge

Alle Touren beginnen und enden an Stadtbahn- oder S-Bahnhaltestellen, damit Sie bequem und CO_2-freundlich zum Ausgangspunkt zurückkommen können und kein Auto benötigen. Das öffentliche Verkehrsnetz ist sehr dicht, sodass hier keine langen Wartezeiten entstehen, und außerdem übersichtlich, sodass die Start- und Zielhaltestellen bequem gefunden werden können. Durch die zahlreichen Stadtbahn- und S-Bahnhaltestellen gibt es an vielen Stellen die Möglichkeit, die Touren vorzeitig abzubrechen, was bei Wetterumschwüngen und auftretenden Gewittern plötzlich nötig werden kann. Ich schlage in den Touren auch immer wieder kurze Varianten vor, aber werden Sie ruhig auch selbst kreativ. Nimmt man Umstiege oder einen Bus in Kauf, bieten sich oft noch weitere Möglichkeiten, die Tourenlänge dem individuellen Wanderbedürfnis anzupassen.

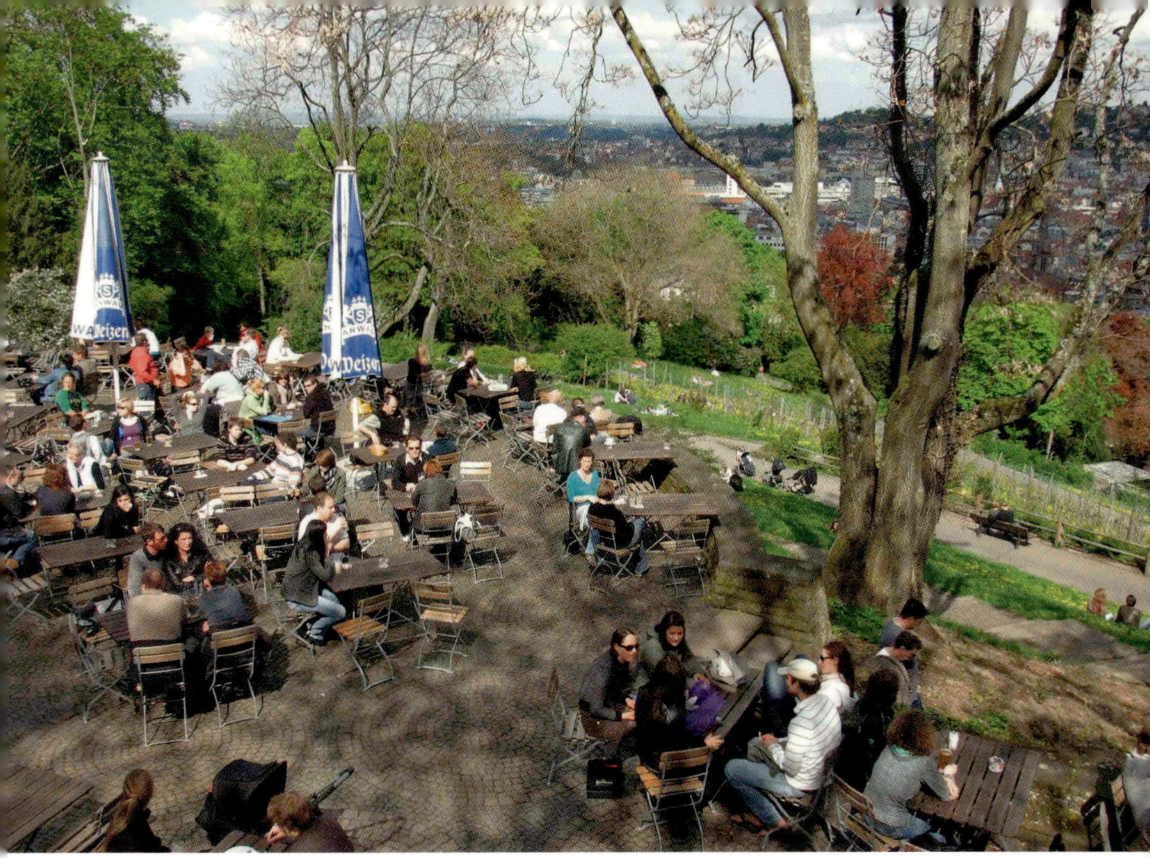

Biergarten auf der Karlshöhe

Einkehrpausen

Wo immer möglich, schlage ich nette Einkehrmöglichkeiten vor. Hier können Sie sich zwischendurch stärken oder die Tour am Ende beim gemütlichen Kaffeeplausch oder »Vierteleschlotzen« abschließen. Natürlich warten viel mehr Einkehrmöglichkeiten entlang der Routen auf uns, sodass niemand verdursten oder verhungern muss.

Stuttgart im Wandel der Jahreszeiten

Stadtwandern in Stuttgart ist zu jeder Jahreszeit ein Erlebnis: im Sommer, wenn die vielen Gärten, Parks und die Wälder auf den Höhenzügen eine angenehme Kühle verbreiten; im Herbst, wenn sich die Stadt in ein prächtiges Farbspiel kleidet und dazu einlädt, durch die leuchtenden Weinberge der Vororte zu streifen; im laubfreien Winter, wenn man an besonders vielen Stellen faszinierende Ausblicke auf »Kesseltown« und die umliegenden Höhenzüge genießt. Besonders schön ist es aber im Frühling, wenn sich Vorgärten und Parks in kleine Blütenmeere verwandeln und die Straßenbäume ihr erstes Grün entfalten.

Wanderkleidung und mehr

Wandern in einer Großstadt wie Stuttgart kann man eigentlich bei jedem Wetter, wenn man die richtige Kleidung dabeihat. Rutschfeste Schuhe sind besonders auf den bei feuchtem Wetter manchmal glitschigen Stäffele zu empfehlen, sonst braucht man in der Stadt höchstens mal eine Regenjacke, Schirm oder einen

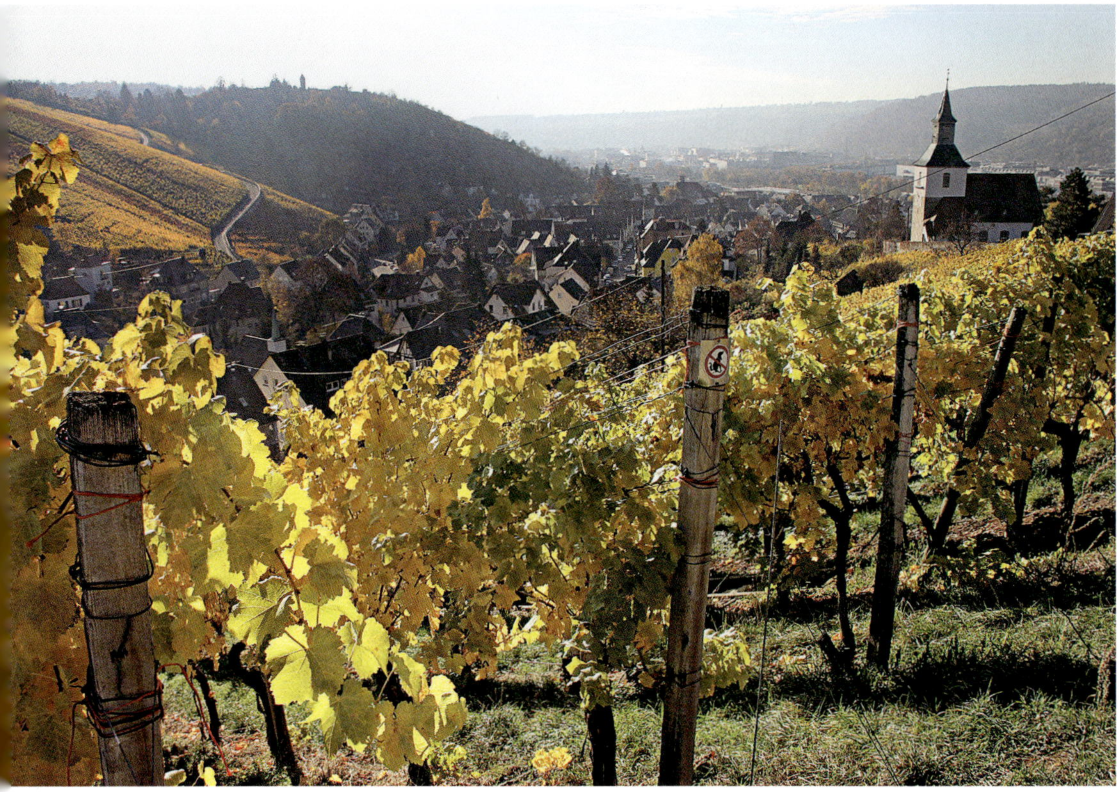

Winzeridylle pur: Weinberge um Obertürkheim

zusätzlichen Pulli. Bei Gewittern sollte man die üblichen Vorsichtsmaßnahmen treffen und blitzschlaggefährdetes Gelände oder große Bäume meiden. In der City gibt es in solchen Fällen an vielen Stellen die Möglichkeit, schnell mal in ein Café, Bistro, eine Kirche oder in einen Laden zu verschwinden.

In Stuttgart findet man jede Menge öffentlicher Toiletten, z. B. an Stadtbahnhöfen und Friedhöfen, aber auch in Gaststätten oder Einkaufszentren. Sogenannte »Nette Toiletten« sind etwa an Lokalen mit einem roten Schild gekennzeichnet. Sie dürfen auch ohne vorherige Einkehr besucht werden.

Umweltfreundliches Stadtwandern

Für alle in diesem Buch beschriebenen Touren steht der Verkehrs- und Tarifverbund Stuttgart (VVS) bereit, ob Stadtbahn, S-Bahn oder Bus. Mit der VVS-App kann man problemlos herausfinden, wo sich die nächste Stadtbahn- oder Bushaltestelle oder der nächste S-Bahnhof befindet. Ansonsten hängen an den

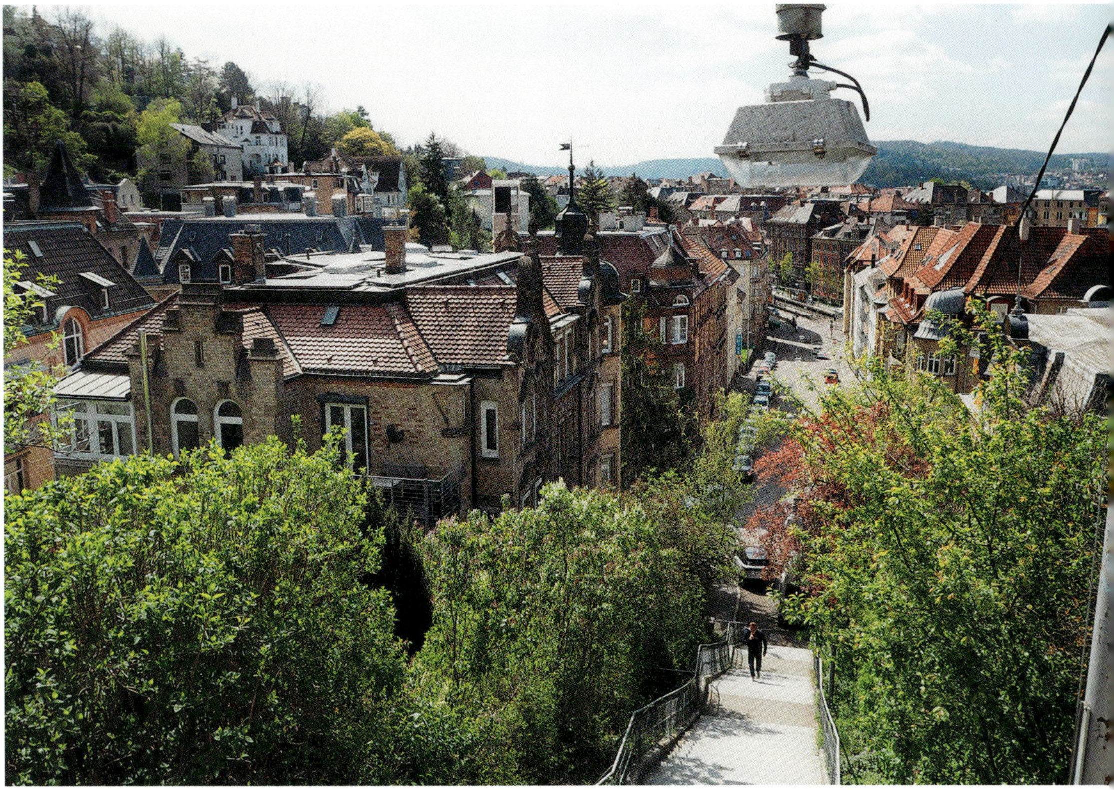

Auf der Dobelstaffel

Haltestellen in der Regel Liniennetzpläne, an denen man sich orientieren kann. Stadtbahnhaltestellen sind mit einem blauen U gekennzeichnet, deshalb spricht man auch gerne von der U-Bahn. S-Bahnhöfe erkennt man an einem großen grünen S. Wer von weiter weg anreist, kommt am Stuttgarter Hauptbahnhof, dem Nordbahnhof oder dem Bahnhof Bad Cannstatt an und steigt dort am besten auf das Stadtbahnnetz um. Die S-Bahnen haben weitere Haltestellen in der Innenstadt, von denen man zum Teil direkt mit einer Tour starten kann, oder es gibt weitere Umsteigemöglichkeiten.

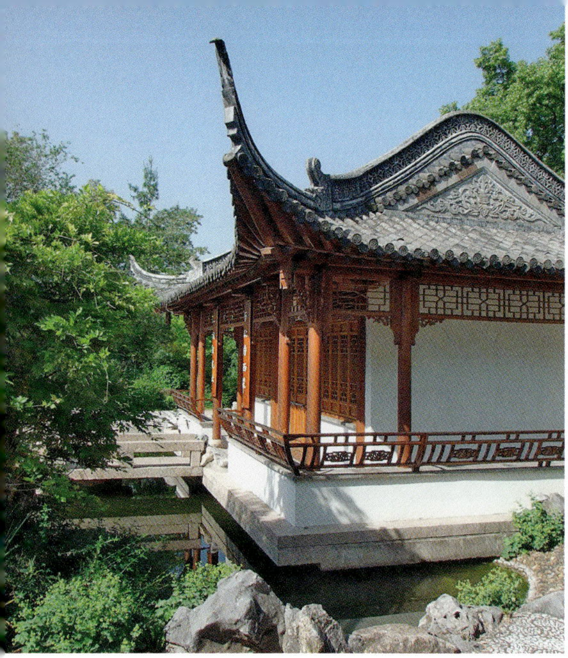

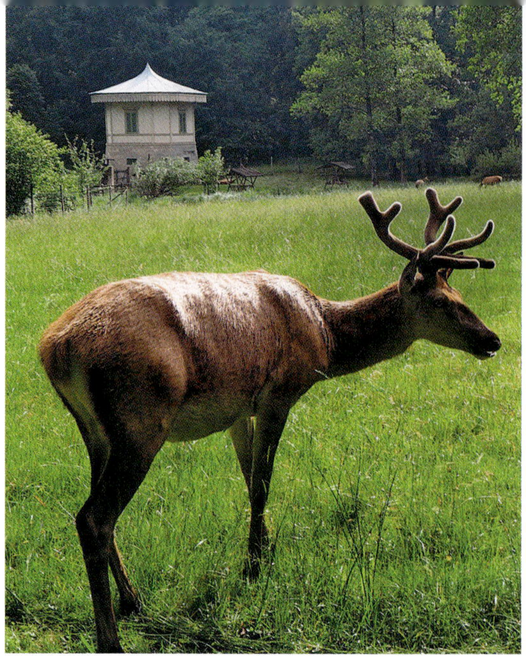

Links: Chinesischer Garten in der Panoramastraße

Rechts: Chinesische Pagode im Rotwildpark

Rechte Seite: Wohnen im Stuttgarter Norden

Mögliche Tücken beim Stadtwandern

Die Wanderwege sind meist einfach zu begehen. Trotzdem sollte man immer etwas aufpassen. Stäffele können mal rutschig sein und der allgegenwärtige Straßenverkehr erfordert immer eine gewisse Konzentration. Gibt es mal keine Autos, könnten besonders an Abfahrtsstrecken Radler mit hoher Geschwindigkeit ins Tal rasen und dabei manchmal alle Vorschriften außer Acht lassen. Auch die mittlerweile überall anzutreffenden E-Scooter verlangen von Fußgängern erhöhte Aufmerksamkeit.

Wichtige Internetadressen

www.stuttgart.de

www.stuttgart-tourist.de

www.vvs.de

Stadtwandern mit Kindern

Alle hier vorgeschlagenen Wanderungen eignen sich auch für Kinder. Besonders zu empfehlen sind Touren, die durch den Höhenpark Killesberg, den Unteren Schlossgarten, den Rosensteinpark mit dem für Kinder sehr interessanten Naturkundemuseum, den Bopser, die Uhlandshöhe mit dem netten Minigolf-Gärtle und die Grünanlagen am Wartberg mit Ökostation und Wasserspielplatz führen. Hier gibt es immer wieder fantasievoll angelegte Spielplätze, wobei der Höhenpark mit seinem Streichelzoo, der Killesbergbahn und Eliszis Jahrmarktstheater ein absolutes Highlight ist. Auch ein Ausflug zum Bärenschlössle mit seinen Seen und den Tiergehegen im Rot- und Schwarzwildpark ist für einen gelungen Familienausflug perfekt. Das Porsche Museum in Zuffenhausen ist bei vielen Kids ebenfalls ein angesagtes Ziel, das man durch die vorgeschlagene Tour erwandern kann. Auch eine Fahrt mit der Zahnrad- und der Standseilbahn sollte man beim einem Ausflug mit Kindern einmal gemacht haben (Tour 4), und der Birkenkopf alias Monte Scherbelino mit seinem Trümmerschutt aus dem Zweiten Weltkrieg beeindruckt Kids und Jugendliche gleichermaßen.

Karten und Stadtpläne

Wer die Touren abkürzen oder verlängern möchte, sollte zusätzlich einen Stadtplan verwenden. Neben Google Maps bietet z. B. auch die Stadt Stuttgart einen Stadtplan im Internet an (https://maps.stuttgart.de/stadtplan/). Ausgedruckte Stadtpläne verschiedener Anbieter gibt es an vielen Kiosken oder in Buchhandlungen.

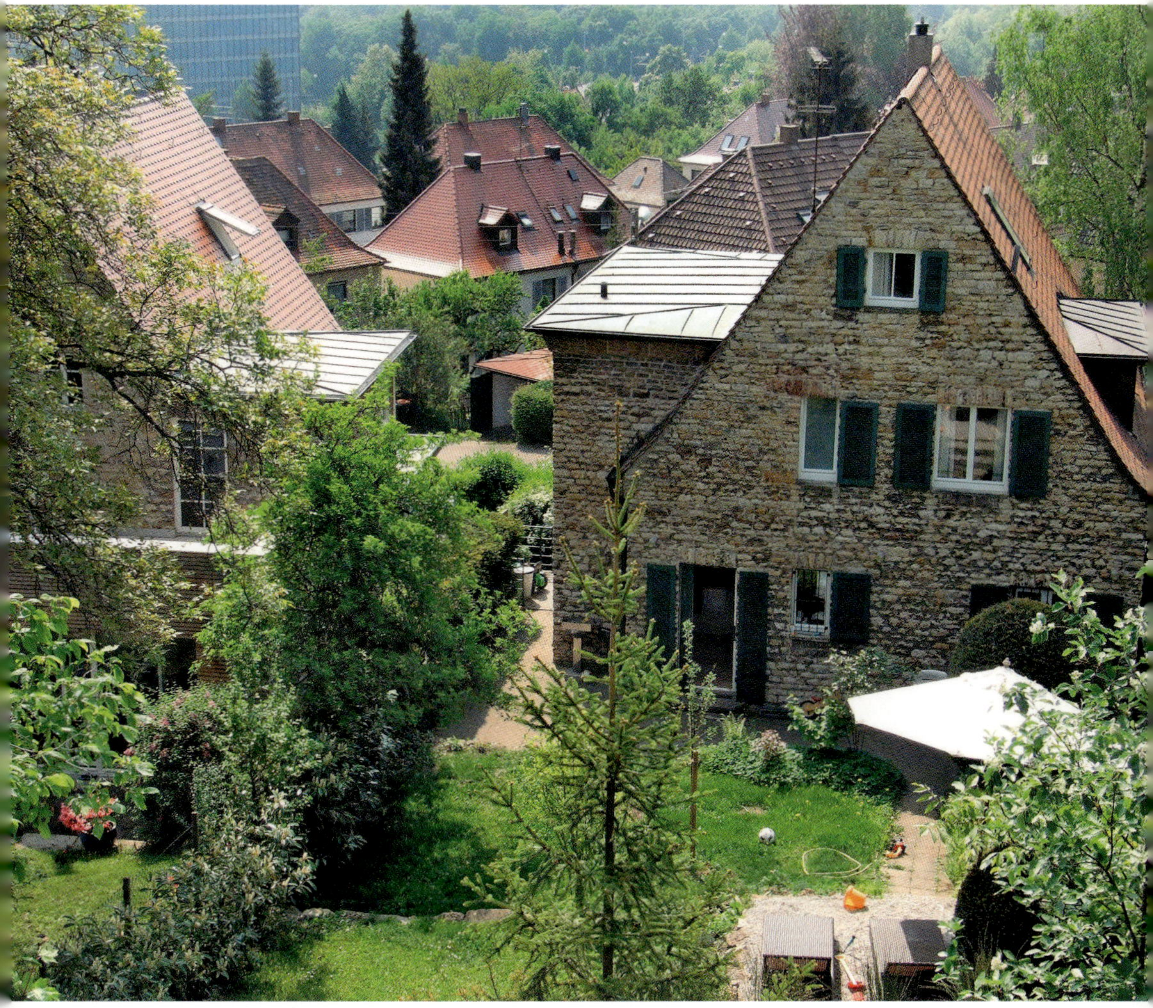

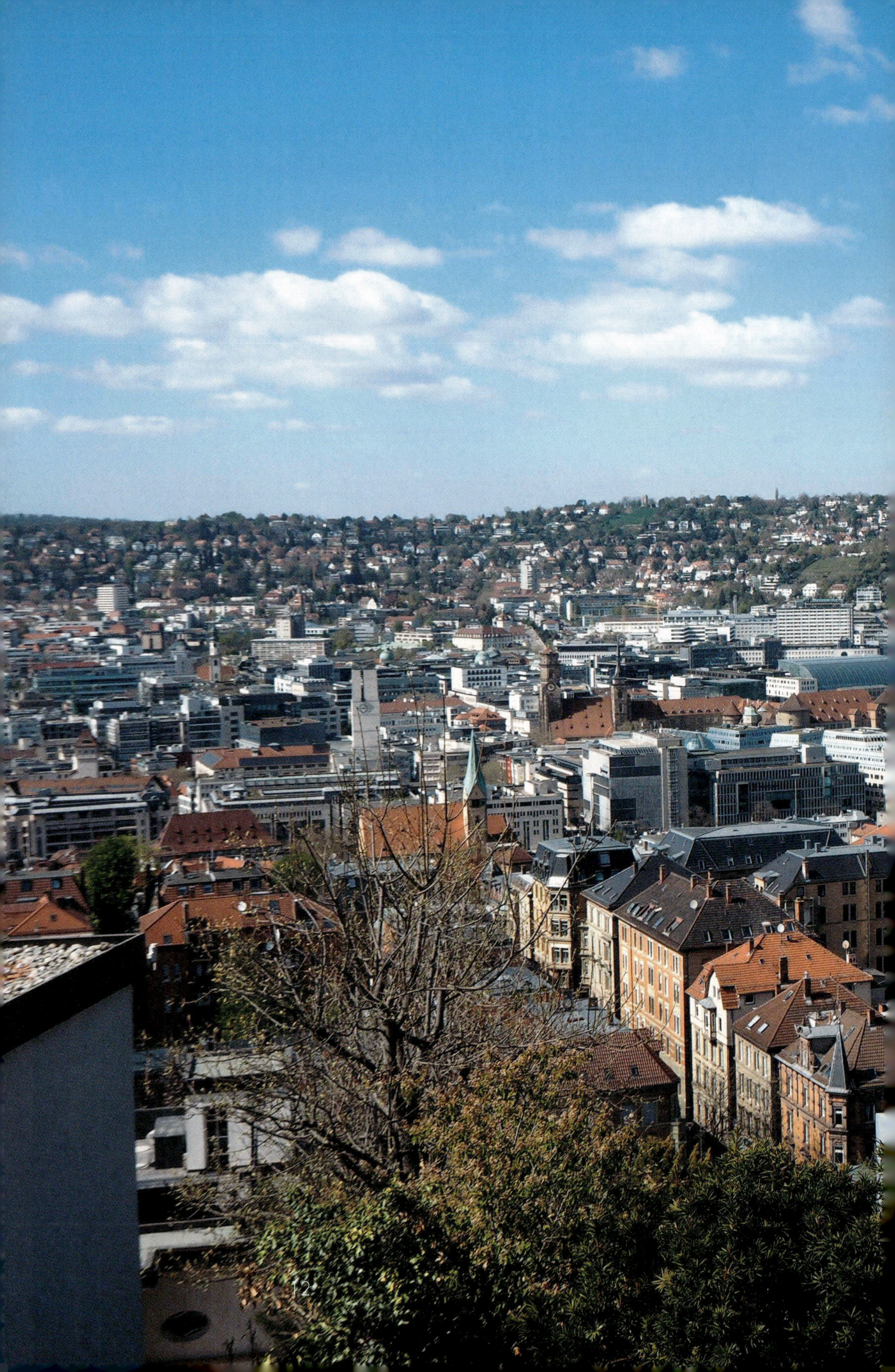

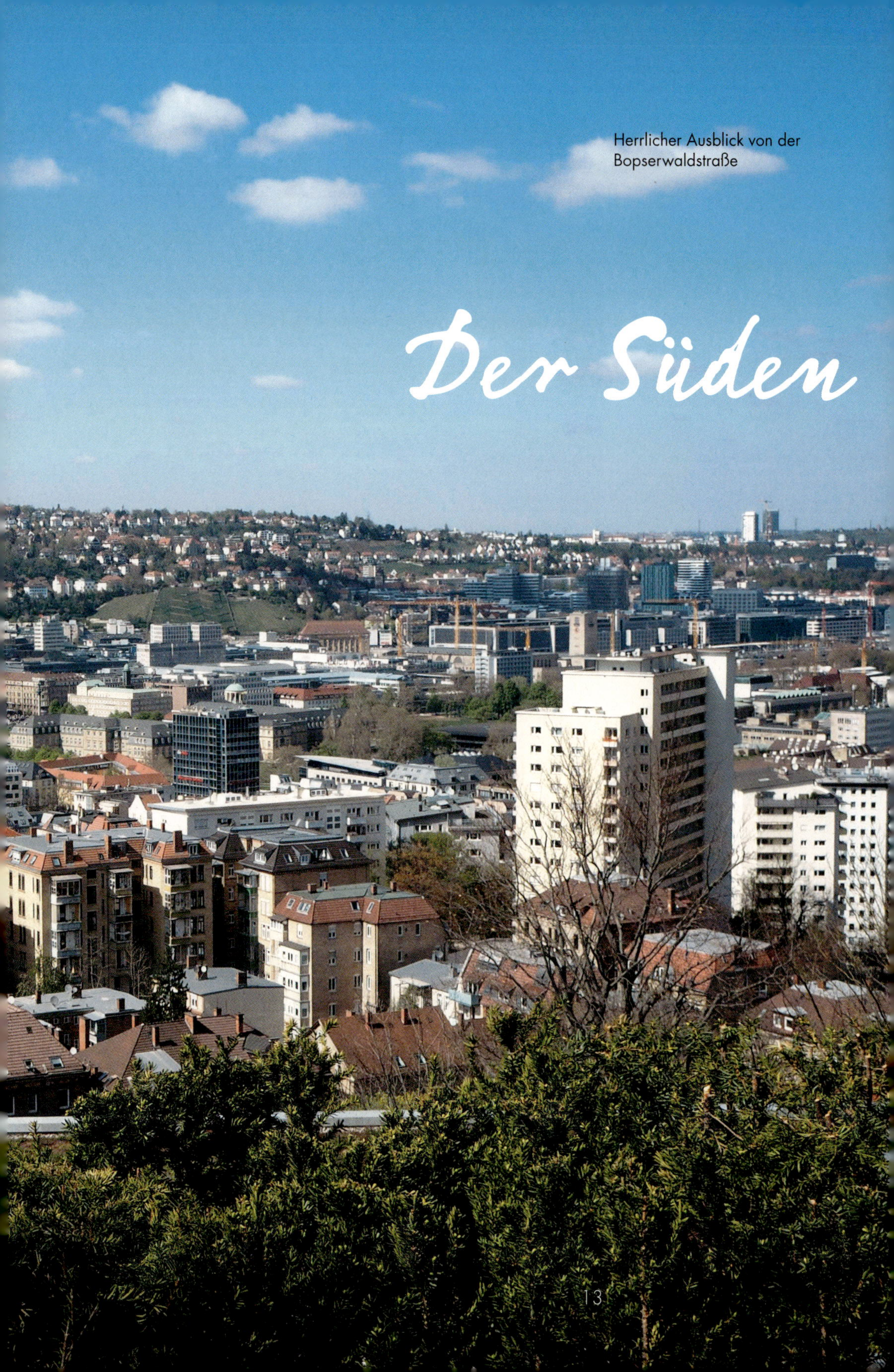

Herrlicher Ausblick von der Bopserwaldstraße

Der Süden

1 Von Degerloch übers Teehaus zum Marienplatz

Villen- und Altbauparadies im Süden

Leicht | 5,8 km | 46 Hm/220 Hm | 1.30 Std.

Wegecharakter
Überwiegend Asphalt und Schotter

Ausgangspunkt
Stadtbahnhaltestelle Degerloch (U5, U6, U8, U12, Zahnradbahn)

Endpunkt
Zahnradbahnhaltestelle/ Stadtbahnhaltestelle Degerloch (Zahnradbahn, U5, U6, U8, U12, U25)

VVS
Man kann die Tour an der Hohenheimer Straße, Stadtbahnhaltestelle Bopser (U5, U6, U12, U25), abkürzen.

Einkehrmöglichkeit
Waldauerle am Bopser in Degerloch, Teehaus im Weißenburgpark, Café List in der Liststraße (Lehenviertel), Gasthof Lehen (Lehenviertel), Café Kaiserbau am Marienplatz

Diese immer wieder schöne Halbhöhenwanderung mit herrlichen Ausblicken führt von Degerloch durch die schönsten Villen- und Altbauviertel des Stuttgarter Südens. Es gibt zwei Varianten: Bei der kurzen fährt man mit der Stadtbahn und bei der längeren mit der Zahnradbahn zurück.

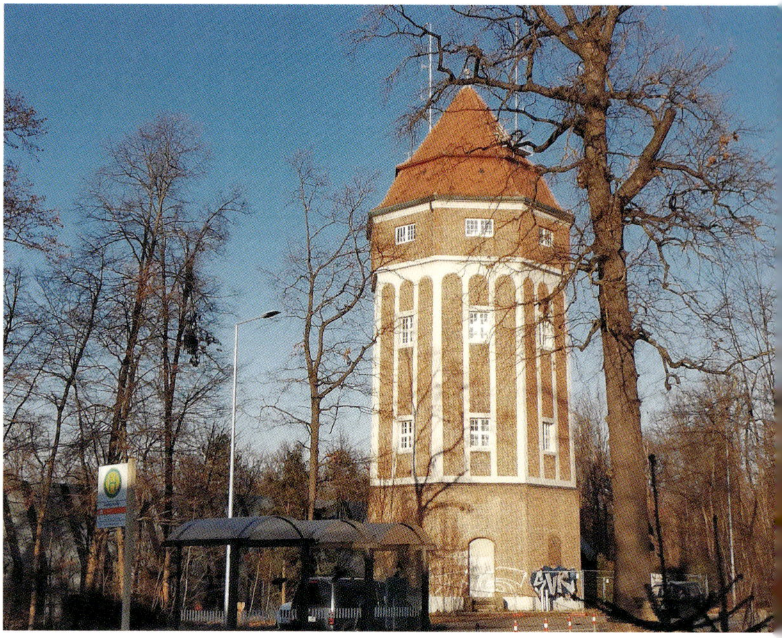

Backsteinarchitektur: Degerlocher Wasserturm

Durch Degerloch zu den Sportanlagen Wir starten unsere Tour an der Stadtbahnhaltestelle Degerloch und spazieren durch die **Epplestraße**, die quirlige Hauptgeschäftsstraße Degerlochs, in Richtung altes Dorfzentrum. Vor dem Gasthof Hirsch biegen wir nach links in die Mittlere Straße ein. In der Karl-Pfaff-Straße geht's kurz nach links und in der Löwenstraße wieder rechts. Vorbei an älteren und neuen Villen und schönen Gärten – in Nr. 89 lebte nach dem Krieg der Bundespräsident Theodor Heuss mit seiner

Frau Elly Heuss-Knapp – spazieren wir ab der **Versöhnungskirche** am Wald entlang. In der Ahornstraße halten wir uns links und streifen weiter zwischen gediegenen Wohnhäusern und lauschigen Gärten. In der Felix-Dahn-Straße wandern wir wieder nach rechts und erreichen das Königsträßle mit den ausgedehnten Sportzentren samt Gaststätten auf der Waldau mit dem Fernsehturm direkt dahinter. Wir gehen hier nach links und stoßen auf das Waldauerle, eine nette Einkehrmöglichkeit auf der Strecke. Im Winter ist eine Reservierung der beheizten Holzfässer zu empfehlen.

Wissenswertes

Das alte Wein- und Bauerndorf **Degerloch** wurde im 19. Jahrhundert zum Höhenluftkurort und war und ist bis heute eine angesagte Wohnadresse mit ausgedehnten Villenvierteln. Der Ortsname hat übrigens nichts mit einem Loch zu tun, sondern bedeutete ursprünglich »großer Wald«.

Durch den Wald in den Weißenburgpark

Dahinter erhebt sich seit 1912 der imposante **Degerlocher Wasserturm**. Wir queren die Jahnstraße und folgen dem Königsträßle durch den Wald auf dem Höhenzug des Bopsers, bis uns Fahrradschilder nach rechts Richtung »S-Zentrum« bzw. »S-Süd/Bopser« weisen. Wir folgen diesem Waldweg und erreichen die **Bopserhütte** mit einem großen Waldspielplatz. Hinter der Hütte wählen wir erst den Unteren Bopserweg, biegen bald nach links in den »Roten-Socken-Weg« der Naturfreunde ein und wandern durch die Wernhaldenstraße mit schönen Ausblicken nach rechts. Ca. 25 Meter nach Haus Nr. 87 spazieren wir den Waldweg nach links und machen einen Abstecher zum **Aussichtspunkt Schillerhöhe**, wo man bei der Schillereiche einen faszinierenden Blick auf Stuttgart genießt. Anschließend folgen wir dem Treppenweg hinunter in die Steinkopfstraße, wo wir oberhalb des modernen Hauses mit Turm nach rechts gehen und in der Kurve links abbiegen. Nach wenigen Schritten sind wir im Weißenburgpark mit seinem **Teehaus**.

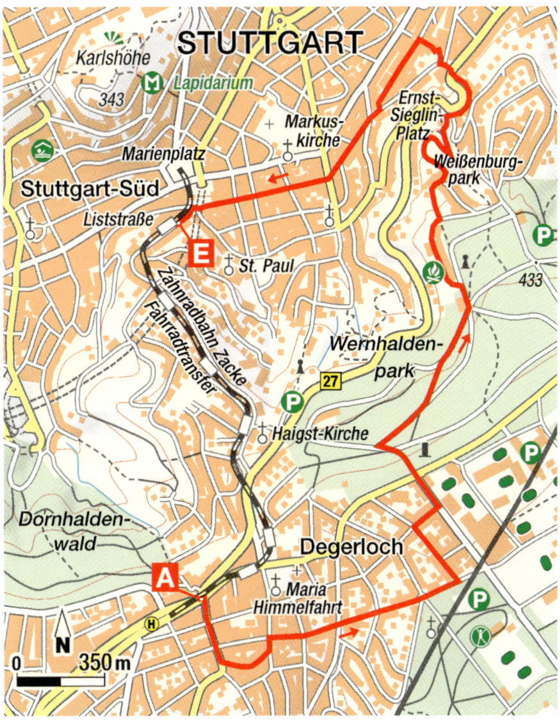

Unterwegs am Bopserhang

Links der Gartenwirtschaft führt uns ein Panora-

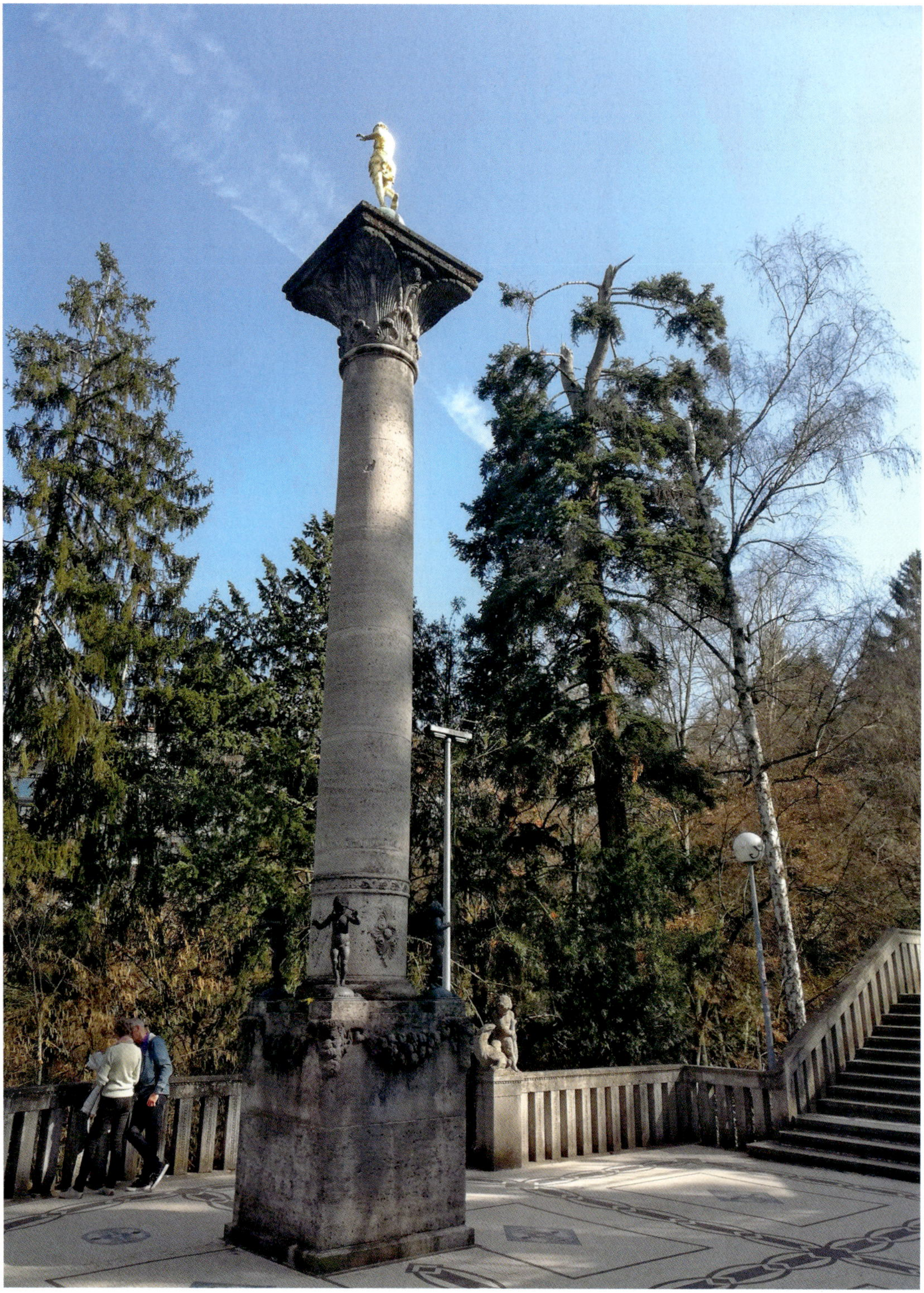

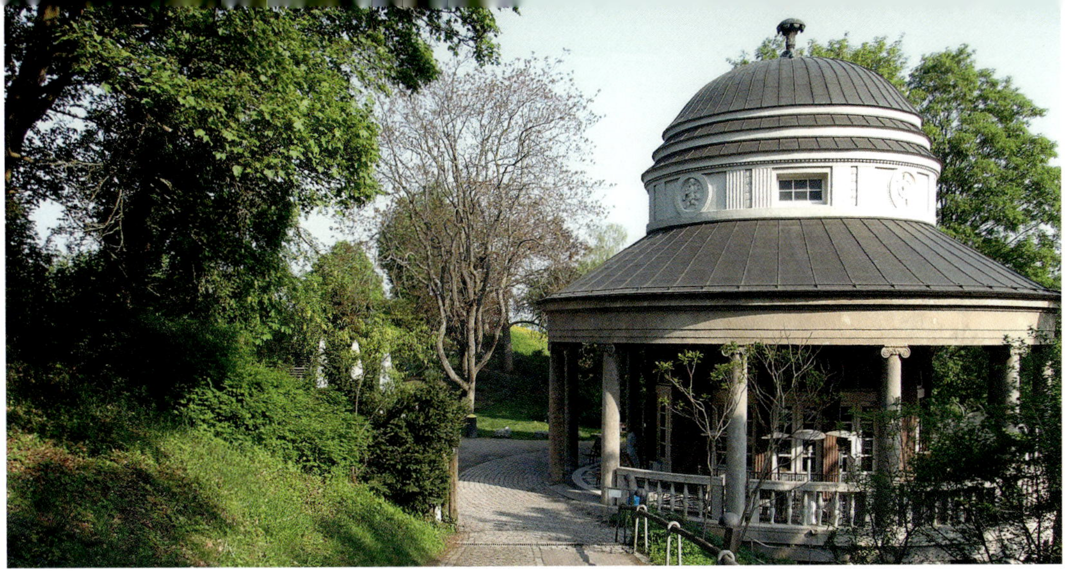

maweg in einem Rechtsbogen um die **Aussichtsplattform** leicht bergab und wir genießen herrliche Ausblicke, zuerst auf die Stadt und dann auf den mit mondänen Villen und Stadthäusern bebauten **Bopserhang**. Anschließend geht's runter durch den Park und wir kommen über eine Fußgängerbrücke zur viel befahrenen Hohenheimer Straße. Bei der Stadtbahnhaltestelle Bopser haben wir die Möglichkeit, die Tour zu beenden und nach Degerloch zurückzufahren. Ansonsten queren wir hier diese Bundesstraße und spazieren kurz nach links entlang der Etzelstraße und dann den lauschigen Carola-Blume-Weg rechts hinunter bis zur Bopser- und Alexanderstraße, eines der schönsten Altbauparadiese Stuttgarts.

Lauschiger Besuchermagnet: Teehaus

Linke Seite: Zauberhaft: Garten der Villa Weißenburg

In die Alte Weinsteige In der Alexanderstraße halten wir uns links und lassen uns für einige Zeit durch die schöne Welt der Belle Époque treiben. Am Ende der Straße folgen wir der ebenso prächtigen Liststraße mit dem **Café List**. Vorbei an herrlichen Jugendstilgebäuden erreichen wir die nicht weniger schöne **Alte Weinsteige**. Hier gehen wir links hoch bis zur Zahnradbahnhaltestelle Liststraße, von wo uns die Zahnradbahn »Zacke« bequem nach Degerloch zurückbringt. An der Endhaltestelle Degerloch kann man bequem auf die Stadtbahnen umsteigen.

Wissenswertes

Teehaus und Marmorsaal gehörten zu der 1961 abgerissenen **Villa Weißenburg** des Seifen- und Ölfabrikanten und Ägyptenforschers Ernst von Sieglin. Die Villa wurde im 19. Jahrhundert auf dem Gelände der 1312 zerstörten Weißenburg erbaut und später als Luft- und Molkekuranstalt genutzt. Im verbliebenen Teehaus sehen wir ein wunderschönes Deckenfresko von Julius Mössel, der auch an der Ausgestaltung des Großen Hauses (Oper) beteiligt war. Heute befindet sich hier ein kleines Restaurant mit Gartenwirtschaft. Der darunterliegende Marmorsaal wurde im Stil eines antiken Nymphäums in den Hang gebaut und lässt noch erahnen, wie prachtvoll die im Krieg unzerstörte Villa Weißenburg war.

2 Vom Wilhelmsplatz zum Marienplatz

Stuttgarts Wohnzimmer der Belle Époque

Leicht | 6 km | 155 Hm/144 Hm | 2 Std.

Wegecharakter
Überwiegend Asphalt

Ausgangspunkt
Stadtbahnhaltestelle Österreichischer Platz (U1, U14)

Endpunkt
Stadtbahnhaltestelle Marienplatz (U1, U14, Zahnradbahn)

Einkehrmöglichkeit
Café Kaiserbau am Marienplatz, Condesa am Marienplatz, Eiscafé La Luna am Marienplatz, Teehaus im Weißenburgpark, Café Justus in der Olgastraße, weitere Einkehrmöglichkeiten auf der Strecke

Diese Wanderung führt uns durch die schönsten Altbauviertel Stuttgarts: das Heusteig- und Lehenviertel und die herrlichen Halbhöhenlagen mit wunderschönen Ausblicken auf die Stadt, wodurch diese Tour zu einem echten Leckerbissen wird.

Eindrücke der Belle Époque Wir verlassen die Stadtbahnhaltestelle Österreichischer Platz Richtung **Wilhelmsplatz**, dem mittelalterlichen Richtplatz der Stadt, und wandern nach rechts durch die gepflasterte Schlosserstraße zur Sophienstraße. Nun geht's nach links, vorbei an immer prächtiger werdenden Gründerzeitfassaden, hoch in die Heusteigstraße. Wir spazieren nach rechts, vorbei am imposanten **Eduard-Pfeiffer-Haus** aus der vorletzten Jahrhundertwende, in dem zwischen 1945 und 1961 der Landtag residierte. Bald wandern wir nach links durch die Weißenburgstraße bergauf, biegen in die schöne Mozartstraße rechts ein und halten uns in der **Mittelstraße** wieder links. Ein wunderbar erhaltenes Wohnquartier aus der Wende vom 18. zum 19. Jahrhundert, und überall gibt's hübsche Engelchen, Friese, Säulen und Pilaster an den alten Fassaden zu bestaunen. In der Belle Époque griffen die Planer für die repräsentativen Steinfassaden in alle Schubladen der verfügbaren Stilelemente und schufen eine zeitlos schöne Architektur.

Durch das bürgerliche Stuttgart Man sollte da ruhig auch mal einen Blick in einen der zahlreichen Hinterhöfe wagen. Alte Backsteinmauern, Geräteschuppen und Veranden prägen hier das Bild. Oben in der Olgastraße angekommen, gehen wir kurz bergauf und dann weiter durch die Cottastraße hoch in die elegante **Alexanderstraße**. Sie ist eine der am besten erhaltenen Wohnstraßen des bürgerlichen Stuttgarts um 1900 und ein Gang durch die Straße ist ein wirklicher Augenschmaus. Wir wandern nach links, queren die Neue Weinsteige und spazieren nach Gebäude Nr. 107 die Schickstaffel rechts hoch in die **Danneckerstraße** –

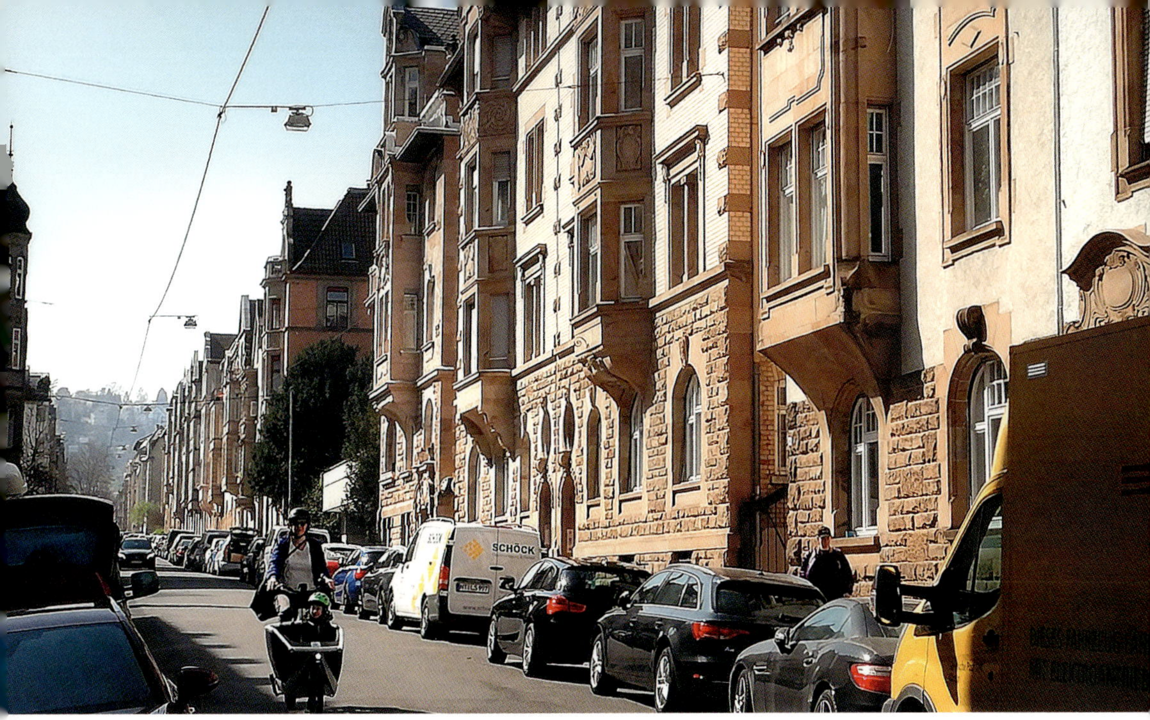

In der schönen Alexanderstraße

ein weiteres charmantes Viertel, das die Bombennächte von 1944 einigermaßen unbeschadet überstanden hat.

Aussichtsreich zum Bopserwald Nun geht's kurz rechts und dann folgen wir am Danneckerplatz der Stitzenburgstraße nach links in die Wächterstraße. Hier biegen wir nach rechts, queren die viel befahrene Hohenheimer Straße und spazieren auf der anderen Seite die ansteigende Dobel- und die Sonnenbergstraße in die Neefstraße. Das am Ende des 19. Jahrhunderts entstandene Quartier ist eine reizvolle Mischung aus alten Gärten und bezaubernden Jugendstilvillen. Wir gehen weiter und steigen die Stufen des Oberen Reichelenbergwegs hinauf zur Bopserwaldstraße und genießen dabei großartige Ausblicke auf den Stuttgarter Süden. Wir folgen dieser Straße nach links. Sie schwenkt bald nach rechts und wir wandern eine Weile an einem Aussichtshang entlang. Am **Bopserwald** angekommen, biegen wir nach rechts in die Steinkopfstraße und spazieren mit weiteren faszinierenden Stadtblicken leicht bergab. Wer einen kurzen Abstecher zum pittoresken Teehaus mit seiner Aussichtsgastronomie machen möchte, folgt an der Linkskurve dem Fußweg rechts hinunter zum **Weißenburgpark** (siehe Tour 1).

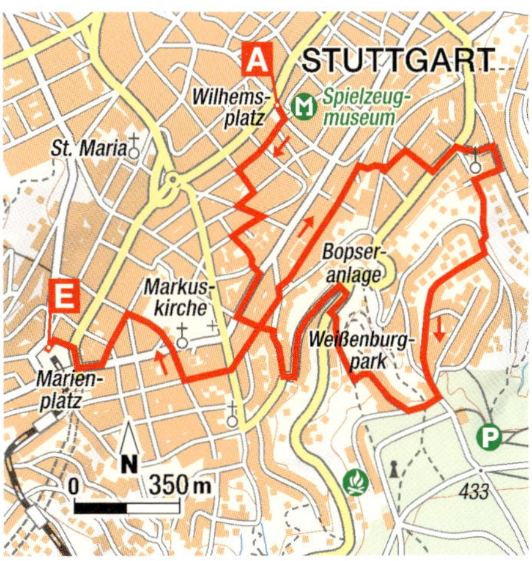

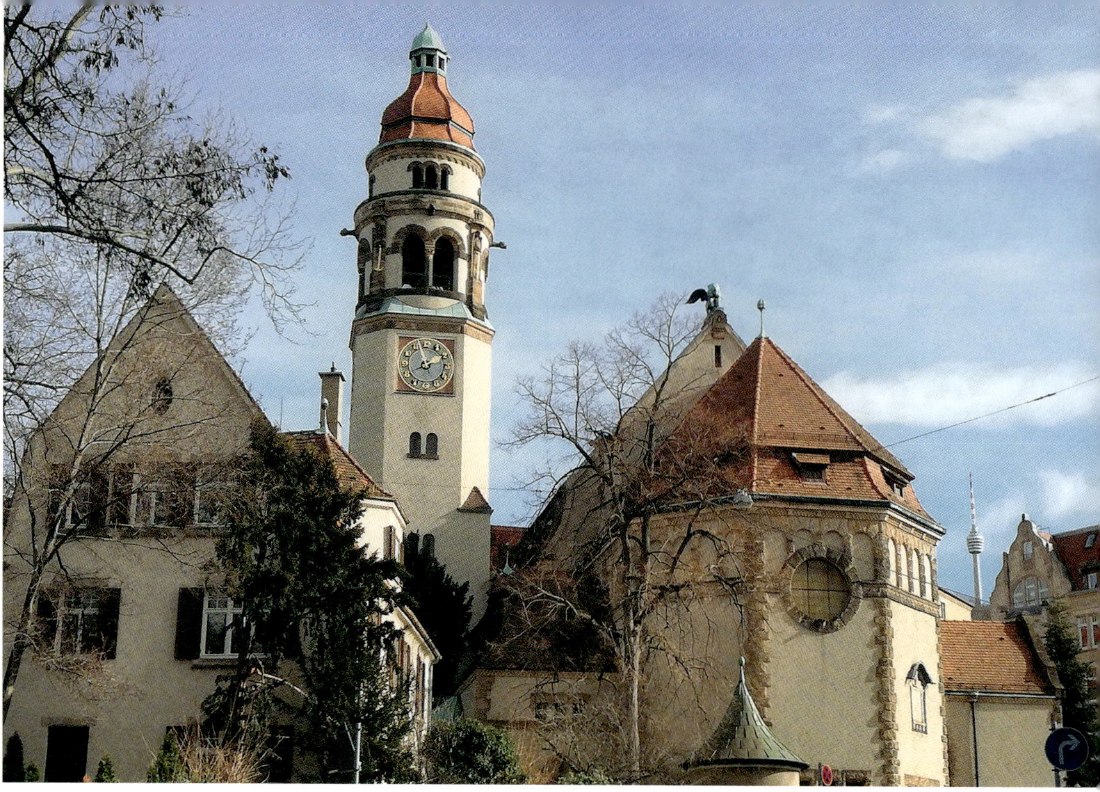

Architektonische Kostbarkeit: Markuskirche

Zum Markusplatz samt Markuskirche Ansonsten wandern wir über das Sträßchen Zur Schillereiche weiter bergab und erreichen auf einem Fußweg die Neue Weinsteige. Wir queren sie, folgen der viel befahrenen Straße kurz nach rechts und steigen am Ernst-Sieglin-Platz über Staffeln links runter in den etwas ruhigeren Teil der Neuen Weinsteige. Wir wandern sie hinunter in die Innenstadt. Die Straße mit prächtigen Stadthäusern aus der Belle Époque schwenkt nach rechts und bei Haus Nr. 16 sehen wir links Treppen, die uns wieder hinunter zur Cottastraße führen. Weiter unten in der Alexanderstraße angekommen, biegen wir diesmal nach links. Nach Querung der Immenhofer Straße folgen wir erst der Liststraße durch das Stadtviertel **Lehen** und biegen bald in die Römerstraße rechts ein. Dabei passieren wir den lauschigen **Markusplatz** und die **Markuskirche**. Vom bekannten Kirchenbaumeister Heinrich Dolmetsch geplant und 1908 eingeweiht, ist sie eines der ersten in Eisenbeton ausgeführten

Jugendstilparadies Liststraße

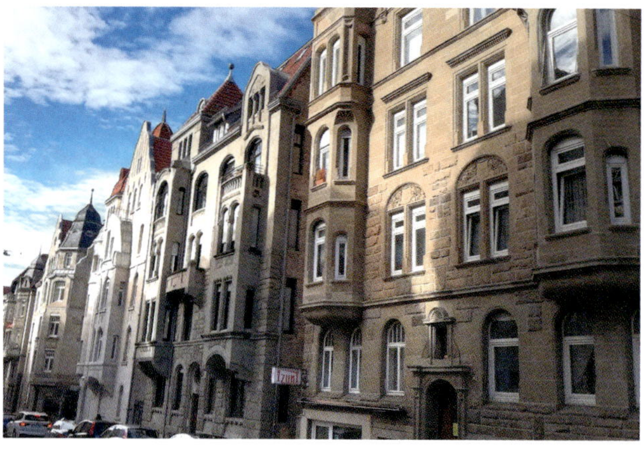

Gotteshäuser und durch ihren eigenwilligen Jugendstil ein einzigartiges Kulturdenkmal, das eine Besichtigung lohnt.

Endspurt zum Marienplatz Wir spazieren nun am **Fangelsbachfriedhof** entlang. Der Friedhof, eine lauschige Oase im Häusermeer, hat eine lange Geschichte und man findet hier Grabmäler von bedeutenden Persönlichkeiten, wie das des Philosophen Immanuel von Fichte, des Baumeisters Nicolaus Friedrich von Thouret oder des Fabrikanten Gustav Siegle. Am Theodor-Fischer-Platz mit der imposanten **Heusteigschule** von 1906 biegen wir nach links und folgen der Heusteigstraße bis zur Filderstraße. Wir halten uns rechts, queren die stark befahrene Hauptstätter Straße und erreichen das Herz des Südens, den quirligen **Marienplatz**. Hier endet unsere Tour und wir haben die Möglichkeit, an der Stadtbahnhaltestelle Marienplatz zum Ausgangspunkt zurückzufahren.

Charmantes Heusteigviertel

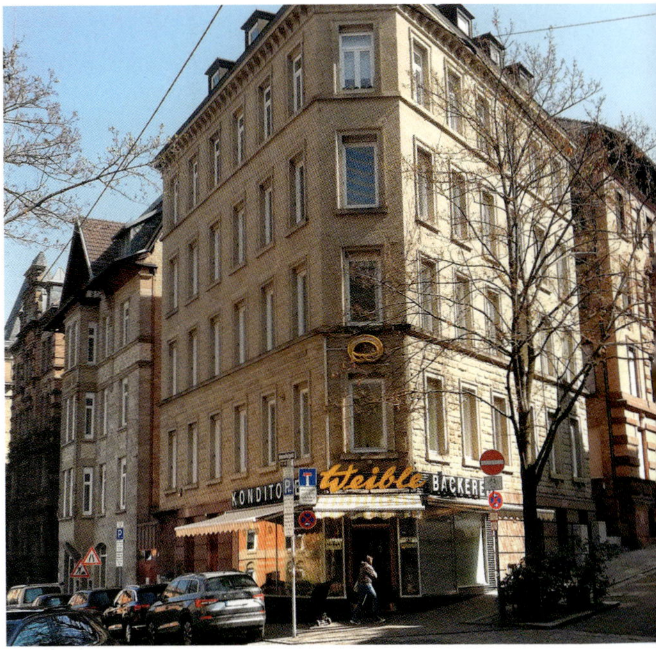

Wissenswertes

Mit seinen angesagten Cafés, Kneipen und Eisdielen hat der großstädtische **Marienplatz** schon viele Höhen und Tiefen erlebt. Anfangs befand sich auf dem nach Prinzessin Marie von Waldeck-Pyrmont benannten Platz ein lauschiger Park, dann bot er Platz für die modernste Manege im Reich: ein Zirkus für 3500 Menschen. 1937 wurde er in »Platz der SA« umbenannt – der neue Aufmarschplatz der Nazis. Mit Beginn der Bombenangriffe hob man hier einen Tiefbunker für 1700 Menschen aus, der bis heute im Untergrund schlummert. Während des Krieges zogen auf der Freifläche Ausgebombte ihr Gemüse. Nach dem Bau des Heslachtunnels und dem Verschwinden des zuletzt massiven Durchgangsverkehrs ging es wieder steil bergauf mit dem Stuttgarter Süden und seinem Herz, dem zentralen Marienplatz: Hippe Locations machten sich breit und das jährliche Marienplatzfest mit Open Air Musik und Straßenkünstlern hat sich inzwischen zu einer festen Institution entwickelt. Bei den ersten Sonnenstrahlen zieht es Bewohner wie Gäste auf die Treppen um das Wasserspiel »Strand«, heute eine der begehrtesten Sonnenbänke in der City.

3 Durchs Lehenviertel zum Haigst

Mammutbäume, Traumblick und Wohnwunder

Leicht | 4,8 km | 174 Hm/174 Hm | 1.30 Std.

Wegecharakter
Überwiegend asphaltierte und geschotterte Wege, Naturpfade

Ausgangspunkt
Stadtbahnhaltestelle Marienplatz (U1, U14, Zahnradbahn)

Endpunkt
Stadtbahnhaltestelle Marienplatz (U1, U14, Zahnradbahn)

VVS
Man kann die Tour vorzeitig am Haigst beenden: Stadtbahnhaltestelle Weinsteige (U1, U14) oder Zahnradbahnhaltestelle Haigst

Einkehrmöglichkeit
Café Kaiserbau am Marienplatz, Condesa am Marienplatz, Eiscafé La Luna am Marienplatz, Misch Misch in der Tübinger Straße, Osteria La Stella auf dem Haigst, Cafe List in der Liststraße (Lehenviertel), Gasthof Lehen (Lehenviertel)

Diese abwechslungsreiche Rundtour ist bei fast jedem Wetter ein Genuss. Wir kommen durch eines der schönsten Jugendstilquartiere Stuttgarts und wandern durch den herrlichen Landschaftspark Wernhalde hoch zum Haigst, wo uns ein grandioser Stadtblick erwartet.

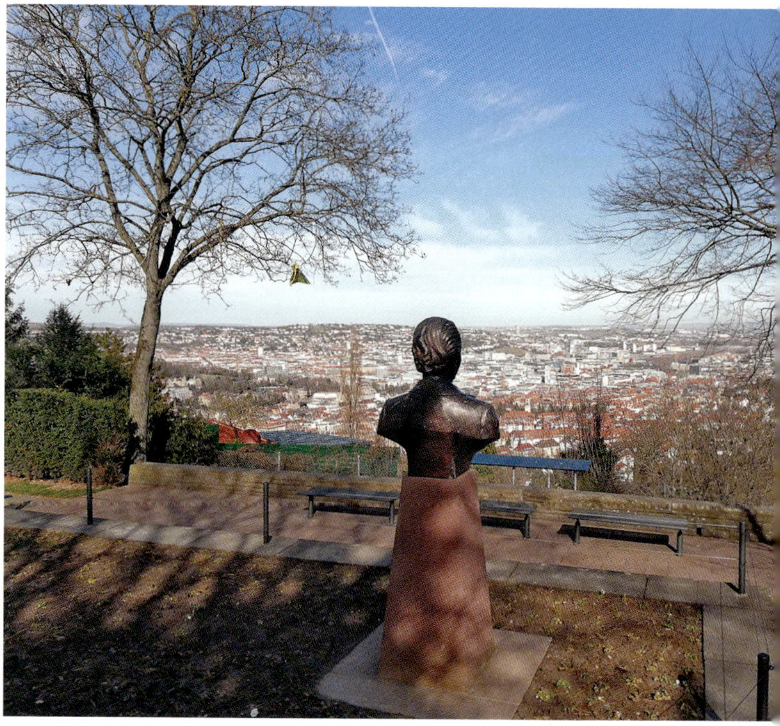

Traumblick am Santiago-de-Chile-Platz

Am Markusplatz vorbei in die Liststraße Wir beginnen diese Tour im Stuttgarter Süden am **Marienplatz** (Tour 2) und folgen der Tübinger Straße links des Kaiserbaus. Wie der Marienplatz ist auch sie mit ihren fast schon legendären Kneipen und Lokalen Teil des Ausgehviertels im Süden. In der Römerstraße geht's nach rechts und wir queren weiter oben die viel befahrene Hauptstätter Straße. Beim imposanten Bau der **Heusteigschule** stoßen wir auf den lauschigen **Theodor-Fischer-Platz**, eine verborgene Oase und deutlicher Kontrast zum wuseligen Marienplatz. Wir wandern weiter die Römerstraße bergauf und erreichen nach dem **Heusteigfriedhof** die **Markuskirche** – mit dem Pfarrhaus, den Bäumen und einem kleinen Türmchen ein heimeliges Ensemble (Tour 2). Wir spazieren am **Markusplatz** geradeaus weiter, queren die Filderstraße, und halten uns kurz rechts. Es geht erst durch die Strohbergstraße und dann nach links in die Liststraße. Wir kommen durch ein wunderschönes Altbauquartier mit kleinen Boutiquen

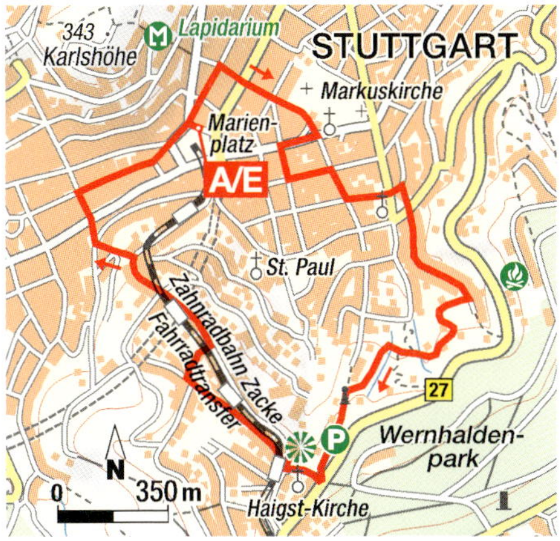

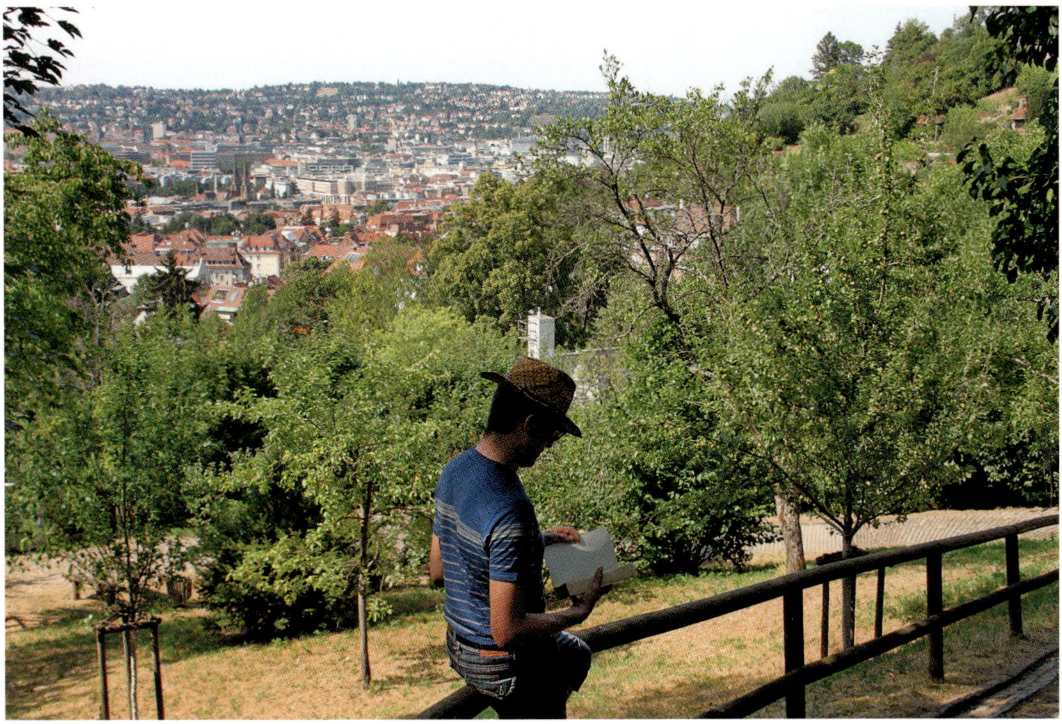

Naturoase mit Stadtblick: Wernhaldenpark

und gemütlichen Lokalen wie dem **Café List** oder dem legendären Szenerestaurant **Lehen**.

Zum Landschaftspark Wernhalde

An der Kreuzung mit der Römerstraße biegen wir nach rechts und halten uns in der Tulpenstraße wieder links. Wir gehen die Straße fast bis ans Ende und steigen dann gegenüber von Haus Nr. 12 einen Treppenweg durch eine Grünanlage rechts hoch. Nun geht's weiter bergauf durch die Altenbergstraße. Am Haus Nr. 42 erinnert ein »Stolperstein« an seine frühere Bewohnerin **Jenny Grimminger**. Durch ihre Ehe mit dem nicht jüdischen Eugen Grimminger war die Jüdin anfangs geschützt. Als man ihren Mann aber wegen seiner finanziellen Unterstützung der Weißen Rose und der Geschwister Scholl des Hochverrats bezichtigte und angeklagte, wurde Jenny hier im Haus verhaftet, nach Auschwitz verschleppt und ermordet. Oberhalb des **Waldheims Altenberg** biegen wir nach rechts in einen Fußweg, der uns über teilweise gepflasterte Serpentinen hoch in den lauschigen Landschaftspark **Wernhalde** führt.

Flanieren unter Mammutbäumen Wir folgen nun eine Zeit lang dem von den Naturfreunden ausgeschilderten Rote-Socken-Weg und queren den kleinen **Fangelsbach** in einer kühlen Waldklinge – ein herrliches Naturidyll mitten in der Großstadt. An der nächsten Kurve wählen wir den Weg schräg links hoch zu einem **Arboretum**. Den Grundstock hierfür legte 1864 die königliche Forstverwaltung Stuttgart, indem sie Samen von Mammutbäumen (*Sequoiadendron giganteum*) aus Amerika kauften. Im Frühjahr 1865 brachte man sie in der Wilhelma zum Auskeimen und pflanzte einige davon an diesem Hang. Wir spazieren in gleicher Richtung weiter auf dem Rote-Socken-Weg bergauf und erreichen eine Wegkreuzung. Wer sich das Wäldchen mit seinen exotischen Arten genauer anschauen möchte, geht hier links hoch.

Wissenswertes

Die schon 1350 in Urkunden erwähnte **Alte Weinsteige**, ein steiler Karrenweg nach Degerloch, war jahrhundertelang die Hauptverbindung für die Händler Richtung Süden. Bis zu 16 Pferde waren als Vorspann nötig, um die Steige zu bewältigen. Seit 1884 rumpelt hier die Zahnradbahn, kurz »Zacke«, den Berg rauf und runter, wodurch sich die Steige bald zu einem bevorzugten Wohngebiet entwickelt hat.

Tolle Ausblicke auf dem Haigst Ansonsten wählen wir den Fußweg nach rechts und über eine kleine Brücke. Nach einigen Kurven und Staffeln sind wir wieder in der Römerstraße. Hier geht es noch mal steil bergauf bis zur **Osteria La Stella**, einer weiteren Einkehrmöglichkeit auf dem Haigst. »Haigst«, das schwäbische Wort für »höchst«, erinnert uns daran, dass wir nun den einstmals höchsten Punkt der Stuttgarter Markung erklommen haben. Hier oben gibt es die Möglichkeit, die Tour zu beenden und mit der Zahnradbahn oder Stadtbahn zurückzufahren. Ansonsten biegen wir nach rechts und gehen zum **Santiago-de-**

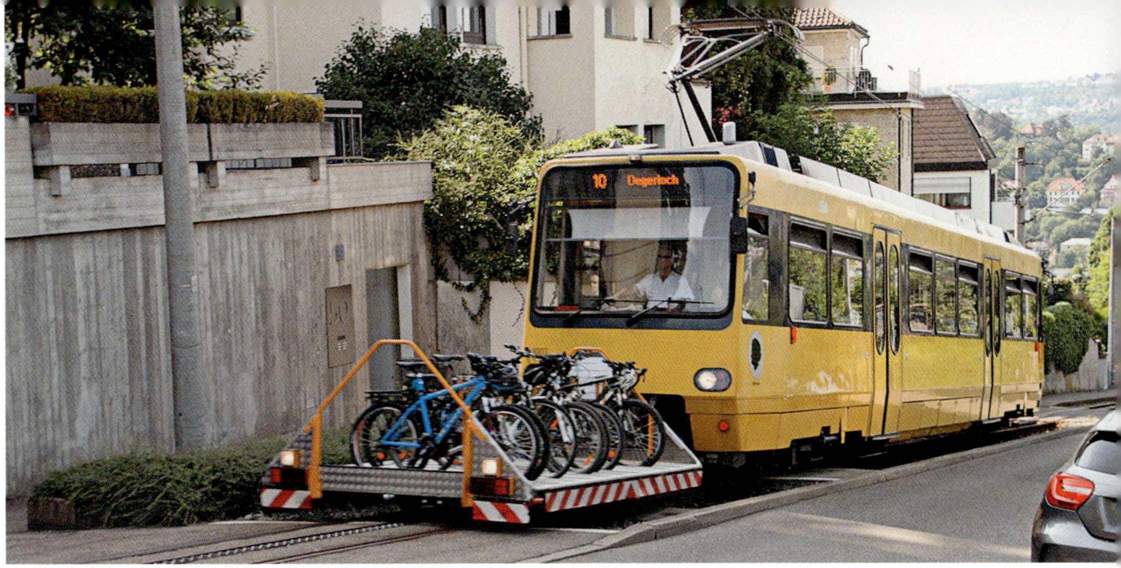

Zackig bergauf: Zahnradbahn

Chile-Platz, der mit einem der schönsten Stadtblicke auf uns wartet. Ein Häusermeer, das im Norden von Kräherwald, Gähkopf und Killesberg und rechts von den Hängen des Bopsers begrenzt wird. Gut zu erkennen an den Dachformen sind die noch erhaltenen Altbauviertel und die im Krieg zerstörten und wiederaufgebauten oder neuen Stadtbezirke. Haben wir uns an dem Ausblick genügend geweidet, spazieren wir weiter, queren die Alte Weinsteige und schlendern durch die feine Wohnstraße Auf dem Haigst. Nach gut 300 Metern bringt uns die lauschige **Haigststaffel** hinunter in das Aussichtsparadies **Alte Weinsteige**, wo wir bei einem weiteren alten Mammutbaum nach links gehen.

Alte Gebäude, belebte Plätze Heute bilden moderne Gebäude wie das Haus Nr. 52, bekannt als **Stockwerk Sedelmeier,** einen spannungsreichen Kontrast zu den gediegenen Altbauten aus der vorletzten Jahrhundertwende. Das älteste Gebäude ist die 1876 gebaute **Villa Friedenslinde**, die wir unten in der Kurve erreichen (Nr. 26). Nach der Kurve folgen wir den Stäffele links hinunter. Unten queren wir die List- und die Böheimstraße und folgen der Adlerstraße bis zu einer durch halbrunde Gebäude geschaffenen platzartigen Kreuzung mit der Möhringer Straße, in die wir rechts einbiegen. Lange Zeit brausten hier fast rund um die Uhr rußende Blechkarossen durch die ergrauten Häuserfluchten, bis Ende der 1980er-Jahre der Bau des **Heslacher Tunnels** den Spuk beendete. Seither hat sich das alte Arbeiterquartier zu einem alternativen Trendviertel entwickelt. Nach einigen Schritten erreichen wir wieder den Ausgangspunkt und das Ende der Tour, den Marienplatz.

4 Vom Marienplatz zur Schwälblesklinge

Weitblick, RAF und Moosklinge

Leicht | 5,8 km | 76 Hm/190 Hm | 2 Std.

Wegecharakter
Überwiegend Schotter-, Asphalt- und Naturwege

Ausgangspunkt
Haigst, Zahnradbahnhaltestelle Haigst (10), Stadtbahnhaltestelle Weinsteige (U5, U6, U8, U12, U25)

Endpunkt
Kaltental, Stadtbahnhaltestelle Waldeck (U1)

VVS
Man kann diese Tour auch am Waldfriedhof abkürzen, indem man mit der Standseilbahn zur Stadtbahnhaltestelle Südheimer Platz hinunterfährt.

Einkehrmöglichkeit
Heimgarten St. Josef im Bruderrain, Café Kaiserbau am Marienplatz, Condesa am Marienplatz

Diese Tour führt uns durch die grünen Höhenzüge des Südens mit dem Dornhalden- und Waldfriedhof sowie der Schwälblesklinge. Der Aufstieg erfolgt bequem durch die Zahnradbahn und am Waldfriedhof kann man die Tour abkürzen und mit der historischen Seilbahn zum Südheimer Platz fahren.

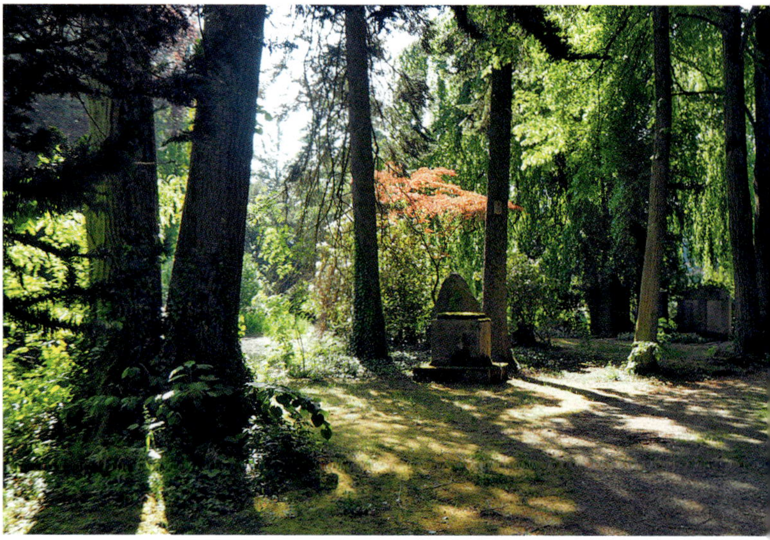

Paradiesische Ruhe auf dem Waldfriedhof

Auf dem Haigst zum ersten Aussichtspunkt Diese Tour beginnt auf dem **Haigst** an der gleichnamigen Zahnradbahnhaltestelle. Wer etwas mehr für seine Fitness machen möchte, startet am Marienplatz und steigt über die Liststaffel und die Alte Weinsteige hoch zum Ausgangspunkt. Will man den Aussichtspunkt am Santiago-de-Chile-Platz besuchen, betritt man die Grünanlage unterhalb der Haigst-Kirche. Ansonsten folgen wir der Alten Weinsteige kurz bergauf und biegen bald rechts in die Fideliostraße ein. Am Ende der Straße spazieren wir geradeaus bis zur Leonorenstraße. Hier wandern wir nach links und erreichen den **Aussichtspunkt Leonorenstraße** oberhalb der Weinberge am Schnarrenberg.

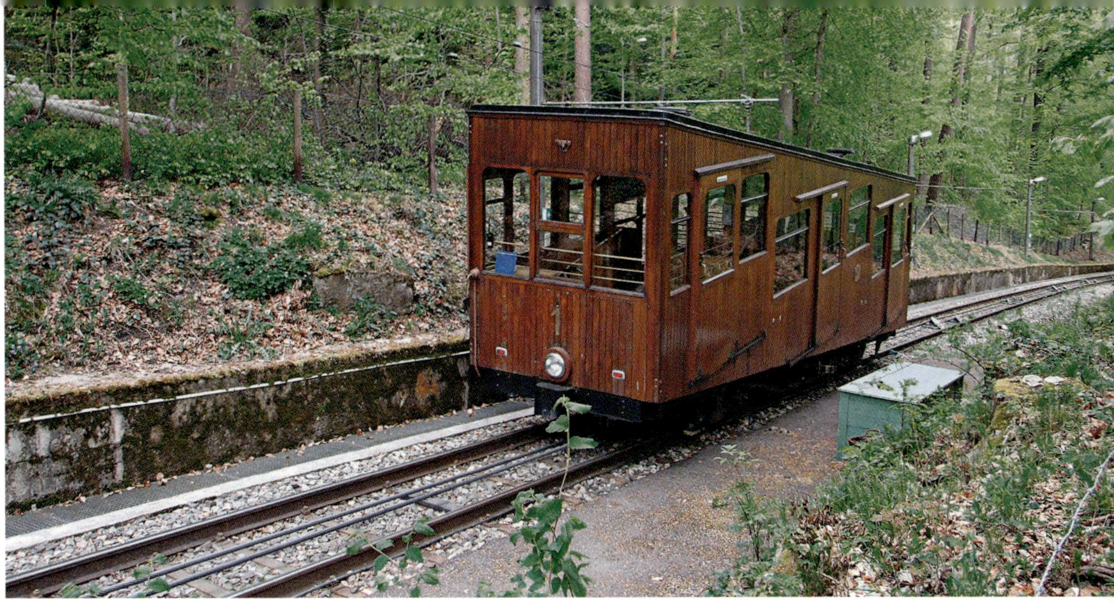

Stuttgarter Legende: die Standseilbahn

Geschichtsträchtige Friedhöfe Nachdem wir den herrlichen Ausblick auf die grünen Höhenzüge der Großstadt genossen haben, folgen wir ab hier dem gut ausgeschilderten Stuttgarter Rössleweg (schwarzes Pferd in gelbem Kreis) nach Südwesten Richtung Wald und erreichen schließlich den **Dornhaldenfriedhof**. Dieser auf dem alten Stuttgarter Schießplatz Dornhalde angelegte Friedhof kam 1977 international ins Blickfeld der Öffentlichkeit, als dort die RAF-Mitglieder und Stammheim-Häftlinge Gudrun Ensslin, Andreas Baader und Jan Carl Raspe ihre letzte Ruhestätte fanden. Wir spazieren weiter über die Heinestraße und die Eugen-Dolmetsch-Straße bis zum **Waldfriedhof**. Auf Stuttgarts größtem Friedhof wurden Persönlichkeiten wie Robert Bosch, Theodor Heuss, Elly Heuss-Knapp und der Maler Oskar Schlemmer beigesetzt, und mit seinen alten Bäumen und bedeutenden Grabmälern ist er ganz besonderer Ort in Stuttgart.

Abkürzung mit der Standseilbahn Am Eingang des Friedhofs teilen sich die Wege und es gibt zwei Varianten: Wer noch nie mit der original aus den 1920er-Jahren erhaltenen **Standseilbahn** gefahren ist oder für heute genug vom Wandern hat, sollte hier nach rechts zur oberen Bahnstation abbiegen. Diese war die erste Standseilbahn Deutschlands mit automatischer Steuerung und überwindet noch heute die 87 Höhenmeter mit einem Gefälle von 28,2 Prozent. Die liebevoll renovierten Teakholzwagen verkehren täglich bis 17.50 Uhr im 20-Minuten-Takt zwischen Waldfriedhof und Südheimer Platz. Die Strecke gehört zum Verkehrsverbund und man kann unten am Südheimer Platz direkt mit der Stadtbahn zurückfahren.

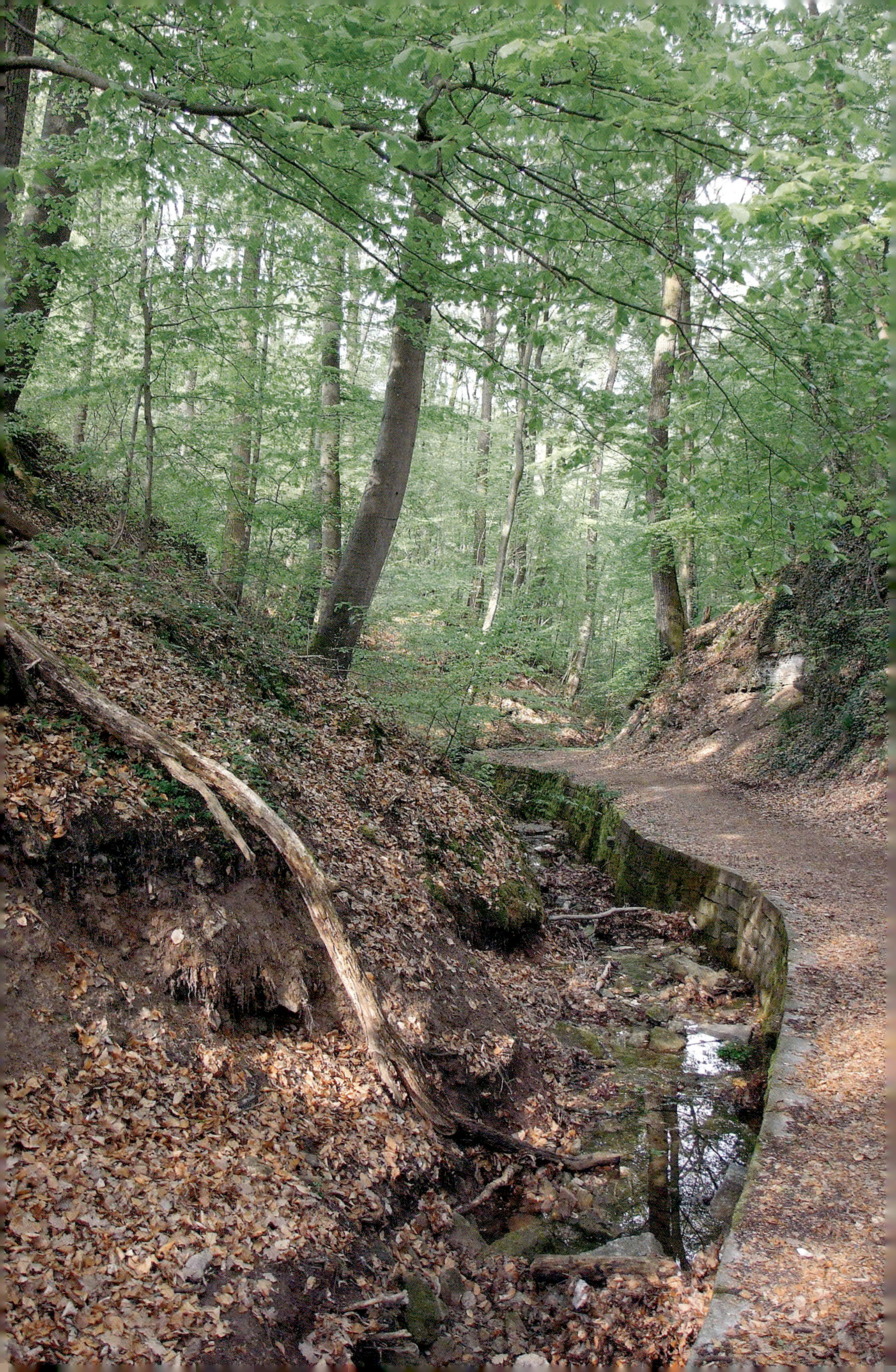

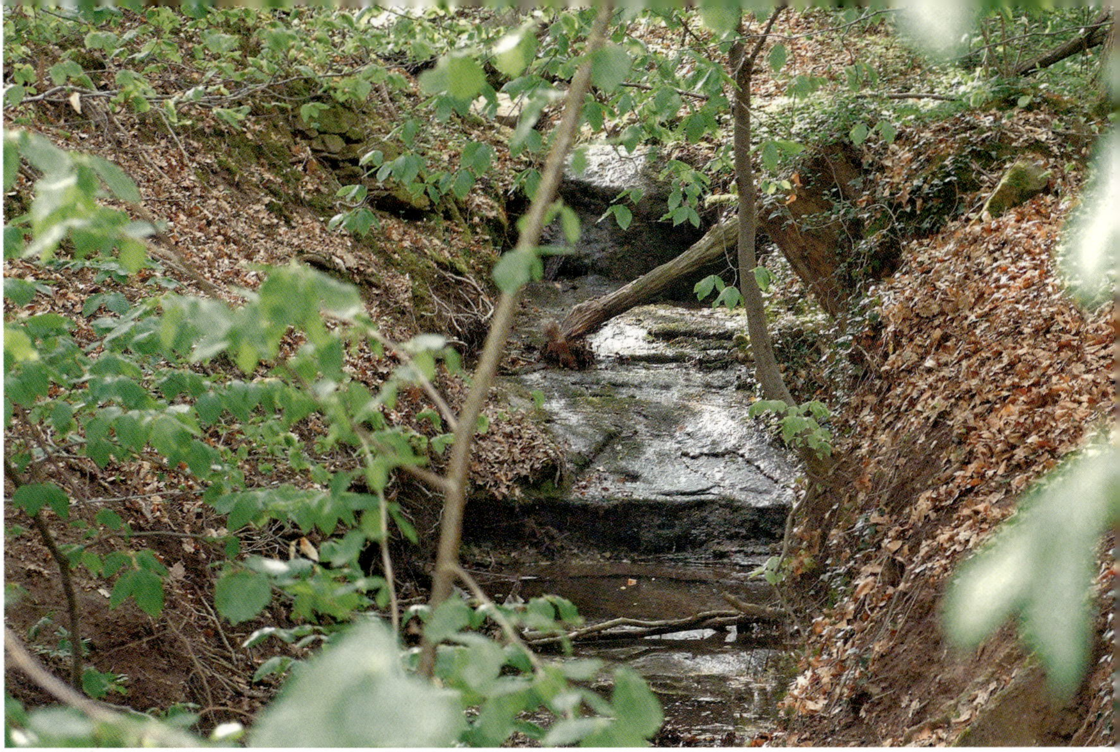

Erfrischende Natur: Felskaskaden

Linke Seite: Wild mutet sie an, die Schwälblesklinge.

Durch die romantische Schwälblesklinge Ansonsten folgen wir dem Rössleweg nach links Richtung Siedlung Bruderrain bis zum Kellerbrunnenweg. Im **Heimgarten St. Josef** gibt es die Möglichkeit zu einer Einkehrpause. Wir spazieren am Rand des Friedhofs weiter und folgen ca. 250 Meter dem Fußweg zur **Schwälblesklinge** links hinunter. Die wildromantische Schlucht zwischen Felsen und moosigen alten Bäumen ist ein Naturerlebnis, man wähnt sich fast im Schwarzwald, und das mitten in Stuttgart. Der **Geologische Lehrpfad** gibt interessante Informationen zu Stuttgarts »Unterwelt«. Nun schwenkt der Weg nach rechts in den Kellerbrunnenweg, dem wir weiter talwärts folgen. Unten im **Nesenbachtal** angekommen, können wir rechter Hand noch das einzige nicht verdolte Stück des früher so bekannten »Stuttgarter Bachs« erleben, bevor er von der nächsten Röhre endgültig verschluckt wird. Das Wasser stammt allerdings nur noch von lokalen Zuläufen, die Nesenbachquelle fließt unten im Hauptabwasserkanal. Von hier geht es nach links zur Stadtbahnhaltestelle Waldeck, wo die Tour endet.

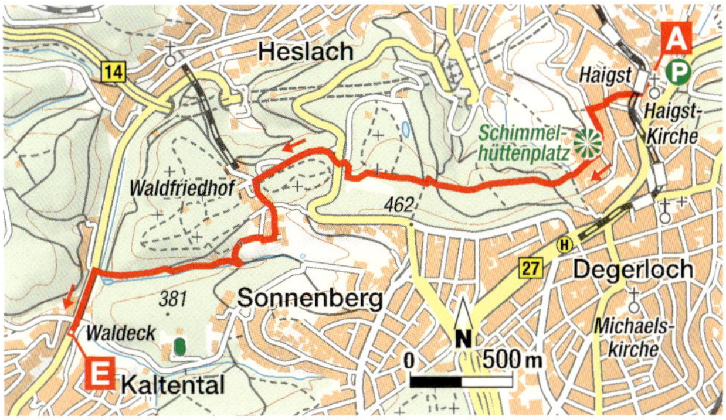

5 Vom Marienplatz zum Schnarrenberg

Weinbergtradition und buntes Heslach

Leicht | 4,7 km | 164 Hm/164 Hm | 1.30 Std.

Wegecharakter
Überwiegend Asphalt und Schotter

Ausgangspunkt
Stadtbahnhaltestelle Marienplatz (U1, U14)

Endpunkt
Stadtbahnhaltestelle Marienstraße (U1, U14)

Einkehrmöglichkeit:
Café Kaiserbau am Marienplatz, Condesa am Marienplatz, Eiscafé La Luna am Marienplatz, Südlage Stuttgart am Erwin-Schöttle-Platz, Gastronomie in der Böblinger Straße

Diese relativ kurze, aber sehr schöne und aussichtsreiche Rundwanderung führt uns durch Garten- und Wohngebiete und einen der ältesten erhaltenen Weinberge Stuttgarts. Wir nehmen hier nicht die Zahnradbahn, sondern wandern auf alten Pfaden und Weinbergwegen hoch auf den Schnarrenberg.

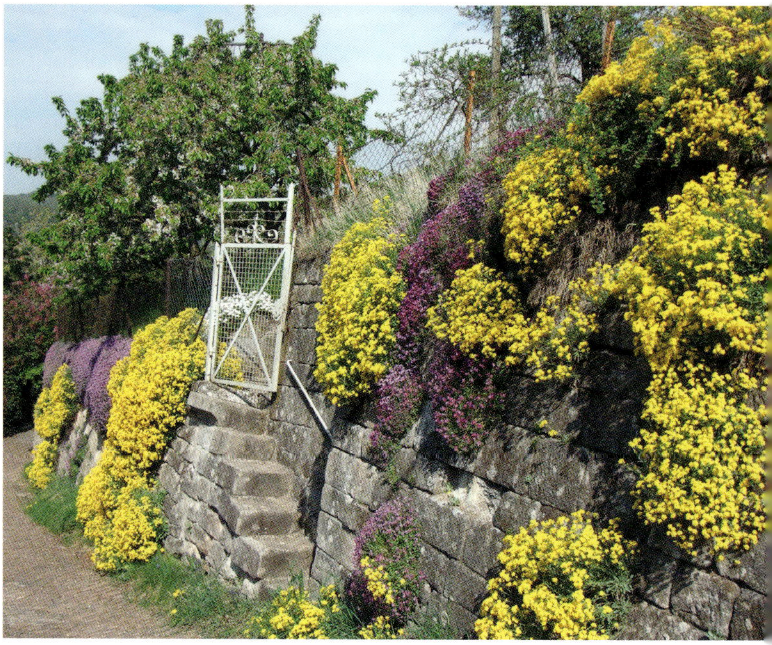

Wengertermauern am Schnarrenberg

Vom Marienplatz ins Weinbaugebiet Diese Rundwanderung beginnt am **Marienplatz** (siehe Tour 2). Wir gehen in südliche Richtung, queren die Filderstraße und steigen die Liststaffel links des 1902/03 im französischen Barock erbauten Prachtbaus Filderstraße 61–65 bergauf. Vorbei an schönen alten Bürgerhäusern wandern wir entlang der Zahnradbahn die Alte Weinsteige weiter und biegen bei Haus Nr. 15 links in einen lauschigen Weg, der uns zum Mühlrain hochführt. Dort angekommen, spazieren

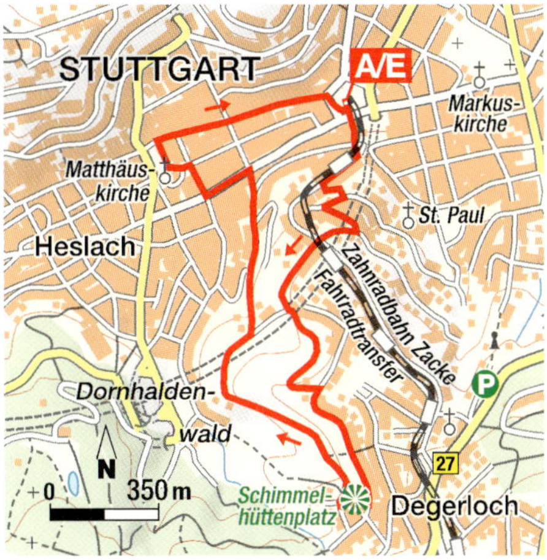

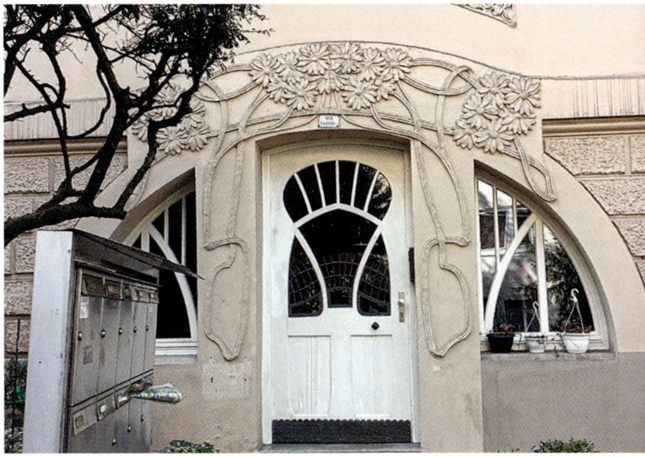

Jugendstil an der Liststaffel

wir nach rechts bis zum Pfaffenweg, halten uns dort abermals rechts und queren die Alte Weinsteige. Nun folgen wir dem alten Weinbergweg gegenüber. Er leitet uns durch ein verwildertes **Weinbaugebiet** mit alten Weinbergmäuerchen und einigen schönen Ausblicken auf Heslach und den gegenüberliegenden Hasenberg mit der Karlshöhe.

Weinbautradition und Aussichtspunkte Oben in der Straße Am oberen Berg angekommen, spazieren wir nach rechts in die Leonorenstraße. Zwischen villenartigen Wohnhäusern und den Weinbergen am **Schnarrenberg** entdecken wir rechts bald einen schönen Aussichtspunkt. Nun geht's über den Elsaweg rechts runter und an der Schimmelhütte vorbei in den Schimmelhüttenweg. Unsere Tour führt durch bucklige »Wengertmäuerle« mit krummen Treppenaufgängen. Man fühlt sich hier in eine beschauliche Weingegend versetzt, irgendwo am Main oder im Moseltal, jedenfalls weit weg von einer Großstadt. Von den Römern einst hierhergebracht, wird der Weinbau in Stuttgart bereits um 708 urkundlich erwähnt und prägte bis in die erste Hälfte des 19. Jahrhunderts das wirtschaftliche und gesellschaftliche Leben der Stadt. Die Weinberge am Schnarrenberg sind ein Rest dieser langen Weinbautradition, und so sahen früher viele der heute begehrten Halbhöhenlagen aus.

Zum »Heslacher Dom« Weiter unten drängt sich mehr und mehr die Großstadt ins Bild. Wir spazieren oben an den modernen Funktionsbauten des **Marienhospitals** vorbei und folgen

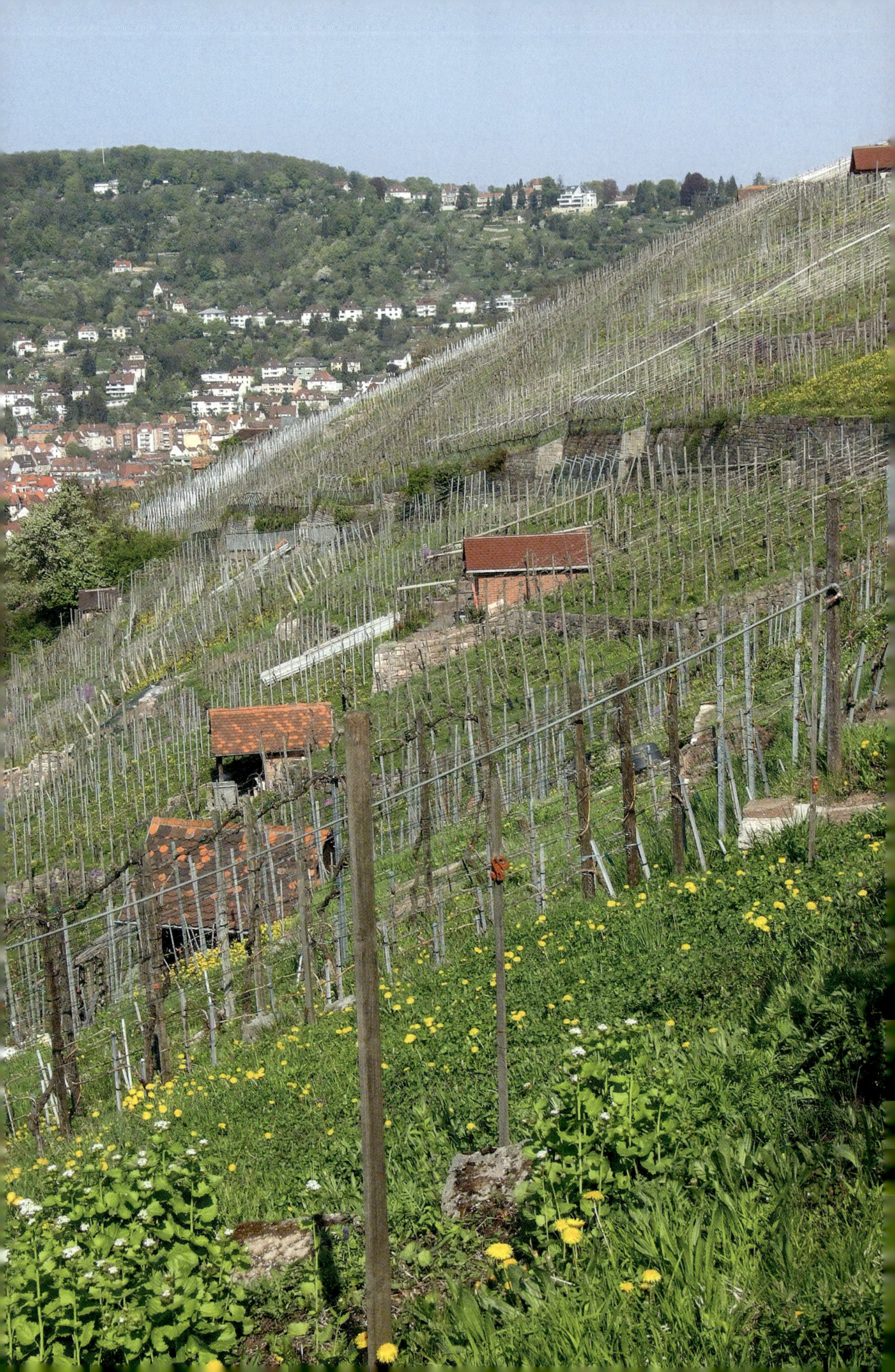

den Treppen links runter in die Böheimstraße. Nun geht es kurz nach links, vorbei am prachtvollen Altbau des Marienhospitals. Er sollte in den 1980er-Jahren abgerissen werden, was eine Bürgerinitiative verhindern konnte. Am Klinikbau biegen wir nach links in die Eierstraße und erreichen über die Möhringer Straße die **Matthäuskirche**, den »Heslacher Dom«, und den **Erwin-Schöttle-Platz**. Im Gegensatz zum quirligen Leben auf dem nur einen Steinwurf entfernten Marienplatz lebt es sich hier eher beschaulich. Man trifft sich aus den umliegenden Häusern zum Quatschen, spielt Boule oder genießt die Sonne auf einer der Parkbänke um den plätschernden Brunnen mit dem Wein trinkenden »Heslacher Hocker«. Er ist ein Werk des Bildhauers Hermann Christian Zimmerle und erinnert an den verdolten Nesenbach und den Heslacher Weinbau. Bis zum Bau des Heslacher Tunnels 1988 herrschte hier ein extremer Autoverkehr und die 1876–1881 erbaute Matthäuskirche fungierte als überdimensionale Verkehrsinsel. Die imposante Kirche ist tagsüber geöffnet und lohnt eine Besichtigung. Von hier spazieren wir weiter durch die belebte **Böblinger Straße**. Mit ihren bunten Geschäften, Hinterhof-Shops, Essensständen und dem Südmarkt mit türkischen Spezialitäten befindet sie sich wie das gesamte Quartier im Umbruch und hat ihr besonderes Flair. Am Marienplatz endet unsere Tour wieder.

Linke Seite: Weinberge in Heslach

Heslacher Dom: Matthäuskirche

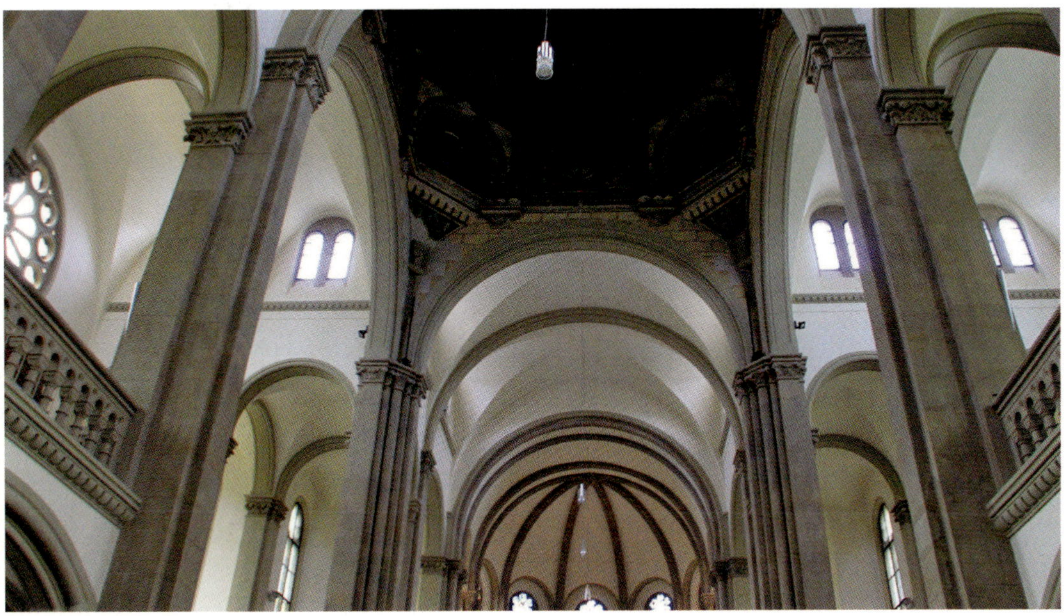

6 Von Heslach durch die Baumreute zum Blauen Weg

Villen, Tunnelwunder und Panoramapfad

Leicht | 6,1 km | 140 Hm/147 Hm | 2 Std.

Wegecharakter
Überwiegend Asphalt und Schotter

Ausgangspunkt
Stadtbahnhaltestelle Schreiberstraße (U1, U14)

Endpunkt
Stadtbahnhaltestelle Marienplatz (U1,U14)

Einkehrmöglichkeit
Südlage Stuttgart am Erwin-Schöttle-Platz, Café Kaiserbau am Marienplatz, Gastronomie am Marienplatz und in der einmündenden Tübinger und der Böblinger Straße

Diese Tour führt uns von Heslach zu den schönsten Aussichtswegen an den sonnigen Hängen des Hasenbergs und der Karlshöhe. Auf unserer Strecke stoßen wir auf einige Bauwerke der Superlative, die einstmals kleine Sensationen waren.

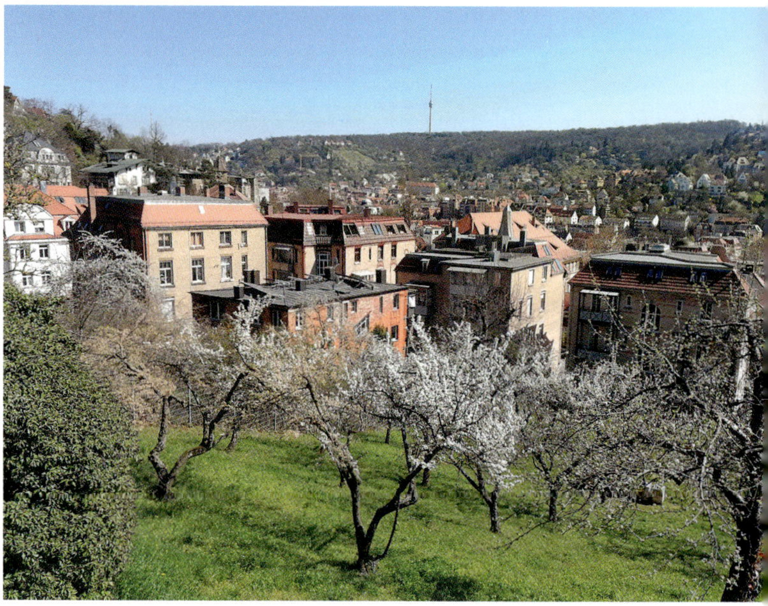

Frühling im Stuttgarter Süden

Eindrucksvolle Bauwerke Wir beginnen diese herrliche Stadtrundwanderung am **Erwin-Schöttle-Platz** und folgen der Böblinger Straße stadteinwärts bis zur Adlerstraße. Hier biegen wir links ein und erreichen bald das **Heslacher Stadtbad** mit seinem markanten Schornstein. Das einzige städtische Hallenbad im Stuttgarter Süden entstand 1929 in der Architektur des Neuen Bauens nach Plänen von Franz Cloos und Friedrich Fischle in einer Stahlbetonkonstruktion mit neun durchgehenden Stahlbetonbögen. Mit seinem 50-Meter-Becken war es das größte Hallenbad im Reich und die moderne Dachkonstruktion galt als Sensation.

Wissenswertes

Der **Schwabtunnel** von 1896 galt damals mit einer Breite von 10,5 Metern als breitester Tunnel Europas, als längster Straßentunnel in einer deutschen Stadt und war einer der ersten Straßenbahntunnel der Welt. Außerdem ist es der weltweit erste Tunnel, durch den jemals ein Automobil gefahren ist, was im Jahr 1900 geschah. Bis 1972 verkehrten hier die Straßenbahnen zweigleisig zwischen den Stadtteilen. Die Aufhängungshaken für die Oberleitungen an den Tunnelwänden erinnern bis heute daran.

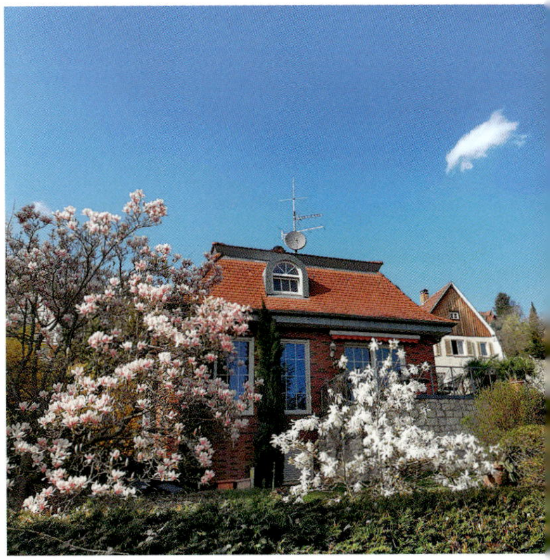

In der Rebenreute

Die Treppen der Adlerstraße führen uns an der Schickhardtschule vorbei zur Schickhardtstraße. Oben angekommen, sehen wir das **Jugendstilhaus Schickhardtstraße 45** mit seinen burlesken Frauenfiguren. 1902/03 nach den Plänen von Emil & Paul Kärn entstanden, war das im eher pietistisch geprägten Stuttgart wohl ein skandalträchtiges Unikum. Nach der Kurve steigen wir die Stäffele am Schwabtunnel hoch zur Wannenstraße.

Bergauf inmitten von Kleingärten In der Wannenstraße spazieren wir nach links, haben viele schöne Ausblicke und steigen nach einer Rechtskurve die Taubenstaffel rechts hoch zur Hohentwielstraße. Dort biegen wir erst nach rechts und bald wieder nach links in die Rebenreute und kommen in die lauschige Baumreute. Vor Haus Nr. 30 kreuzt das Pfarrwegle. Früher hastete hier an Sonntagen der Pfarrer zwischen Botnang und Heslach hin und her, weil sich im 18. Jahrhundert beide Gemeinden eine Pfarrstelle teilten. Wir folgen dem Weg rechts hoch und wandern zwischen teils verwilderten Kleingärten bergauf. Weiter oben queren wir auf einer rostigen Eisenbrücke am früheren **Heslacher Gäubahnhof** die Gleise der Gäubahn und gelangen oben auf den Blauen Weg, der Teil des Blaustrümpflerwegs ist.

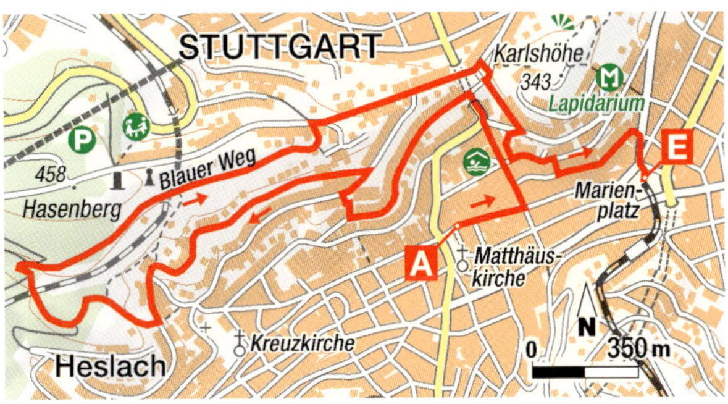

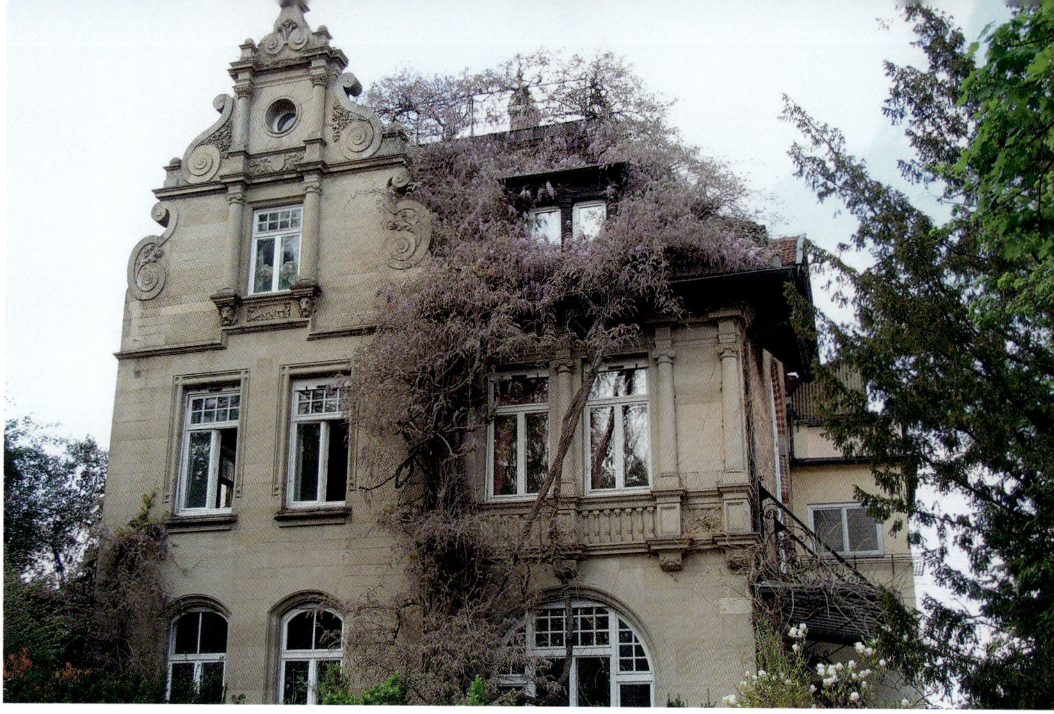

Villenzauber in der Hasenbergsteige

Rechte Seite: Traumplätzle am Blauen Weg

Aussicht ohne Ende Wir halten uns rechts und wandern mit schönen Ausblicken auf Heslach, den Bopser mit dem Fernsehturm und dem Haigst weiter bis zur Hasenbergsteige, die uns langsam, aber stetig hinunter in den Kessel führt. Ein paar Schritte unterhalb der Kreuzung wartet auf dem **Trinkwasserbehälter** links die nächste spektakuläre Aussicht auf uns: Der Blick auf das Häusermeer des Stuttgarter Westens mit den grünen Hängen am Kräherwald und Killesberg ist spektakulär. Am Beginn der **Karlshöhe** folgen wir der Hohenzollernstraße rechts runter. Auf der linken Seite säumen noch mondäne Villen aus der Belle Époque die Straße und lassen erahnen, warum die Karlshöhe früher als »Millionärshügel« verschrien war. Unten angekommen, spazieren wir durch die nette Oskar-Heiler-Staffel gegenüber weiter hinunter. Vorbei an einem Hinterhofidyll erreichen wir die Mörikestraße. Wir wandern nach links und spazieren am evangelischen Eduard-Mörike-Gymnasium die Friedrich-E.-Vogt-Stäffele rechts runter in die Arminstraße. Wir halten uns links und spazieren am Ende die Hohenzollernstraße rechts runter zum belebten **Marienplatz** (Tour 2), wo diese Tour wieder endet.

Wissenswertes

Die Heslacher sollen Herzog Ulrich 1518 auf der Flucht verraten haben, und ab da mussten sie, so erzählt es die Legende, blaue Strümpfe zum Kirchgang tragen. Seither sind sie im Volksmund die »Blaustrümpfler«, und der **Blaustrümpflerweg** umrundet Heslach in einem weiten Bogen.

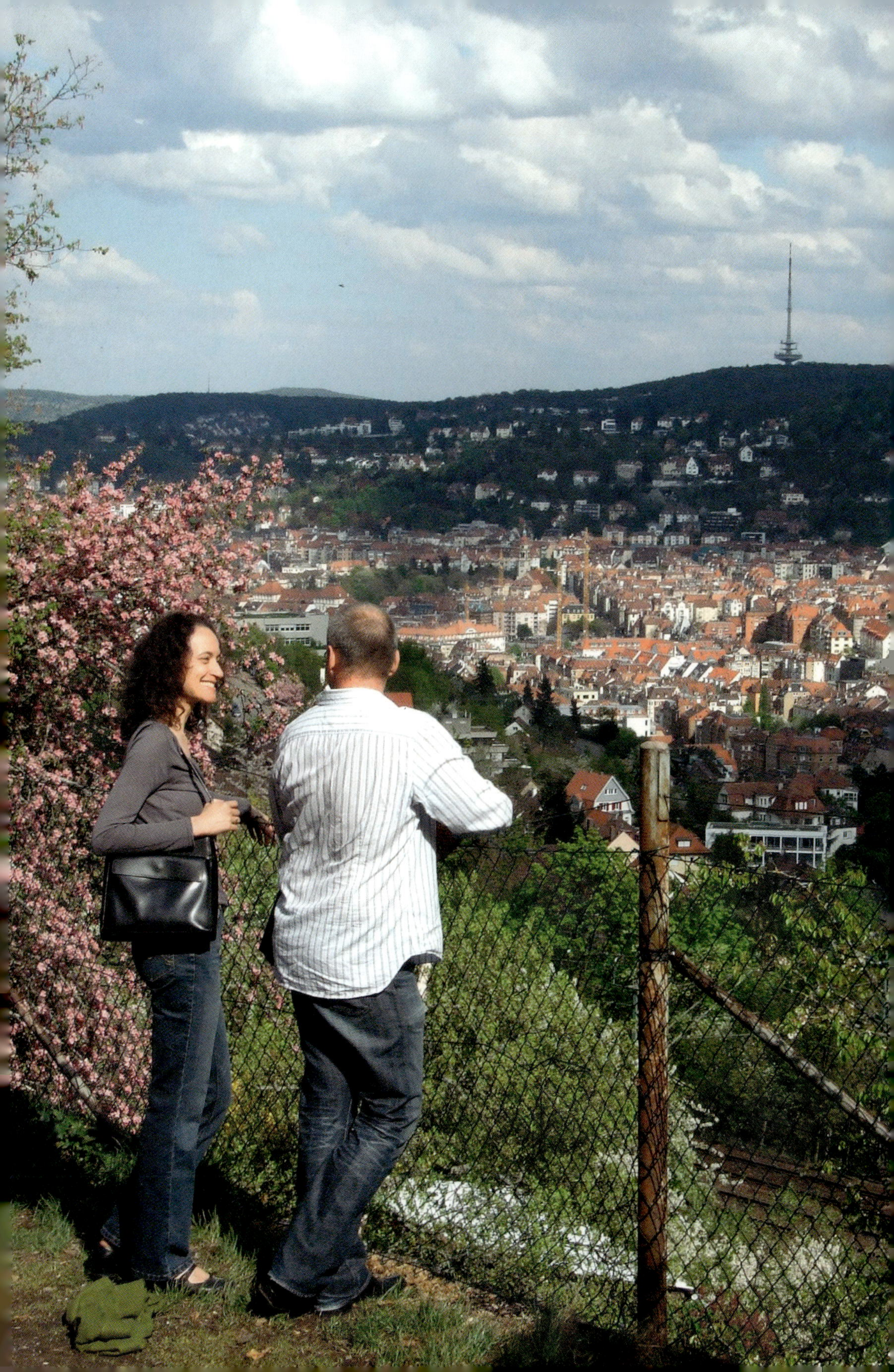

7 Vom Erwin-Schöttle-Platz und Südheim zum »Eiernest«

Arbeiterquartiere mit Charme

Leicht | 4 km | 71 Hm/71 Hm | 1.30 Std.

Wegecharakter
Überwiegend Asphalt

Ausgangspunkt
Stadtbahnhaltestelle Schreiberstraße (U1, U14)

Endpunkt
Stadtbahnhaltestelle Schreiberstraße (U1, U14)

Einkehrmöglichkeit
Vereinsheim der Gartenfreunde Stuttgart in der Kelternstraße, Café Schurr in der Böblinger Straße, Südlage Stuttgart am Erwin-Schöttle-Platz

Diese kurzweilige Rundwanderung führt uns durch und um den Stadtteil Heslach im tief eingeschnittenen Nesenbachtal mit seinem heimeligen Dorfkern und interessanten historischen Arbeiterquartieren.

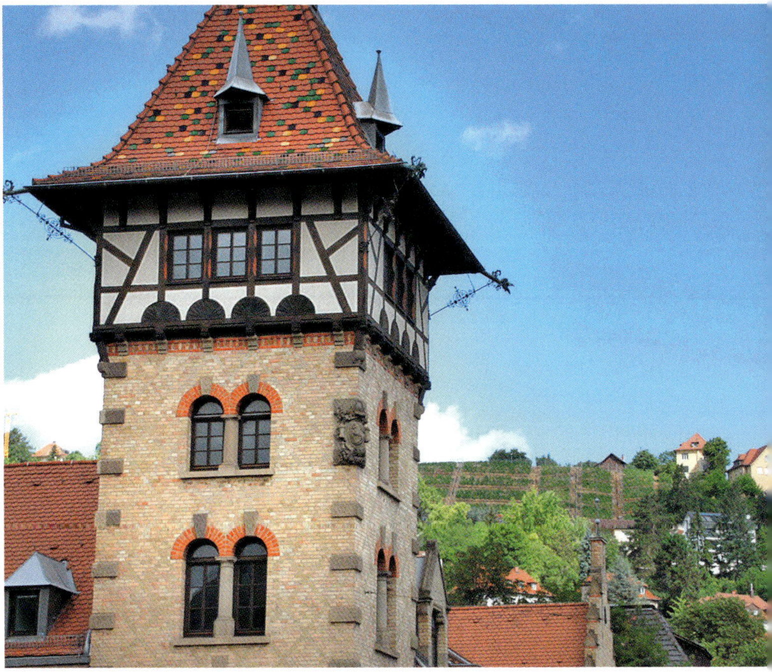

Prachtstück: Altes Feuerwehrhaus Heslach

Durch das alte Heslach zum Friedhof Die Rundwanderung beginnt am **Erwin-Schöttle-Platz**. Wir queren die Schreiberstraße und verlassen den Platz in nordwestliche Richtung über die Schickhardtstraße. In der Kurve steigen wir die lauschige Helene-Schöttle-Staffel bergauf und kommen dabei am 1894 erbauten Saal mit Biergarten der früher sehr beliebten Heslacher **Gastwirtschaft Frank** vorbei. Oben in der Gebelsbergstraße angelangt, halten wir uns links. Nach der traditionsreichen **Stuttgarter Hofbräu Brauerei**, aus der immer wieder der typische Maische-

Brauereigeruch herausdünstet, wählen wir die Seidenbergstraße. Sie führt uns links hinunter in den alten »Flecken« von **Heslach**. Ältere Fachwerkhäuser neben gründerzeitlichen Mietshäusern und neueren Wohnbauten bilden am Ritterstüble einen heimeligen Kiez. Wir folgen der Hasenstraße nach rechts und verlassen den alten Dorfkern beim dornröschenartig eingewachsenen **Theater am Faden**. In der Gebelsbergstraße geht's kurz nach links in die Benckendorffstraße und dann in den **Heslacher Friedhof**.

Fassaden betrachten in Südheim Wir verlassen den Friedhof durch ein Tor oberhalb der Kapelle und steigen hoch in die Hohentwielstraße. Dort geht's nach links und wir wandern über die Elsterstaffel hinunter in den alten Arbeiterbezirk **Südheim**. Nach Querung der Böblinger und Möhringer Straße schlendern wir durch die charmante Neugereutstraße. Die alten Backsteinfassaden der vier- bis fünfstöckigen Mietshäuser sind schön, aber einfach verziert. Nun biegen wir in die Burgstallstraße ein. Hier stehen die Häuser dicht an dicht, die Klinkerfassaden sind schnörkellos und einfach, dahinter Höfe mit Schuppen. Bis in die zweite Hälfte des 19. Jahrhunderts plätscherte hier noch der Nesenbach: Anfangs nutzte man sein Wasser zum Kochen und Spülen, aber bald mutierte das Bächle zum stinkenden Abwasser- und Müllkanal. Wir biegen in die Müllerstraße rechts ein und spazieren bald durch die Hahnstraße. Auch dieser charmante Teil Heslachs hat den letzten Krieg und die Bauwut der 1960er- und 1970er-Jahre einigermaßen glimpflich überstanden und ist heute eine beliebte Wohnadresse.

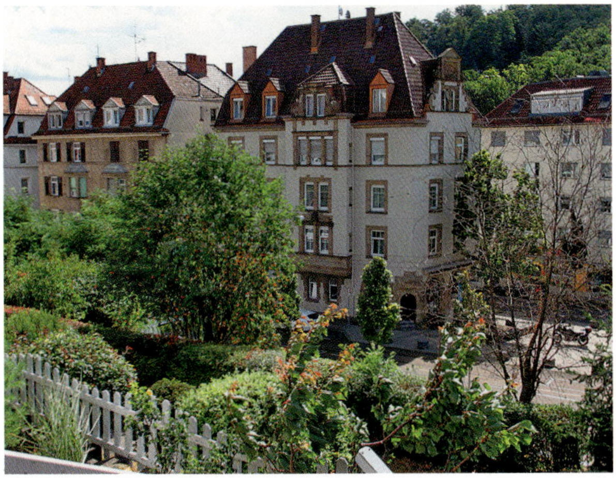
Blick auf die Böblinger Straße

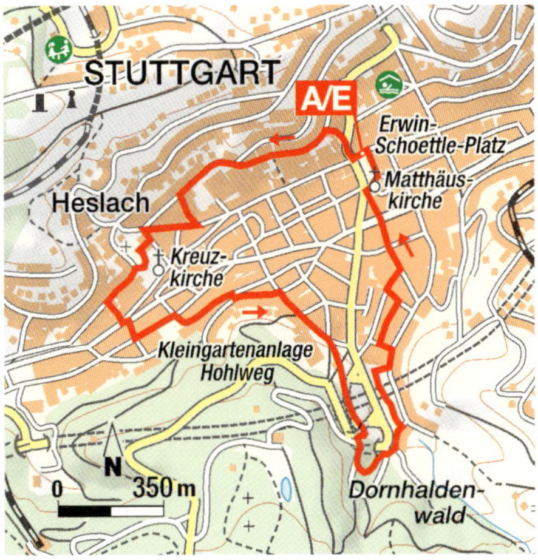

Vorbei an der Lerchenrainschule Bald geht's erst nach rechts in den Lerchenrain und dann in den Böhmisreuteweg – mit den schmucken Vorgärtchen eine besonders lauschige Ecke. An der Kelterstraße halten wir uns wieder rechts und spazieren unterhalb der **Lerchenrainschule** vorbei. Von den Architekten Paul Bonatz und F. E. Scholz geplant, entstand sie 1908/09 als modernstes Schulzentrum mit Schülerbad, Frühstücksabgaberaum und Schulküche. Unten befand sich die katholische, darüber die evangelische Volksschule und im Obergeschoss war eine Mädchenmittelschule. Alle Stockwerke hatten eigene Rektoren, was in der damaligen Zeit ein Novum war.

Dörfliches Ambiente im »Eiernest« Wir wandern geradeaus weiter und erreichen das **Vereinsheim der Gartenfreunde Stuttgart**, eine erste Einkehrmöglichkeit. Vom Weg aus sehen wir links die Weinberge am Schnarrenberg, letzter Rest der früher ausgedehnten Weinberglandschaft um Heslach. Im Wald angekommen, queren wir die hier übertunnelte Karl-Kloß-Straße und wandern den Waldweg oberhalb eines Regenrückhalteteiches geradeaus weiter. Wir queren den **Dornhaldenbach**, passieren eine Downhill-Strecke (Obacht!) und folgen dem asphaltierten Weg talwärts. Etwas weiter unten biegen wir links ein und spazieren auf einem Fußweg in der Hahnklinge durch einen kleinen

Wissenswertes

Auffälligstes Gebäude im **Heslacher Friedhof** ist die Grabkappelle von Benckendorff, das kleine »Heslacher Taj Mahal«. Der 1785 in St. Petersburg geborene Graf und spätere russische General Konstantin von Benckendorff ließ dieses Mausoleum für seine 1823 verstorbene Frau Natalia errichten. Als Architekten wählte er Giovanni Salucci, der zur selben Zeit mit der Grabkapelle auf dem Rotenberg beschäftigt war. Es hat die Form eines griechischen Rundtempels mit zwei ionischen Säulen. Innen befinden sich von J. H. Dannecker modellierte Marmorbüsten des einstigen Liebespaares. Über dem Portal ließ von Benckendorff aus Liebe zu seiner nur 27 Jahre alt gewordenen Gattin die Inschrift »NUR SIE« einmeißeln. Nach seinem Tod durch Typhus auf einem Feldzug in Bulgarien 1828 wurde er neben ihr beigesetzt. Wer sich umschaut, findet weitere bedeutende Grabmäler wie das von Conrad Haußmann, Vizepräsident der Weimarer Nationalversammlung, oder das des württembergischen Reichstagsabgeordneten Karl Kloß (SPD), dessen Trauerfeier 1908 am Krematorium im Pragfriedhof stattgefunden hatte. Es wird erzählt, dass der Trauerzug so lang war, dass die ersten Trauergäste bereits im Pragfriedhof eintrafen, als die letzten hier das Tor verließen.

Park. Weiter unten folgen wir der Eierstraße weiter bergab. Hinterm **Spielplatz Eiernest** ist der Kindergarten **Kinderladen**, an dem links ein **Bunker** aus dem Zweiten Weltkrieg angebaut ist. Der längliche Klotz aus Stahlbeton entstand 1941 und hat zwei Stockwerke, ein fensterloses liegt unter der Erde. Er war nach dem Krieg längere Zeit die einzige Bleibe für rund 55 ausgebombte Frauen. In der Eierstraße gehen wir nach links und kommen im Zechweg ins charmante »**Eiernest**«. Weiter geht's durch den Habichtweg. Mit seinen kleinen, eng geduckten Häuschen, den niedlichen Eingangstüren und kleinen Gärtle fühlt man sich hier ganz wie auf dem Dorf.

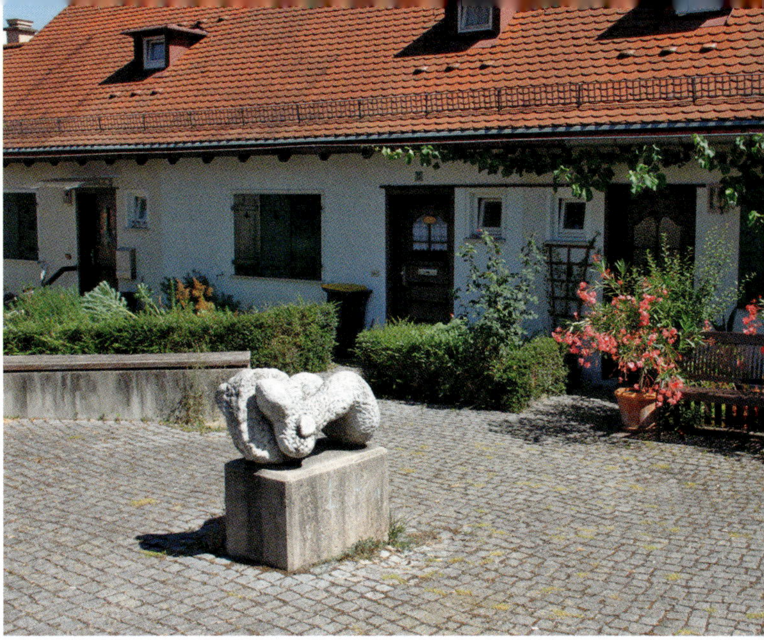

Statue im »Eiernest«

Rückweg durch die Industriegeschichte Im Sperberweg gehen wir erst links, halten uns in der Liebigstraße wieder rechts und folgen dann der wieder recht großstädtisch wirkenden Schreiberstraße talwärts. Direkt an der linken Ecke verbirgt sich hinter der etwas seltsamen Fassade von Gebäude Nr. 44 ein weiterer **Bunker**. Seine dicken Mauern boten damals rund 1100 Anwohnern Schutz. Blicken wir in der hübschen Dornhaldenstraße nach rechts, sehen wir noch die 1909 und 1922 nach Plänen von André Lambert und Eduard Stahl errichteten Bauten des 1914 gegründeten **Contessa Camerawerks**, ab 1919 Contessa-Nettel AG und später Zeiss-Ikon AG, lange ein wichtiger Arbeitgeber in Heslach. Sie haben den letzten Krieg als einziges Zeiss-Werk unzerstört überstanden. Es geht weiter bergab und wir kommen wieder zum **Erwin-Schöttle-Platz**, wo diese Runde endet. Die tagsüber meist geöffnete **Matthäuskirche** ist ein Meisterwerk der Neoromanik und -gotik und eine Besichtigung wert.

Wissenswertes

Die Siedlung »**Eiernest**« mit 176 einstöckigen Reihenhäusern entstand 1926 im Rahmen eines städtischen Wohnungsbauprogramms für arme Arbeiterfamilien und ist eine der am besten erhaltenen ihrer Art in Stuttgart.

8 Von Kaltental nach Sonnenberg

Durch den waldreichen Südwesten

Leicht | 5,6 km | 151 Hm/151 Hm | 1.45 Std.

Wegecharakter
Überwiegend Schotter-, Asphalt- und Naturwege

Ausgangspunkt
Stadtbahnhaltestelle Waldeck (U1)

Endpunkt
Stadtbahnhaltestelle Waldeck (U1)

Einkehrmöglichkeit
Harambe mit Biergarten in Sonnenberg, Heimgarten St. Josef im Bruderrain

Diese Rundwanderung führt uns vom Stadtteil Kaltental nach Sonnenberg durch herrlich grüne Oasen und schöne Aussichtsplätze. Besonders Sonnenberg, aber auch Kaltental glänzen mit schicken Wohnadressen, und der Gang durch die Schwälblesklinge ist ein wunderbares Naturerlebnis.

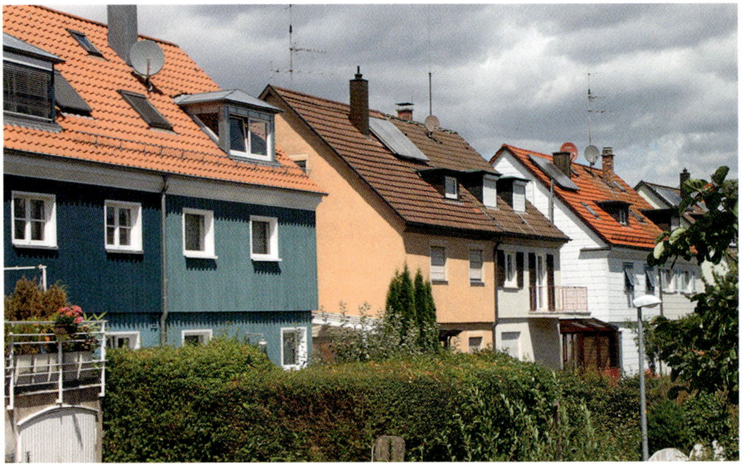

Wohnhäuser in Kaltental

Durch Kaltental zur Jugendfarm Wir starten an der Stadtbahnhaltestelle Waldeck in der Böblinger Straße. Nach ein paar Schritten talwärts biegen wir nach rechts, folgen kurz der Burgstraße bergauf und spazieren dann links in den Fußweg Schlosswaldäcker zwischen Bachklinge und Gärten. Der Weg schwenkt bald rechts hoch und wir sind wieder in **Kaltental**. Über den Kohlbachpfad gelangen wir in die Schloßbergstraße, gehen geradeaus weiter und sind im Hummelwiesenweg. Über einen asphaltierten Fußweg in gleicher Richtung geht's weiter bergauf und wir kommen in die Schiltacher Straße, in der wir uns rechts halten. Wir schlendern durch die schön gelegene Wohnstraße und wählen an der nächsten Kreuzung den gegenüberliegenden Weg Richtung Jugendfarm. Oben auf der Möhringer Hochfläche angekommen,

Rechte Seite oben: Citylage zwischen Wald und Wiesen: Kaltental und Dachswaldsiedlung

Rechte Seite unten: Imposantes Wohnhaus in Sonnenberg

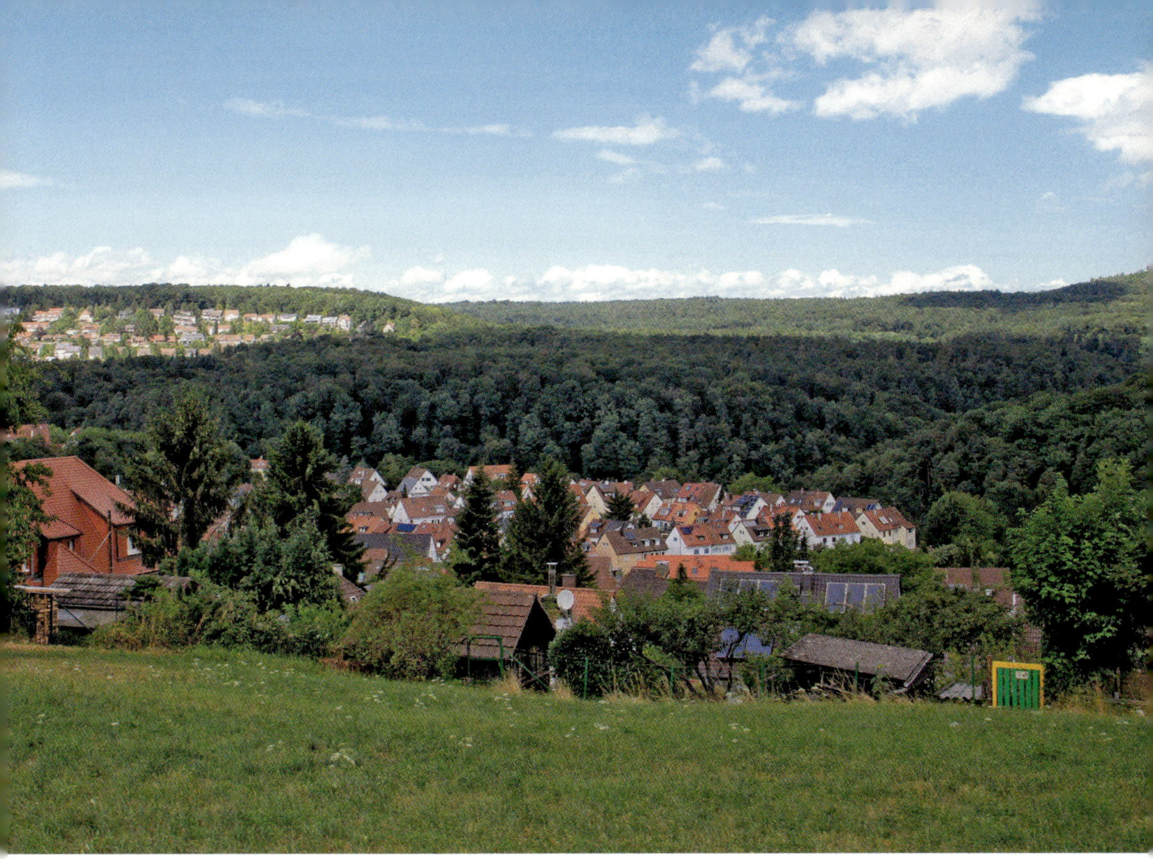

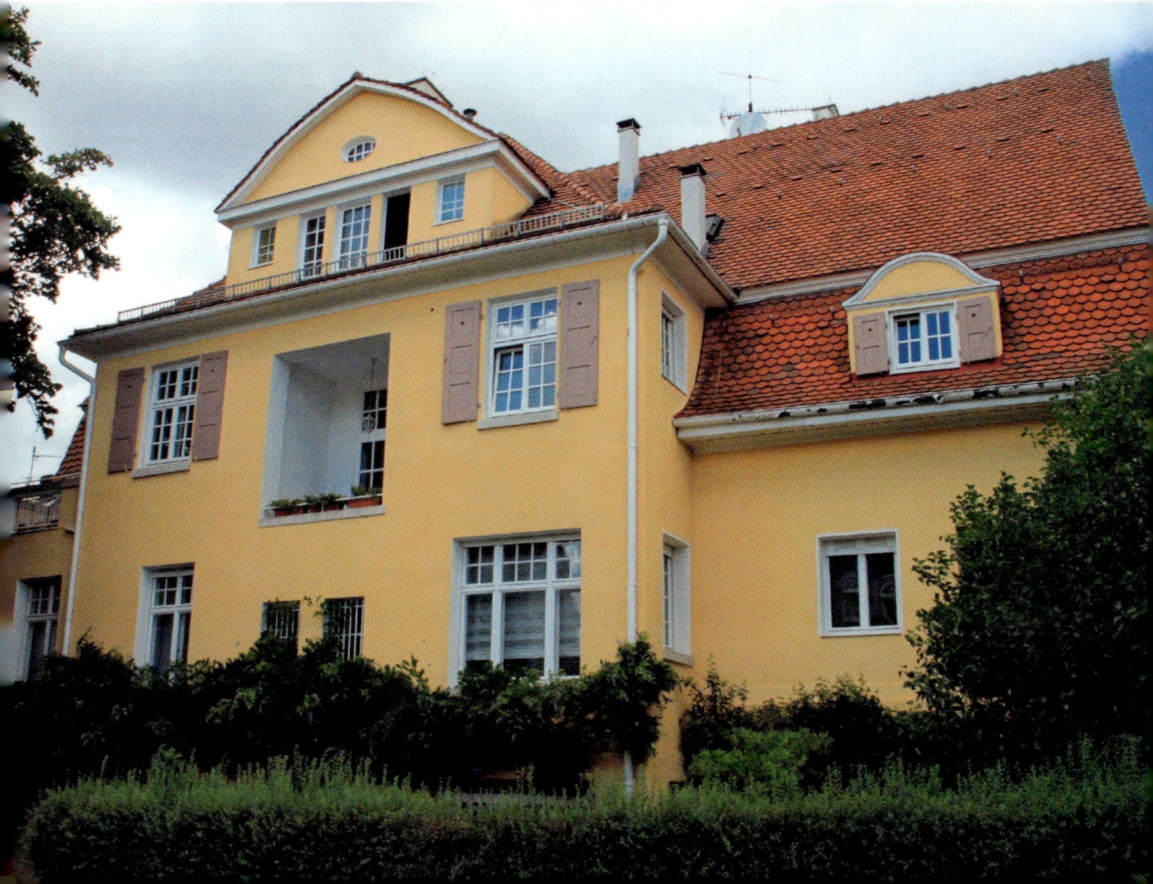

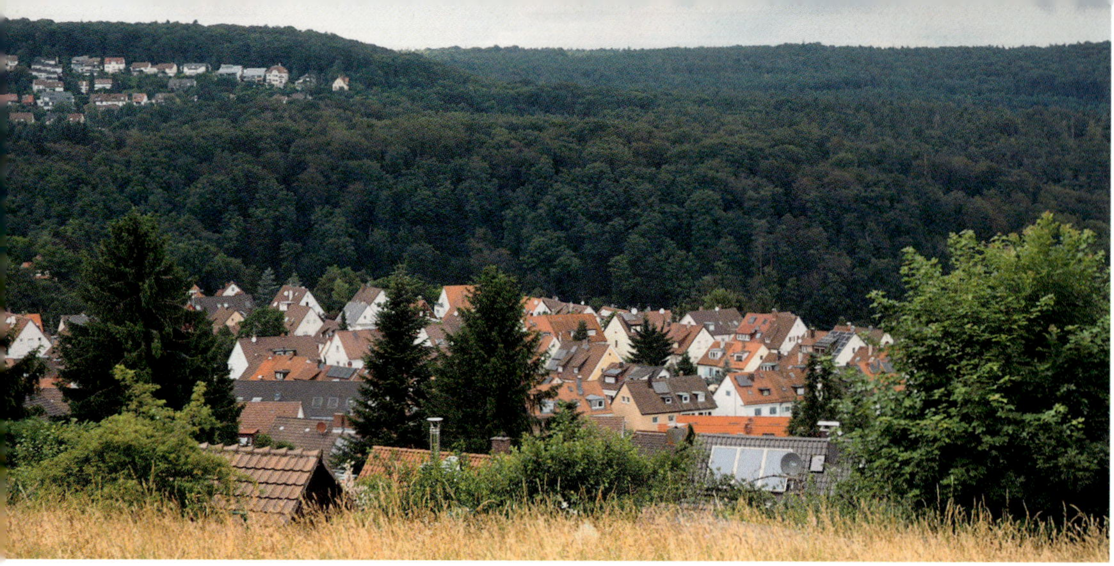

Kaltentals Schloßbergsiedlung vor Stuttgarts ausgedehnten Wäldern

sehen wir rechts die **Jugendfarm**. Während des Krieges befand sich hier das Zwangsarbeitslager Haldenwies.

Waldwandern mitten in der Stadt Hier biegen wir an der ersten Möglichkeit nach links in den mit blauem Punkt gekennzeichneten Feldweg ab. Kurz vor dem Waldrand belohnt uns eine herrliche Aussicht für den etwas schweißtreibenden Aufstieg und wir blicken auf ein großes Waldgebiet. Kaum zu glauben, dass wir uns hier fast mitten in Stuttgart befinden. Am Wald spazieren wir auf einem Waldpfad unterhalb der Häuser des Stadtteils **Sonnenberg** weiter. Der Weg schwenkt nach rechts und wir wandern auf der Falkenstraße in die gleiche Richtung.

Durch die Natur zur Schwälblesklinge Wir biegen in die Laustraße links ein und wandern nach dem **Generationenzentrum** in die Straße Sonnenbühl. Teilweise recht mondäne Villenanwesen in herrlicher Aussichtslage säumen die Straße. Nach Erreichen der Obstwiesen biegen wir etwas weiter oben in den mit einer Axt gekennzeichneten Josefleweg und spazieren talwärts. Um uns herum nur Wiesen, Obstbäume und Wälder – eine wunderbare Gegend zum Durchatmen

Wissenswertes

Der heute zu Stuttgart-Süd gehörende Stadtteil **Kaltental** bestand lange aus drei Siedlungen: Unterweiler am Nesenbach, Oberweiler auf der gegenüberliegenden Talseite und Schloßberg, wo wir uns jetzt befinden. Im Gebiet der Schloßberg-Siedlung stand auch die heute namensgebende, um 1150 erstmals erwähnte Burg Kaltental mit einer kleinen Burgsiedlung. Der recht imposante Bau wechselte im Laufe der Zeit immer wieder die Besitzer und wurde 1831/37 abgebrochen. An der Stelle steht seit 1932 die Katholische St.-Antonius-Kirche. Eine Notiz von Graf Eberhard im Bart – »Der von Kaltental glaubt das nicht« – wurde zum Markenzeichen der »knitzen Kaltentaler«. Überregional bekannt wurde der Stadtteil durch das vom Humoristen Werner Veidt geschriebene Lied »Oh Anna Scheufele aus Kaltetal«.

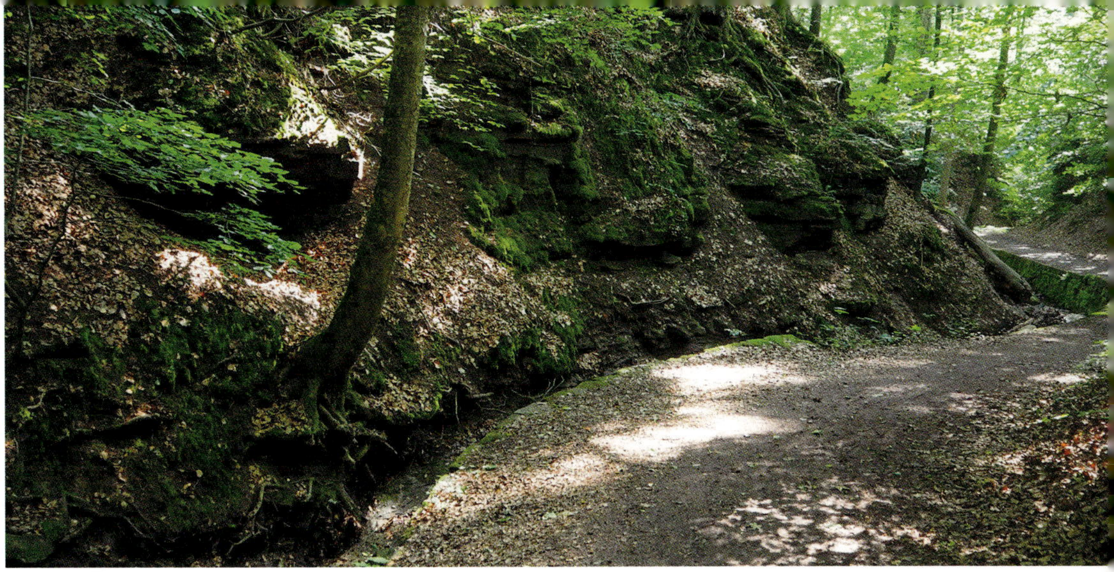

Naturoase am Schwälblesbach

und Relaxen. Im Wald folgen wir dem **Geologischen Lehrpfad** hinunter in die **Schwälblesklinge**. Wer oben noch gerne einkehren möchte, folgt dem Josefleweg nach rechts weiter bis zum Ausflugslokal **Heimgarten St. Josef** mit großem Biergarten.

Am Bach entlang zurück ins Nesenbachtal Nun geht es durch die lauschige **Schwälblesklinge** mit ihren bizarren Felsen, großen Bäumen und dem munter plätschernden Schwälblebach: eine Naturoase mitten in Stuttgart. Wir bleiben erst rechts vom Bach und kommen kurz auf den Kellerbrunnenweg. Gleich nach einem Weiher biegen wir nach links in den Fuchsweg ein. Im **Kohlbachtal** stoßen wir auf den Christian-Belser-Weg, halten uns rechts und erreichen schließlich wieder das **Nesenbachtal** mit der Haltestelle Waldeck, wo unsere Tour endet.

Felsen und Farne am Wegrand

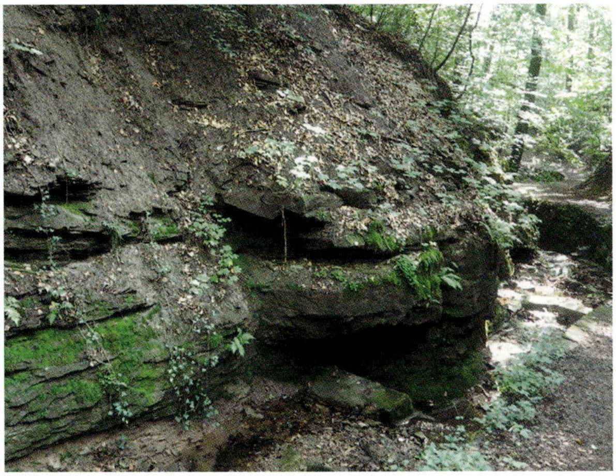

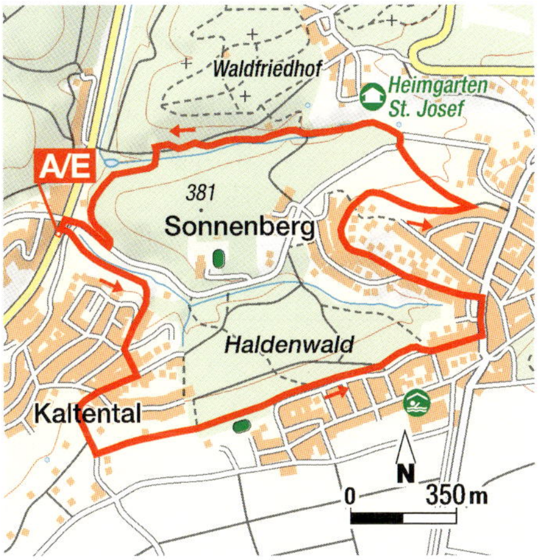

9 Über die Elsenbachklinge nach Dachswald

Vorstadtidyll und Traditionsbiergarten

Leicht | 4,7 km | 73 Hm/73 Hm | 1.30 Std.

Wegecharakter
Schotter-, Asphalt- und Naturwege

Ausgangspunkt
Stadtbahnhaltestelle Waldeck (U1)

Endpunkt
Stadtbahnhaltestelle Waldeck (U1)

Einkehrmöglichkeit
Waldheim Heslach in Dachswald

Auf dieser reizvollen Rundwanderung spazieren wir durch die nördlichen Teile von Kaltental und den Stadtteil Dachswald zum fast schon legendären Waldheim Heslach und entdecken dabei bezaubernde Naturparadiese wie den Triebschlag oder die Elsenbachklinge.

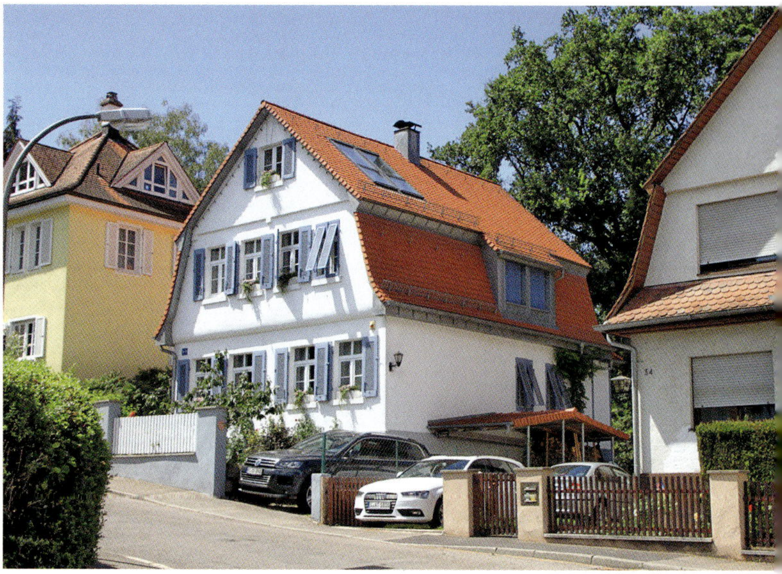

Wohnträume in der Fuchswaldstraße

Durch das Wohngebiet ins Grüne Los geht es an der Stadtbahnhaltestelle Waldeck in der Böblinger Straße in **Kaltental**. Wir spazieren diesmal etwas unterhalb in die von Westen einmündende Fuchswaldstraße. Dieser sich serpentinenartig hochschlängelnden Wohnstraße folgen wir nach links. Wir kommen an einigen hübsch eingegrünten Altbauten vorüber und erreichen die Hanfländerstraße. Ihr folgen wir in die Straße Triebschlag. Früher als Triebweg bekannt, trieben hier die Kaltentaler ihr Vieh hinunter an den Elsenbach. Ältere Landhäuser im Schwarzwaldstil in idyllischen Gärten säumen die als Fußweg weiterführende Sackgasse. Dahinter folgen Wiesen und der Wald – ein unerwartet dörfliches Idyll.

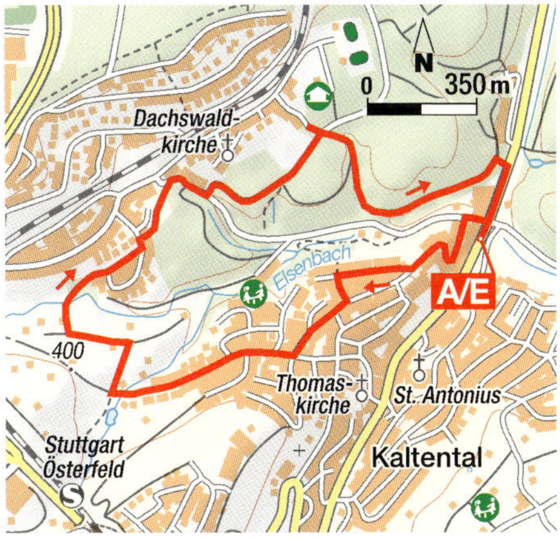

Durch ländliches Gebiet in die Elsenbachklinge Im Triebschlag halten wir uns links und wandern dann nach rechts über die Fuchswaldstraße weiter bis zur Schwarzwaldstraße, in der wir uns wiederum rechts halten. Nach der Bebauung biegen wir nach rechts, spazieren im halben Bogen um das letzte Wohnhaus und gehen noch mal nach rechts.

Unser Weg führt uns im Anschluss durch ein ländliches Gebiet mit alten Gärten samt Obstbäumen. An der nächsten T-Kreuzung geht es weiter nach links und nach ca. 150 Metern, am Ende einer kleinen Kuppe, führt uns ein schmaler Fußweg

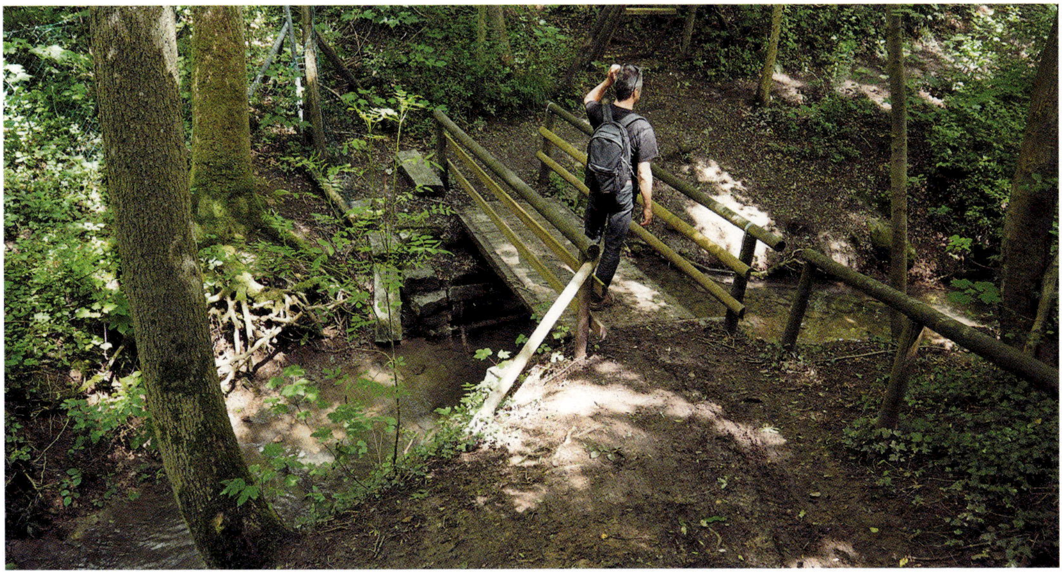

zwischen eingezäunten Grundstücken hinunter in die lauschige **Elsenbachklinge**.

Fröschlesbrücke in der Elsenbachklinge

An Schrebergärten vorbei zum Waldheim Nach der idyllischen **Fröschlesbrücke** erreichen wir die Bogenstraße im Stadtteil **Dachswald**. In der Kurve links hoch biegen wir vor dem Spielplatz Bogenstraße rechts in einen Weg und folgen diesem durch Wald und Wiesen links hoch in den Dachswaldweg, wo wir uns rechts halten. Sollte dieser Waldpfad bei bestimmten Wetterlagen schlecht zu begehen sein, folgen wir der Bogenstraße weiter bergauf und wandern den Dachswaldweg wieder bergab. Nach

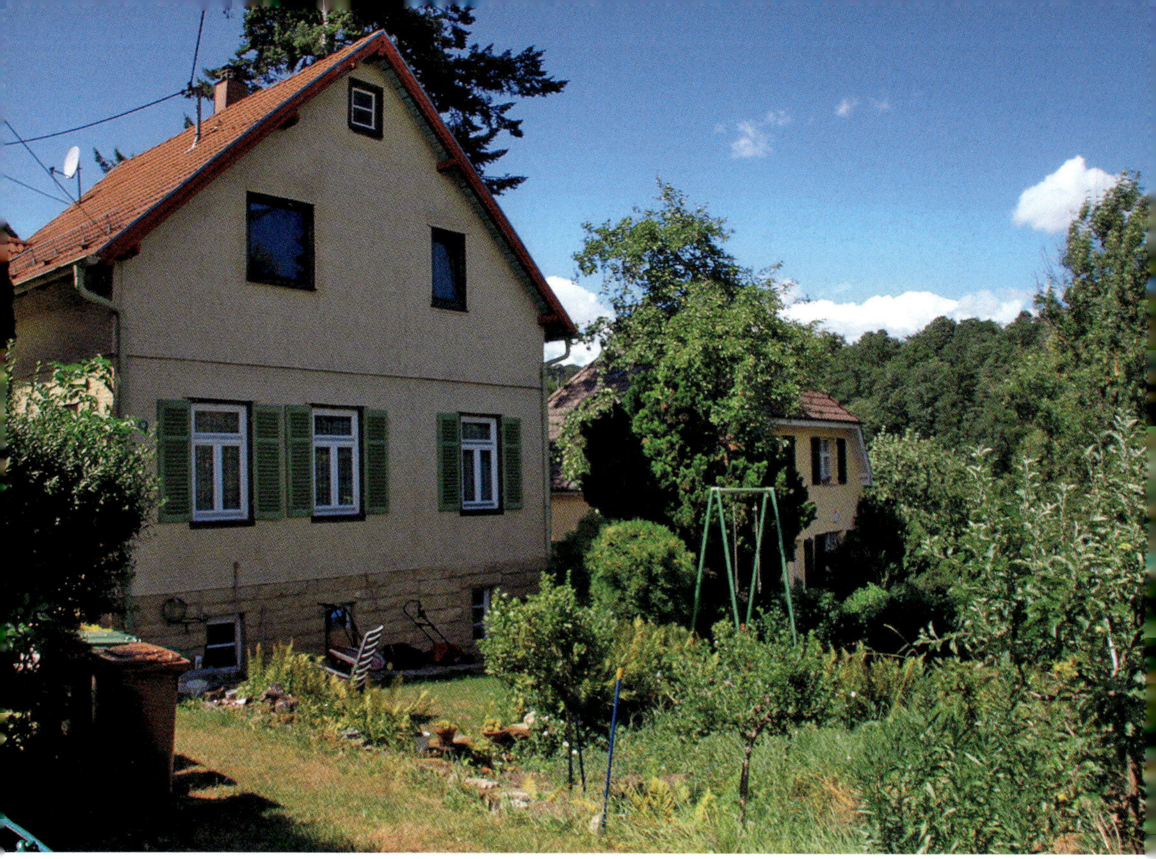

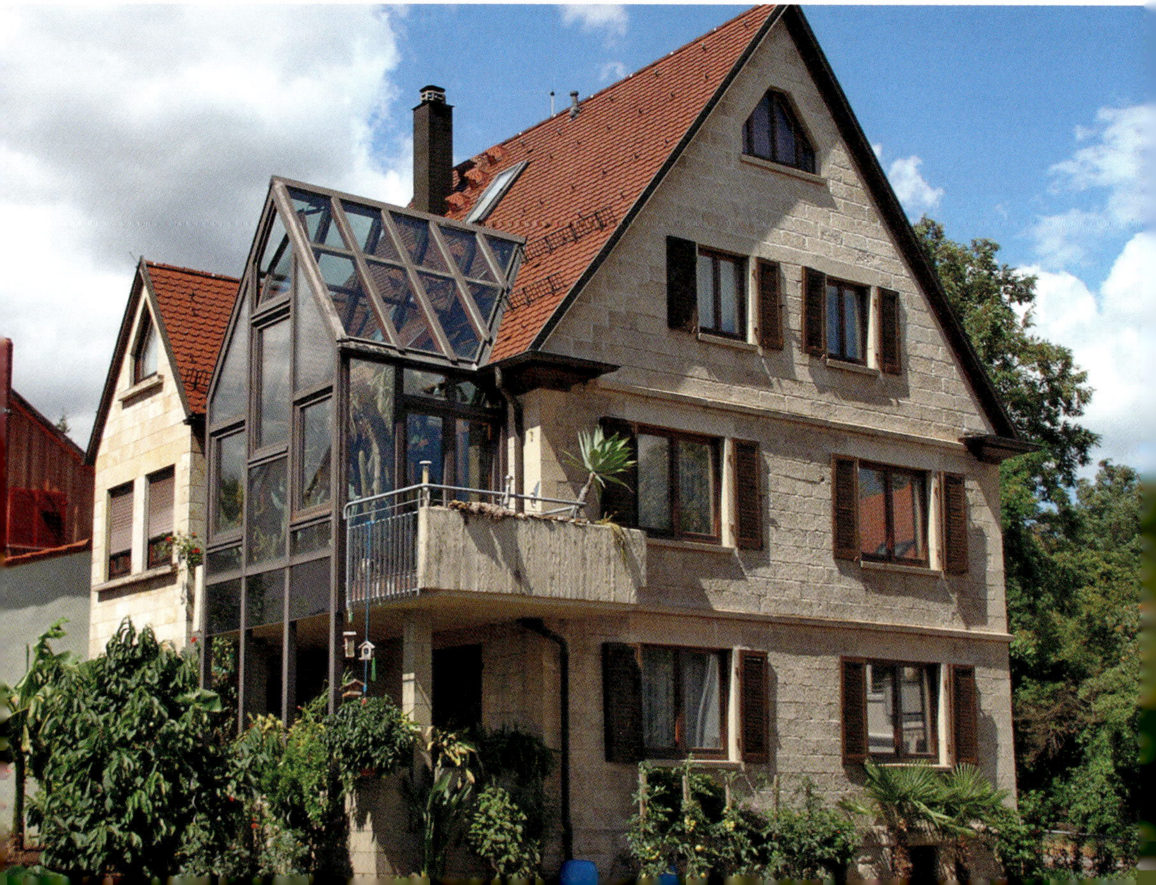

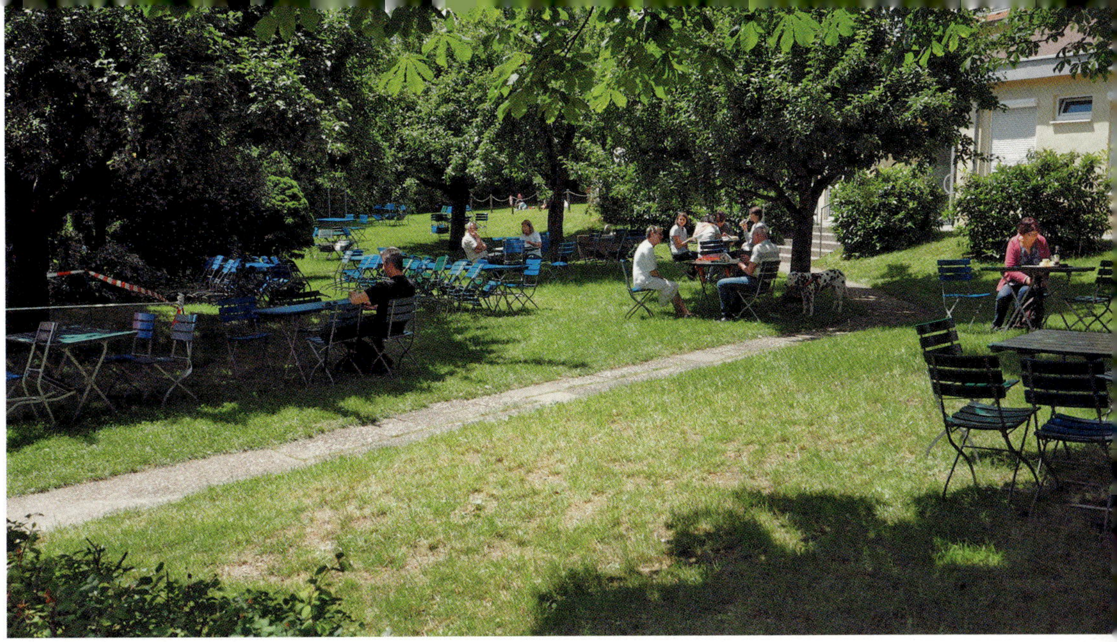

Biergartenlegende im Grünen – Waldheim Heslach

Linke Seite oben: Schwarzwald-idyll im Triebschlag

Linke Seite unten: Schönes Wohnhaus in Dachswald

Haus Nr. 124 heißt die Straße »Im Elsental« und wir folgen dem nun deutlich schmaleren Dachswaldweg schräg links durch den Wald. Nach der Kaltentaler **Schrebergartenanlage** führt ein Weg links hoch zum **Waldheim Heslach**, einer guten Einkehrmöglichkeit auf unserem Weg. Gegründet 1908 von der Heslacher Arbeiterschaft als Erholungs- und Einkehrort für Arbeiter und ihre Familien ist es nach der Enteignung durch die Nazis und der Zerstörung durch Bomben seit 1953 wieder offen. Heute ist die Location beliebter denn je und in ihrem weitläufigen Biergarten mit den alten Obstbäumen und dem großen Spielplatz herrscht an Wochenenden oft Hochbetrieb.

Zum Abschluss durch den Wald Nach einer eventuellen Einkehr verlassen wir den Biergarten wieder durch den unteren Ausgang, queren einen geschotterten Waldweg und spazieren in gleicher Richtung weiter bergab. Wenn wir nicht zum Waldheim hochgehen, biegen wir hier rechts ab. An der Wegkehre beim Saulach wandern wir geradeaus weiter. Der Waldweg Bihlersteige verläuft nun oberhalb einer steil abfallenden Waldklinge und schwenkt weiter unten nach links. Wir lassen die ins Elsental hinabführenden Staffeln vor der Kurve rechts liegen, gehen weiter und steigen erst am Ende der Kurve, kurz bevor der Weg wieder ansteigt, über einen Fußweg rechts hinunter ins **Nesenbachtal** zur Böblinger Straße. Dort gehen wir nach rechts und erreichen nach kurzer Zeit wieder den Ausgangspunkt, die Stadtbahnhaltestelle Waldeck.

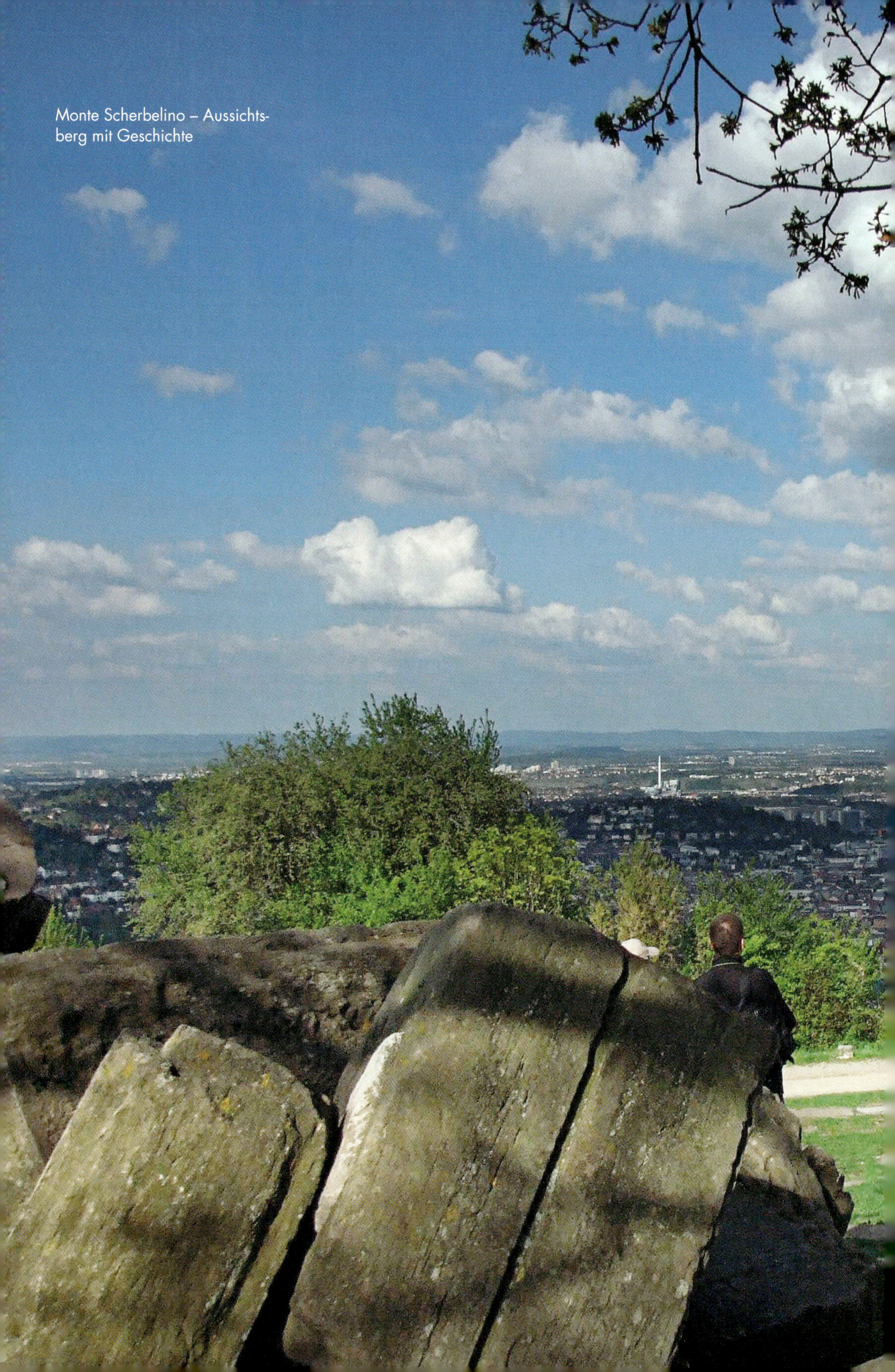

Monte Scherbelino – Aussichtsberg mit Geschichte

Der Westen

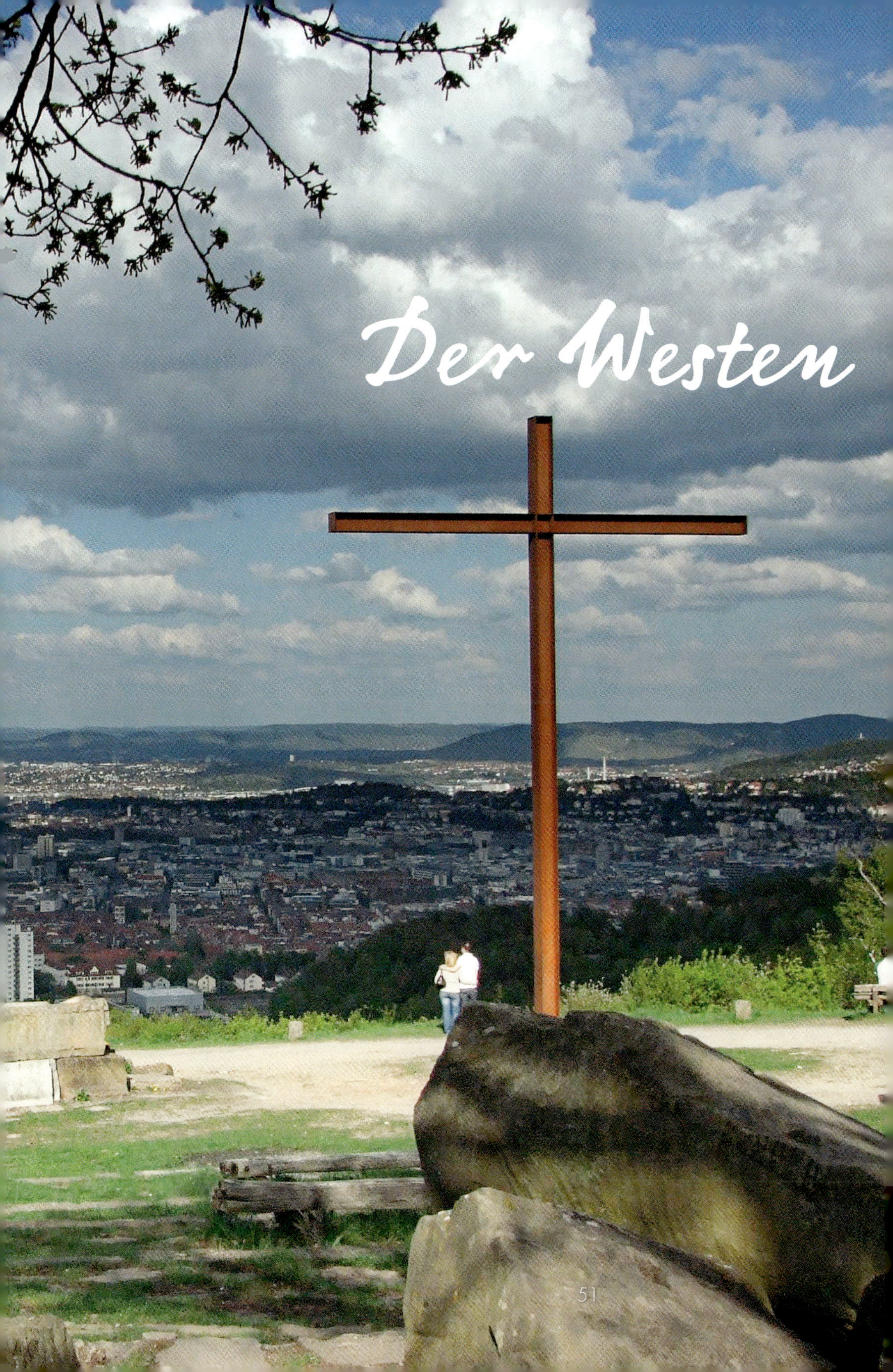

10 Vom Feuersee zur Karlshöhe

Stuttgarts faszinierender Millionärshügel

Leicht | 3,3 km | 58 Hm/58 Hm | 1 Std.

Wegecharakter
Überwiegend Asphalt- und Schotterwege

Ausgangspunkt
S-Bahnhaltestelle Feuersee (S1–S6)

Endpunkt
S-Bahnhaltestelle Feuersee (S1–S6)

Einkehrmöglichkeit
Rote Kapelle am Feuersee, Auszeit, Cafébar in der Augustenstraße, Biergarten Tschechen und Söhne auf der Karlshöhe

Diese relativ kurze, aber sehr interessante Runde führt uns vom Feuersee im Stuttgarter Westen zur Karlshöhe mit ihrem Höhenpark, einer waldigen Insel mitten im dicht bebauten Stuttgarter Kessel.

Durch den Westen zum Gänsepeterbrunnen Von der S-Bahnhaltestelle Feuersee (Ausgang »Feuerseeplatz/Rotebühlstraße«) spazieren wir die Rotebühlstraße bergauf und biegen links in die Senefelderstraße ein. Wir sind im beliebten Stuttgarter Westen angelangt, der sich durch kleine Geschäfte, trendige Cafés und angesagte Kneipen sowie viele schöne Altbauwohnungen auszeichnet. »Einmal Westler, immer Westler«, sagt man in Stuttgart, wobei der Süden sich gerade zur harten Konkurrenz mausert. Nach wenigen Schritten kreuzt die **Augustenstraße**, in die wir nach rechts einbiegen. In diesem dicht bebauten Wohnquartier stehen noch prächtige Stadthäuser aus dem 19. Jahrhundert mit reichem Fassadenschmuck. In der Gründerzeit war es en vogue, Baustile aus den unterschiedlichsten Epochen zu mischen, und erst der Jugendstil brachte wieder neue Elemente. Wir biegen nach links in die Hasenbergstraße ab, in der ebenfalls mehrstö-

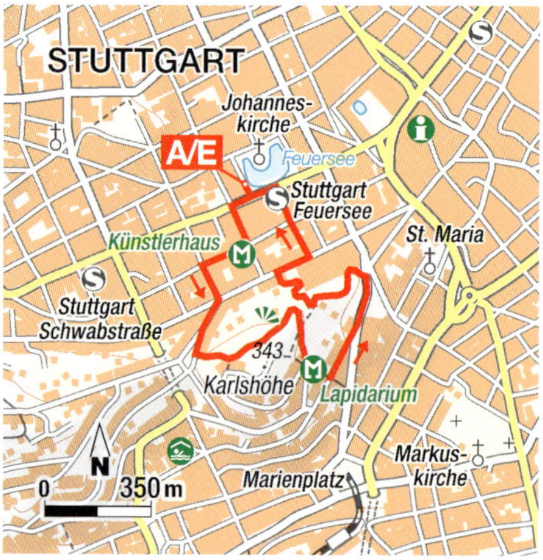

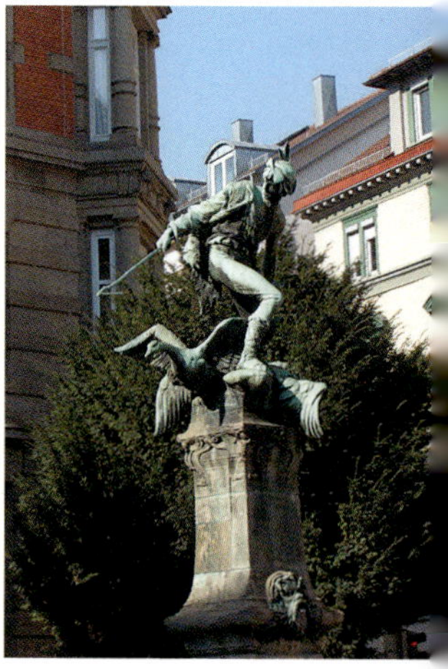

Gänsepeterbrunnen

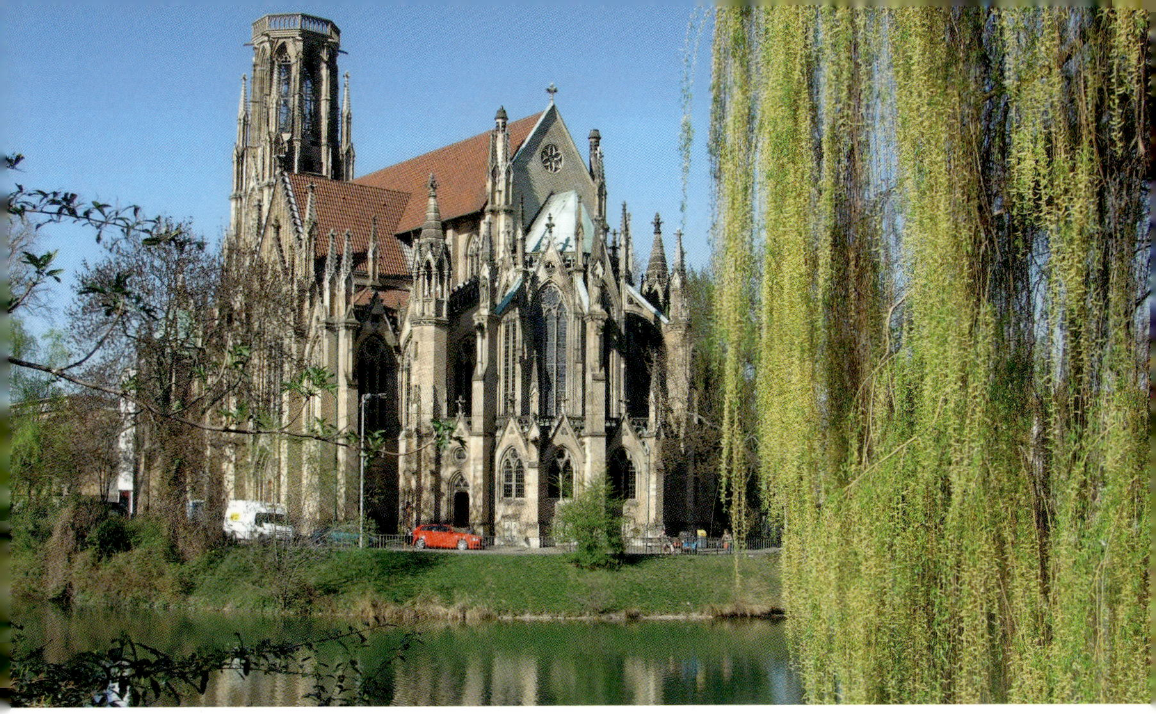

Im Herzen des Westens: Johanneskirche mit Feuersee

ckige Altbauten das Bild prägen. Schließlich erreichen wir in der Reinsburgstraße den 1901 von Lauscher und Bausch errichteten **Gänsepeterbrunnen** am **Johann-Sebastian-Bach-Platz**. Früher ein wichtiger Sammelplatz für Zugpferde, die an dem Vorgängerbrunnen vor dem mühsamen Aufstieg in Richtung Schwarzwald getränkt wurden, ist er heute ein wunderschöner Platz, den man sich nicht entgehen lassen sollte. Das Brunnenbild erinnert an den Martinstag, an dem früher die Gänse aus den umliegenden Dörfern auf den städtischen Markt getrieben wurden. Von hier wandern wir die Hasenbergsteige mit ihren palaisartigen Wohngebäuden aufwärts und folgen weiter oben dem Schild nach links zur »Karlshöhe«.

Entspannung mit Aussicht Nach Überwindung einiger Treppenstufen durchqueren wir den lauschigen **Höhenpark** in östlicher Richtung und kommen zum traumhaft gelegenen Biergarten **Tschechen & Söhne**. Besonders an lauen Sommerabenden, wenn man sich bei einem Glas Bier oder Wein von dem faszinierenden Lichtermeer und dem blinkenden Fernsehturm verzücken lässt, beginnen auch die standhaftesten Kritiker Stuttgarts weich zu werden. Gleich unterhalb liegt einer der letzten innerstädtischen Weinberge, der diesem Hang seinen besonderen Reiz verleiht, und die Liegewiesen daneben zählen zu den beliebtesten Sonnenbänken in der City.

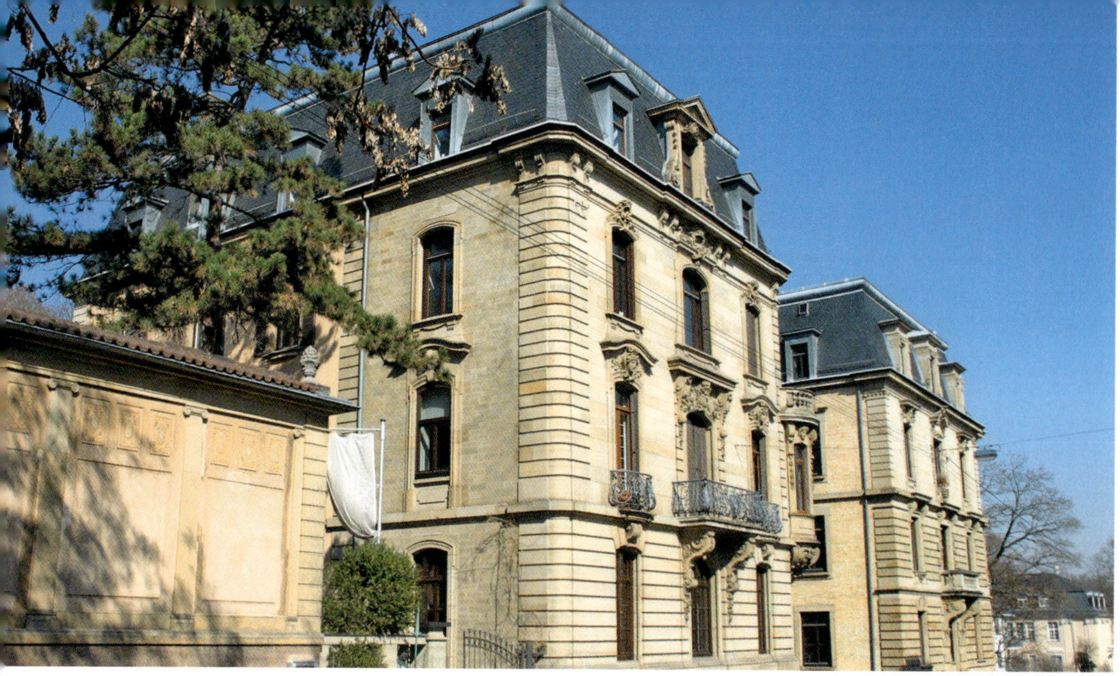

Wissenswertes

Die **Karlshöhe** hieß ursprünglich Reinsburghügel, darauf soll eine Burg gestanden haben. Die Kuppe ähnelte einem Schweizer Käse, denn der Schilfsandstein eignet sich hervorragend als Baumaterial und die Burg wurde deshalb von allen Seiten »angeknabbert«. Der Verschönerungsverein kaufte das Gelände 1864 und verwandelte es in eine öffentliche Parkanlage. Rund 25 Jahre später wurde der Hügel nach König Karl benannt, der ihn gärtnerisch ausgestalten ließ. Die Weinberghänge wurden schnell zu Baugrundstücken für großbürgerliche Villen und man sprach bald nur noch vom »Millionärshügel«. Gustav Siegle, die Freiherren von Gemmingen-Hornberg und alles, was sonst noch in Stuttgart Rang und Namen hatte, bauten hier ihre Villen, von denen einige die Bombenangriffe von 1944 und die Abrisswut der 1970er-Jahre überstanden haben. Die 342 Meter hohe Erhebung überragt heute wie eine grüne Insel das Häusermeer des dicht bebauten Kessels.

Lustwandeln im Lapidarium Wir wandern den Hang bergab und steigen über die Willi-Reichert-Staffel links runter in die Mörikestraße. Dort halten wir uns links Richtung Innenstadt und kommen an prächtigen Stadthäusern des ausgehenden 19. Jahrhunderts vorbei. Unbedingt einen Besuch wert ist das städtische **Lapidarium**, gut erkennbar an dem bronzenen Ritter mit Lanze. 1905 legte Karl von Ostertag-Siegle neben seiner neobarocken Villa diesen Park nach Vorbildern italienischer Renaissancegärten mit Wandelgängen, Brunnenhof und Terrassen an. Später wurden aus ganz Stuttgart alte Brunnen, Wappensteine, Skulpturen, Denkmäler sowie historisch bedeutsame Bauteile von kriegszerstörten Gebäuden zusammengetragen. Das Lapidarium ist von Mitte April bis Mitte September mittwochs und samstags von 14 bis 18 Uhr geöffnet, der Eintritt ist frei.

Rund um die Silberburgstraße Von der Mörikestraße wandern wir nach links

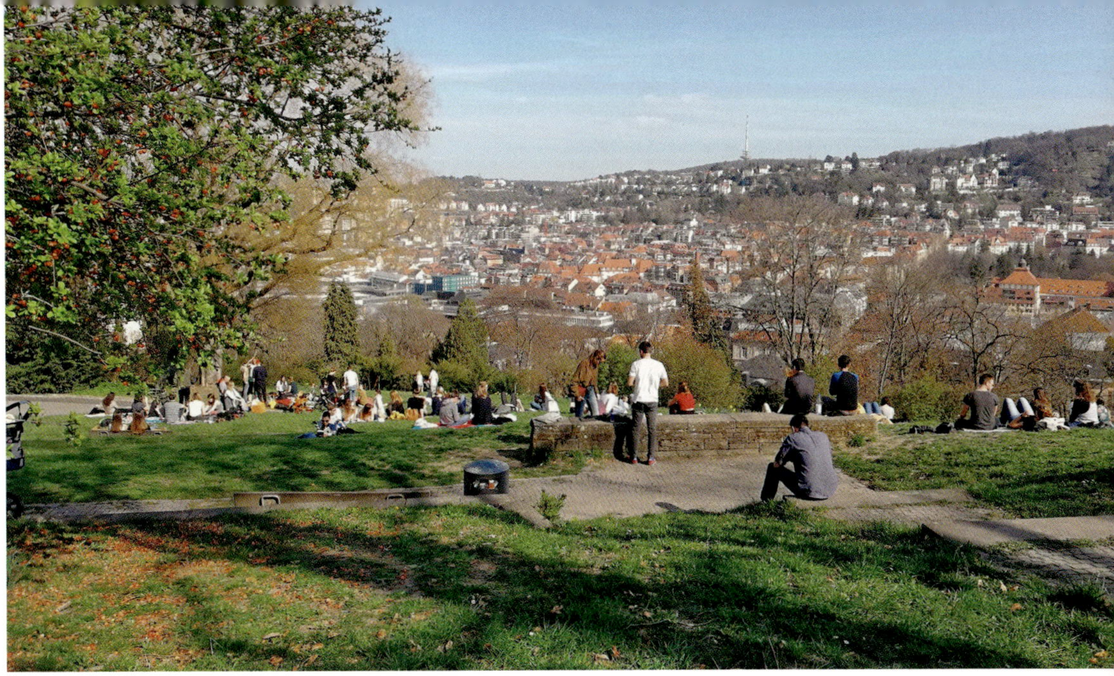

Chillen vom Feinsten: Sonnenwiese auf der Karlshöhe

Linke Seite: Französisches Flair in der Mörikestraße

über die Hohenstaufenstraße in die **Silberburgstraße**. Die Silberburg war einst eine angesagte Stuttgarter Sommerwirtschaft und Vergnügungsstätte, die aus einem im 18. Jahrhundert erbauten Lusthaus hervorgegangen ist. Sie wurde später abgebrochen und in eine öffentliche Grünanlage umgewandelt. In der einst prächtigen Silberburgstraße haben nur wenige Gebäude, wie der um 1900 erbaute Komplex der Stuttgarter Versicherung, die Bombenangriffe von 1944 überstanden. Vor dem Versicherungskomplex wandern wir nach links durch den Park zwischen zwei Spielplätzen hindurch und dann in einem Bogen an der **Villa Gemmingen** vorbei. Das neobarocke Adelspalais wurde ab 1910 für den königlichen Kammerherrn Fritz Freiherr von Gemmingen-Hornberg gebaut.

Altbauten in der Hermannstraße An der Westseite der Villa biegen wir nach rechts und wandern in die Reinsburgstraße. Wir halten uns rechts und biegen bald wieder nach links in die Hermannstraße ein. Mit ihren schön erhaltenen Altbauten und der im Stil der französischen Hochgotik erbauten **Johanneskirche** am Ende der Straße bildet sie eine charmante Kulisse und man wähnt sich in einem beschaulichen Städtchen irgendwo an der Loire. Dreht man sich jedoch um, so wird man durch das klotzige Allianzhochhaus, das seit den 1970er-Jahren den südlichen Straßenabschluss bildet, schnell wieder in die spannungsreiche Realität heutiger Großstädte zurückgeholt. An der Rotebühlstraße sehen wir links die S-Bahnstation Feuersee, wo unsere Tour endet.

11 Von der Schwabstraße auf den Monte Scherbelino

Trümmerschutt und Kesselblick

Leicht | 10,6 km | 218 Hm/240 Hm | 3 Std.

Wegecharakter
Überwiegend Asphalt und Schotter

Ausgangspunkt
S-Bahnhaltestelle Schwabstraße (S1–S6)

Endpunkt
S-Bahnhaltestelle Feuersee (S1–S6)

VVS
Die Tour kann in der Seyfferstraße an der S-Bahnhaltestelle Schwabstraße abgekürzt werden.

Einkehrmöglichkeit
Café Seyffer's und Patisserie Tarte und Törtchen in der Vogelsangstraße, Die Metzgerei am Bismarckplatz, Rote Kapelle am Feuersee

Diese Tour führt auf aussichtsreichen Pfaden am Hasenberg hoch zum Birkenkopf, dem Stuttgarter Trümmerberg, der uns mit seinen Trümmersteinen einen einmaligen Rundblick auf die gesamte Region bietet. Anschließend streifen wir durch den beliebten Stuttgarter Westen.

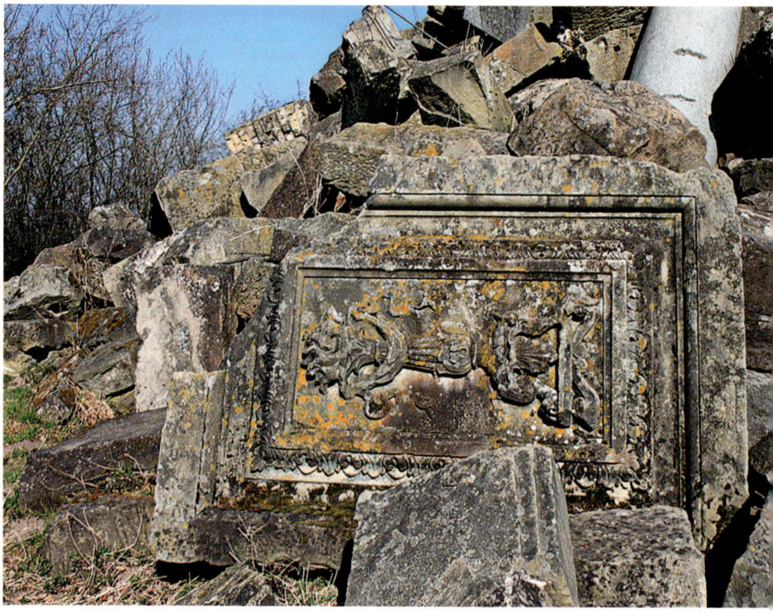

Stuttgarts einstiger Glanz auf dem Birkenkopf

In die Heslacher Weinberghänge Von der S-Bahnhaltestelle Schwabstraße (Ausgang Seyfferstraße) spazieren wir Richtung Süden die Seyfferstraße bergauf und kommen an schönen Altbauten aus der Zeit um 1900 vorbei. Oben biegen wir links in die Reinsburgstraße ab und folgen ihr bis zur Schwabstraße. Dort halten wir uns rechts und steigen die Staffeln am **Schwabtunnel** hoch zur Hasenbergsteige. Nun wandern wir diese mit Villen gesäumte Straße weiter bergauf. In Höhe des **Wasserwerks** können wir von einer Plattform auf der rechten Seite einen wunderbaren Blick auf das Häusermeer des Stuttgarter Westens genießen. Nach rund

50 Metern biegen wir nach links in den Blauen Weg. Er führt uns mit wunderschönen Ausblicken durch die alten **Heslacher Weinberghänge**, die heute als Gärten und Obstwiesen genutzt werden.

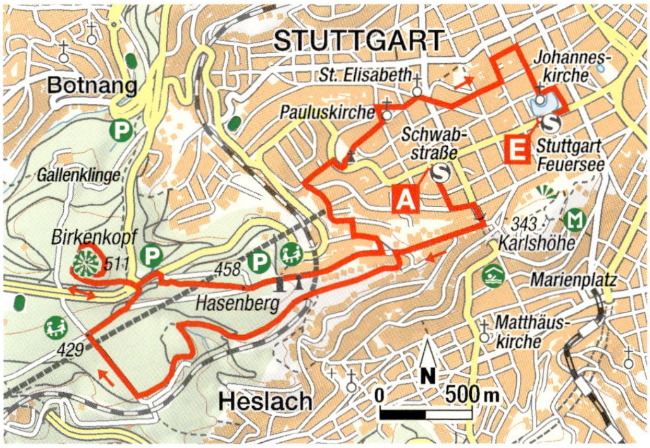

Durch den Wald zum Sophienbrunnen Im Wald angekommen, folgen wir dem blauen Punkt durch den schluchtenreichen Wald der **Heslacher Wand**. An einer Wegkreuzung

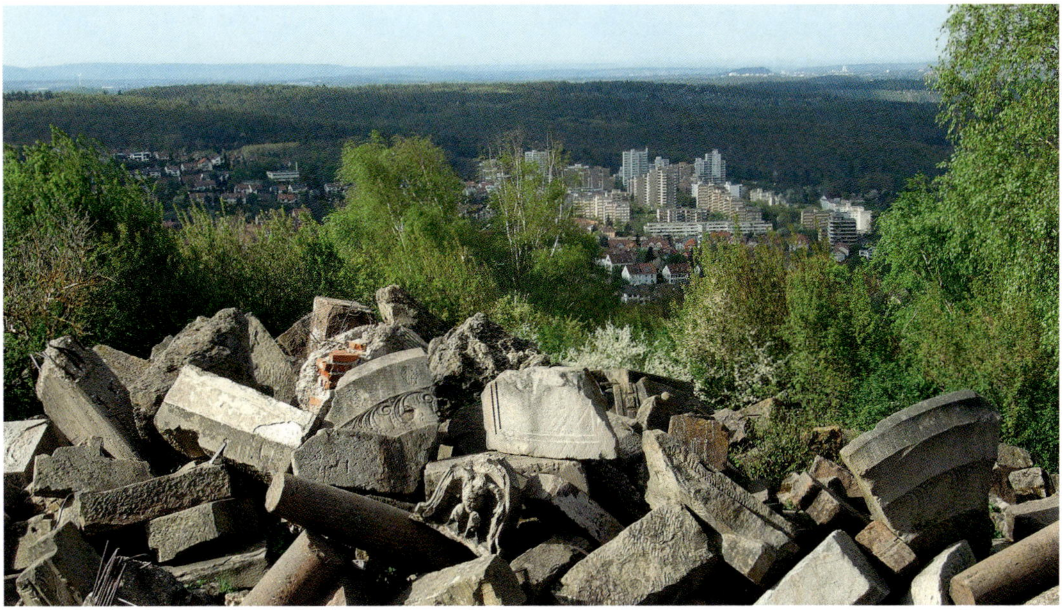

Trümmerschutt mit Blick auf Botnang

wählen wir den gerade verlaufenden Sandweg rechts hoch zur breiten Bürgerallee. Hier biegen wir rechts ein und spazieren bis zum 1839 in Stein gefassten **Sophienbrunnen**. Ursprünglich waren die Hasenbergsteige und die Bürgerallee ein wichtiger Verbindungsweg Richtung Westen und die erschöpften Pferde mussten nach dem steilen Aufstieg mit solchen Brunnen eine Möglichkeit zum Trinken bekommen.

Hinauf auf den Birkenkopf Oberhalb des Brunnens führt uns ein Pfad zur stark befahrenen Kreuzung Rotenwaldstraße/Geißeichstraße hinauf. Auf der anderen Seite des Fußgängerüberwegs folgen wir den Schildern hoch zum **Birkenkopf**. Vor dem Krieg hatte der Berg eine Höhe von 477 Metern, doch der Schutt nach 56 Bombenangriffen ließ ihn auf 511 Meter anwachsen. Auf der Kuppe wurde neben freiliegenden Trümmersteinen ein weithin sichtbares Holzkreuz aufgestellt. Vielleicht ohne es zu wissen, haben die Stadtväter damals mit der Auffüllung ein eindrucksvolles Mahnmal gegen Krieg und Gewalt und zugleich einen einzigartigen Aussichtsberg geschaffen. Vom »Monte Scherbelino« hat man heute bei guter Sicht einen großartigen Ausblick auf die Stadt und den ganzen mittleren Neckarraum.

Kunstwerke bestaunen im Skulpturenpark Auf dem Rückweg queren wir die Rotenwaldstraße am besten wieder an der gleichen Stelle wie zuvor und folgen einem Fußweg durch den Wald etwas unterhalb der Hasenbergsteige bergab, bis wir bei einem Parkplatz auf die Hasenbergsteige kommen. Wir wandern kurz entlang der Straße nach Osten und biegen dann rechts in einen kleinen Park ein. Dabei passieren wir die Kuppe des **Hasenbergs** mit seinem Turmstumpf. Das früher sehr beliebte Ausflugslokal Jägerhaus mit dem einst 36 Meter hohen Hasenbergturm trägt, wie so viele andere Stuttgarter Häuser, seit dem letzten Krieg als Auffüllmaterial zur Erhöhung des Birkenkopfs bei. Wir spazieren nun zwischen Bäumen die Hasenberganlage hinunter und erreichen den **Skulpturenpark** mit den Metallkunstwerken des bekannten Stuttgarter Künstlers Otto Herbert Hajek.

Wissenswertes

Rechts des Skulpturenparks an der Hasenberganlage fällt eine kirchenähnliche Villa mit Turm (Nr. 79) auf: Dies war das Domizil des aktiven Gegners des Nazisystems **Dr. Gottfried Hermann Wurz**, der sich in der NS-Zeit der Widerstandsgruppe Nationalkomitee Freies Deutschland (NKFD) angeschlossen hatte. Die trutzige Villa von 1908 wurde zum Ort illegaler Treffen der oppositionellen Mitstreiter. Im Juni 1944 wurde Wurz von der Gestapo verhaftet, ins KZ Flossenbürg verschleppt und 1945 auf einem Todesmarsch erschossen.

Eine Oase im dicht bebauten Westen Nun geht es auf der Hasenbergsteige weiter hinunter und wir passieren das sagenumwobene **Alexanderhäusle** (Nr. 60). In dem Gartenhaus aus dem 18. Jahrhundert soll sich der russische Pianist und Komponist A. G. Rubinstein regelmäßig zum Stelldichein mit der Tochter des Obertribunaldirektors von Pfizer getroffen haben. Es ist das älteste Gebäude am Hasenberg. Danach biegen wir in die Osianderstraße ein und steigen nach Haus Nr. 20 rechts die Treppenstufen in die Röcken-

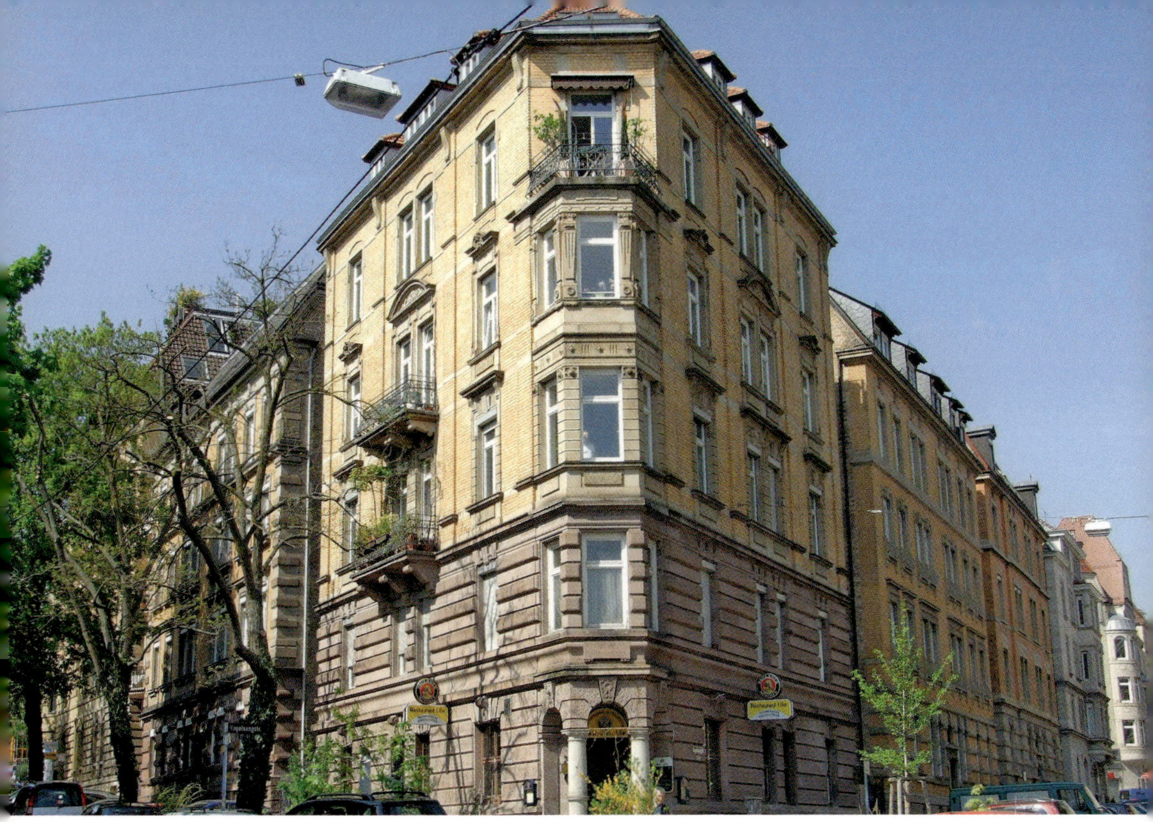

wiesenstraße hinunter. Unten halten wir uns links und wandern die Straße vor bis zur Reinsburgstraße. Wir folgen dieser kurz nach links, queren sie und spazieren zwischen alten Prachtbauten über einer alten Treppenanlage hinunter in die Obere Bismarckstraße. Unten kommen wir an die Rotenwaldstraße, gehen kurz rechts, queren sie und sind auf dem **Leipziger Platz**. Er ist einer der wenigen Parks im dicht bebauten Stuttgarter Westen.

Sehenswerte Bauten findet man auch rund um den Bismarckplatz.

Kirchen und Cafés Nun geht's links an der griechisch-orthodoxen **Himmelfahrt-Christi-Kirche** vorbei. Ursprünglich war dies die Paulus-Notkirche, die am Ende des Krieges aus Trümmersteinen der zerstörten Pauluskirche gebaut wurde. Wir biegen jetzt in die Bismarckstraße ein. Die ruhige Allee mit ihren glanzvollen Altbauten zählt heute zu den schönsten Straßen im Stuttgarter Westen. An der Kreuzung mit der Seyfferstraße können wir die Tour beenden, indem wir nach rechts zur S-Bahnhaltestelle Schwabstraße gehen. Wollen wir noch mehr vom Stuttgarter Westen entdecken, biegen wir hier stattdessen nach links und wandern an der nach dem Krieg modern wiedererstandenen **Pauluskirche** vorbei. Wir folgen der Seyfferstraße bis zum Café Seyffer's und biegen dann in die Vogelsangstraße rechts ein. Seit

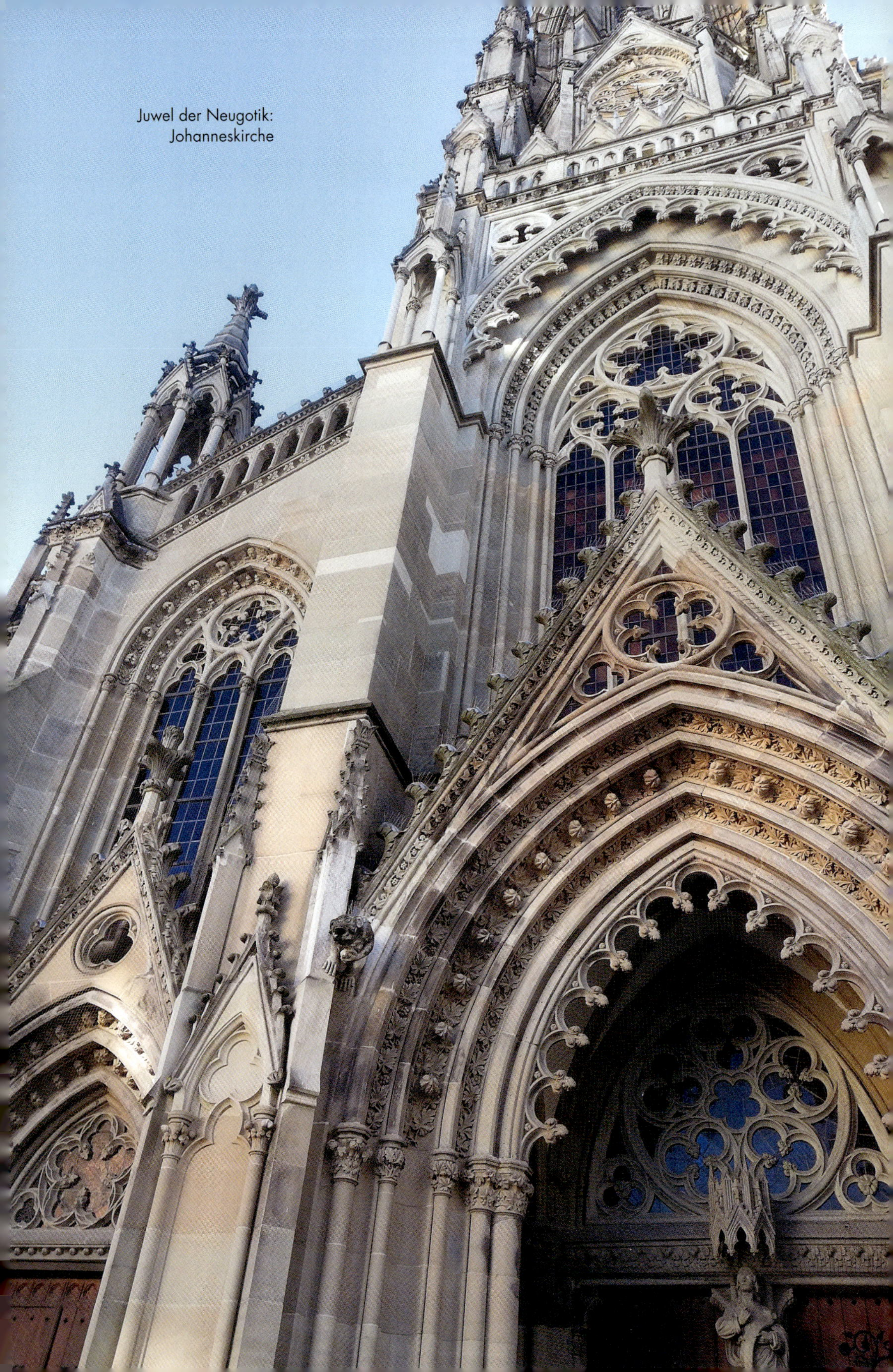

Juwel der Neugotik:
Johanneskirche

einigen Jahren ist diese Ecke eine beliebte Ausgehmeile mit trendigen Kneipen und Cafés, darunter das schnuckelige **Tarte und Törtchen** auf der linken Straßenseite.

Im Herzen des Stuttgarter Westens Wir schlendern durch das schöne Altbauquartier bis zur katholischen **Elisabethenkirche** von 1901. Der **Bismarckplatz** wird gerne als das Herz des beliebten Stuttgarter Westens angesehen. Auf dem großstädtischen wie heimeligen Quartiersplatz wird samstags auch Markt abgehalten. Nach Querung der Schwabstraße folgen wir weiter der Vogelsangstraße und streifen durch einen schönen Kreuzungsplatz mit großen Stadthäusern aus der vorletzten Jahrhundertwende. Der zentrale Teil des Stuttgarter Westens wurde 1944 stark bombardiert, sodass sich ab hier mehr und mehr Nachkriegs- und Neubauten zwischen die historische Bebauung mischen. Wir wandern nun die Ludwigstraße weiter und entdecken nach Gebäude Nr. 50 links einen eigenwilligen Bau mit einer schmucklosen Sandsteinfassade. 1846 bis 1850 außerhalb der Stadt entstanden, war das bis 1901 Stuttgarts Zuchthaus, das **Pönitentiarhaus**.

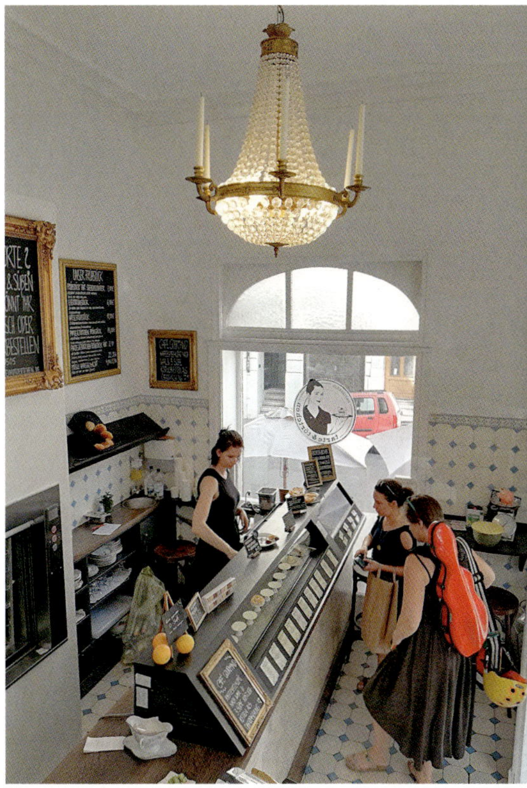

Süße Leckereien in der Vogelsangstraße

Endspurt zur Johanneskirche In der Senefelderstraße halten wir uns links und biegen nach ein paar Schritten rechts in die Leuschnerstraße ein. Schließlich sind wir in der Johannesstraße und halten uns rechts. Diese Allee wurde bereits 1830 als erster Prachtboulevard Stuttgarts angelegt und 1876 nach der neuen **Johanneskirche** benannt, die diese Allee seither im Süden abschließt. Die verbliebenen Fassaden einiger Stadthäuser und die Kirche lassen die alte Pracht noch erahnen. Die im Stil der französischen Hochgotik gebaute Johanneskirche ist ein wirklicher Hingucker, steht sie doch exponiert auf einer Halbinsel im Feuersee, und durch den Verlust ihrer Turmspitze im Krieg wirkt sie umso französischer. Wir spazieren um den See herum und kommen zur S-Bahnstation Feuersee, von wo wir wieder zum Ausgangspunkt zurückfahren können. Wer möchte, kann auf einer der parallel verlaufenden Straßen wieder zur Schwabstraße zurückwandern.

12 Von Botnang zur Solitude

Schlösschen, Pagode und Bärensee

Leicht	11,8 km	217 Hm/217 Hm	3.15 Std.

Wegecharakter
Überwiegend Schotter- und Naturwege

Ausgangspunkt
Stadtbahnhaltestelle Botnang (U2)

Endpunkt
Stadtbahnhaltestelle Botnang (U2)

VVS
An der Solitude kann man die Tour abbrechen und mit dem Bus (Linie 92) in die Innenstadt fahren.

Einkehrmöglichkeit
Schloss Solitude Gastronomie, Bärenschlössle im Rotwildpark, kaffee mitte in Botnang

Diese wunderbare Rundwanderung führt uns von Botnang durch herrliche Wälder und Schluchten zum Schloss Solitude und zum Bärenschlössle mit seinen bekannten Seen.

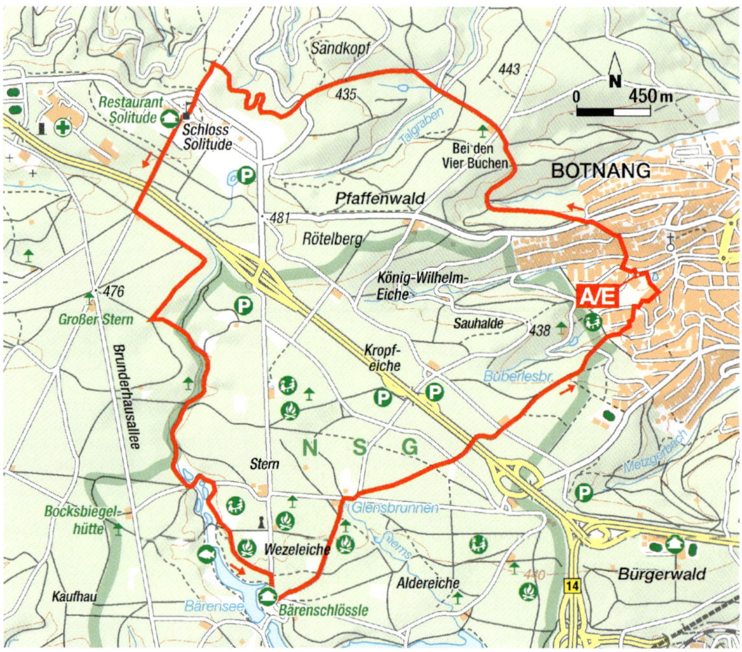

Durch den Wald zum Schloss Solitude Wir beginnen diese Rundwanderung an der Stadtbahnhaltestelle Botnang und wandern bergauf, erst über die Belaustraße nach rechts in die Eltinger Straße. Oben folgen wir den Stäffele hoch in die Eltinger Steige, die wir in gleicher Richtung weitergehen. An der Kreuzung mit dem Oberen Kirchhaldenweg folgen wir dem mit einem blauen Kreuz gekennzeichneten Schaftriebweg schräg links in den Wald. Wir überqueren den Knaupenbach, kommen durch die **Papierene Wand** und den **Augenwald**. Nach der bewaldeten Anhöhe **Bei den vier Buchen** mit einer kleinen Schutzhütte spazieren wir den Steilen Stich in gleicher Richtung bergab, queren den Lindenbach und folgen dem schmalen Weg geradeaus durch den Wald wieder bergauf. Nach ca. 200 Metern erreichen wir im Gewann Hubertuseiche die Saufangallee und folgen ihr nach links. Dieser mit einem blauen Kreuz gekennzeichnete Weg führt uns erst geradeaus durch den Wald, schlängelt sich dann weiter, quert die viel befahrene Bergheimer Steige und schwenkt schließlich als Schlösslesallee nach rechts. Wir wandern kurz wieder leicht bergab, dann geht es oberhalb einer Schlucht weiter bis zur Waldschneise der Ludwigsburger Allee. Sie ist Teil der über 13 Kilometer langen kerzengeraden Straßenachse

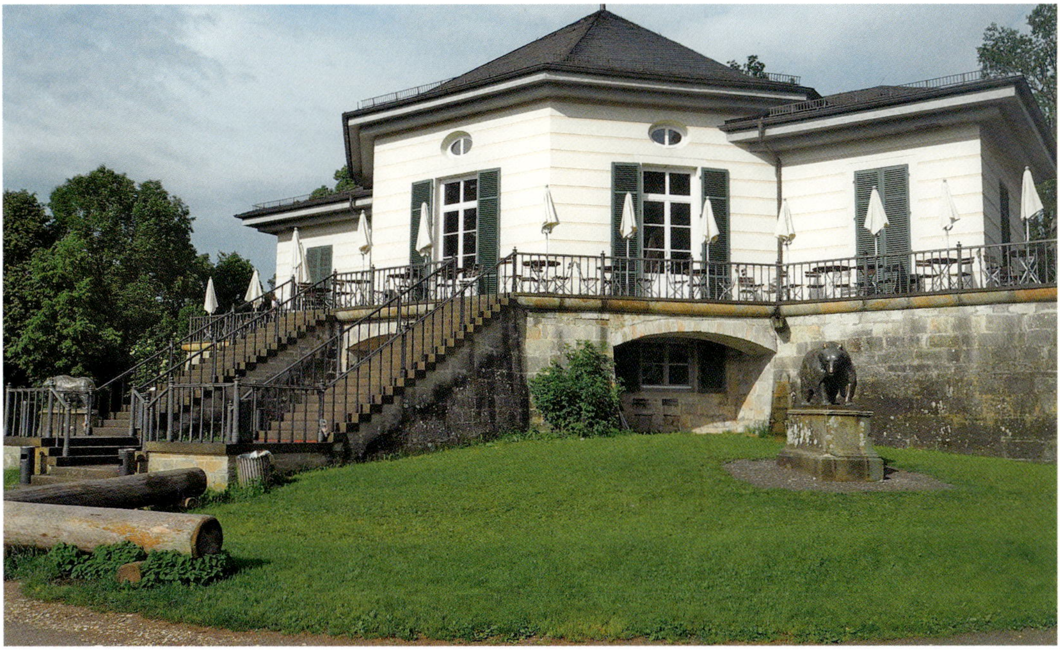

Beliebtes Ausflugsziel: Bärenschlössle

vom Schloss Solitude bis zum Ludwigsburger Schloss. Diese Solitudeallee wurde im 18. Jahrhundert angelegt und war lange dem Hofstaat vorbehalten. Wir spazieren nach links und kommen zum **Schloss Solitude**.

Am Bach entlang zum Bärenschlössle Nun wandern wir durch die Hirschallee, eine Verlängerung der Solitudeallee, in westliche Richtung weiter und kommen durch das Gelände des einstigen **Barockgartens** mit Infotafel. Im Wald biegen wir an der ersten größeren Kreuzung, dem »Kleinen Stern«, nach links. Der

Weg schwenkt weiter unten nach rechts in den Bernhardsbachweg und wir folgen nach weiteren 450 Metern dem mit einem roten Punkt gekennzeichneten Wanderpfad links hinunter ins lauschige **Bernhardsbachtal**. Eigentlich hieß das Gewässer Bärenbach. Ob der Katholik Carl Eugen kreativ war und den Württembergern hier klammheimlich den Namen eines katholischen Heiligen untergejubelt hat, ist nicht sicher, aber denkbar. Wir wandern das Bernhardsbachsträßle nach rechts. Nach dem ersten Fischteich halten wir uns erst links und dann wieder rechts, wobei wir immer der Markierung mit dem roten Punkt folgen.

Wissenswertes

1768 ließ Herzog Carl Eugen von Württemberg das **Bärenschlössle**, ein zweigeschossiges Lust- und Jagdschlösschen, errichten. Der extrovertierte Herzog verwandelte auch diesen Teil des Glemswalds zum Schauplatz seiner pompösen Jagdveranstaltungen. Jäger und Bauern trieben dafür das Wild hierher und es konnte so selbst von angetrunkenen Gästen bequem abgeschossen werden. Um die Show perfekt zu machen, ließ er sich und seine Gäste mit Gondolieren aus Venedig über den Bärensee schippern. An den einstigen Gondelhafen erinnern noch die venezianischen Löwenfiguren am Ufer. An gleicher Stelle ließ dann König Wilhelm I. von Württemberg einen achteckigen Jagdpavillon mit zwei Seitenflügeln bauen. Ab 1919 wurde der Park öffentlich. 1943 von einer Fliegerbombe getroffen, baute man das obere Geschoss als offene Halle auf, das Erdgeschoss wurde zum Restaurant. Nach einem weiteren Brand im Jahr 1994 entschloss man sich, den Bau äußerlich wieder in der alten Form als Restaurant entstehen zu lassen.

Mit **Schloss Solitude** verwirklichte Herzog Carl Eugen in den Jahren 1763 bis 1769 seinen Traum eines abgelegenen Schlosses weit außerhalb der Stadt. Der passionierte Jäger und Partyfreund wollte einen opulenten Bau mit riesigem Lustgarten direkt am Jagdrevier, wo er seinen Gästen perfekt inszenierte Feste und Prunkjagden bot. Diese waren so legendär wie seine unzähligen Affären. Besonders prachtvoll ist der Weiße Saal unter der zentralen Kuppel. Bis 1775 befand sich hier oben auch die Hohe Karlsschule, bevor sie in die Stadt verlegt wurde. Mit der langen Allee war dies ein feudales Gesamtkunstwerk des katholischen Regenten im bescheidenen Land der Pietisten. Die Kavaliershäuschen östlich des Schlosses dienten Carl Eugen zur Unterbringung seiner höheren Bediensteten. Die früher katholische Schlosskapelle ist von außen kaum als Sakralbau erkennbar. Ein katholisches Gotteshaus mitten in Württemberg war damals ein Unikum und sollte nicht auffallen. Innen jedoch entfaltet der frühklassizistische Bau mit spätbarocken Schnörkeln seine ganze Pracht. Die aufwendig gestaltete Barockgartenanlage auf der Südseite des Schlosses suchte damals ihresgleichen. Heckenlabyrinthe, Orangerien, Pavillons, Theater und ein kleiner »Lustsee« luden die höfische Gesellschaft zu vergnüglichem Treiben mit dem Herzog ein.

Wir sind jetzt im **Naturschutzgebiet Rot- und Schwarzwildpark**. Der historische Hutewald für Kühe und Schweine ist einmalig in Deutschland. Heute bieten die alten Bäume Lebensraum für Fledermäuse und Brutplätze für viele Vogelarten und mit viel Glück können wir dort auch Baumfalken, Sperber, Wespenbussarde oder Rotmilane beobachten. Vorbei an romantischen Waldlichtungen erreichen wir schließlich das **Bärenschlössle**. Es steht auf einer großen Lichtung oberhalb des 1618 von Herzog Johann Friedrich angelegten **Bärensees**. Diesen hatte man wie den tiefer liegenden **Pfaffensee** zur Wasserversorgung der Residenzstadt Stuttgart angelegt.

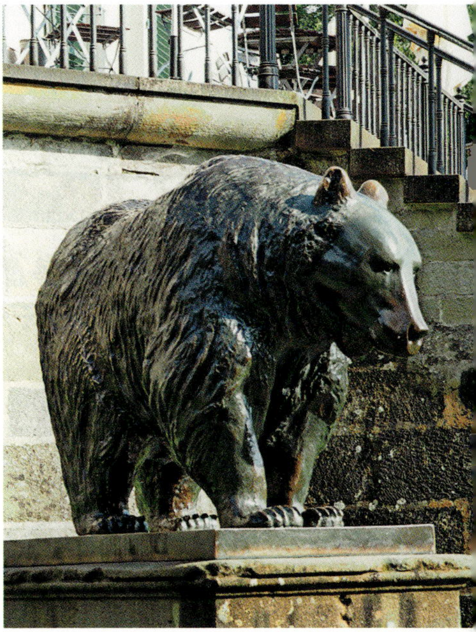

Nach historischer Vorlage geschaffener Bronzebär

Den Hirschen in die Augen schauen Wir folgen nun dem mit einem roten Kreuz gekennzeichneten Königsweg zwischen zwei mächtigen Eichen Richtung Nordosten und gelangen wieder in den Wald. Nach einer weiteren Lichtung mit imposanten Baumriesen erreichen wir eine größere Wegkreuzung an der **Glemsquelle**. Wir folgen hier dem mit einem blauen Kreuz gekennzeichneten Viehtriebweg nach rechts Richtung Botnang. Ein bezauberndes Idyll bilden hier der ehemalige **Jagdpavillon** im Stil einer chinesischen Pagode und der umgebende **Rotwildpark** mit freilaufen Rehen und Hirschen. Eine wunderbare Gelegenheit, diese Tiere aus nächster Nähe zu beobachten. Nach einigen Schritten überqueren wir auf dem Viehtriebweg die Bundesstraße und erreichen über den Himmerreichweg, immer in ungefähr gleicher Richtung dem blauen Kreuz folgend, den Waldrand mit der Botnanger Hochhaussiedlung. Wir gehen kurz rechts und steigen den Weg links hinunter. Nun geht es durch die Gustav-Mahler-Straße. Weiter unten queren wir die Straße Am Buberlesbach und spazieren die Treppen, ca. 30 Meter rechts versetzt, in ungefähr gleiche Richtung weiter hinunter bis in die Himmerreichstraße, wo wir wieder auf ältere Wohnhäuser stoßen. Nach dem Haus Nr. 42 gehen wir nach links, wandern auf dem Fußweg über den hübsch eingegrünten **Buberlesbach** und sind bald wieder am Ausgangspunkt, der Stadtbahnhaltestelle Botnang. Hier gibt es unterhalb im alten Pumpenhaus Casa Pompa aus Backstein und etwas weiter unten im kaffee mitte zwei nette Einkehrmöglichkeiten, um diese längere Tour noch gemütlich in Botnang ausklingen zu lassen.

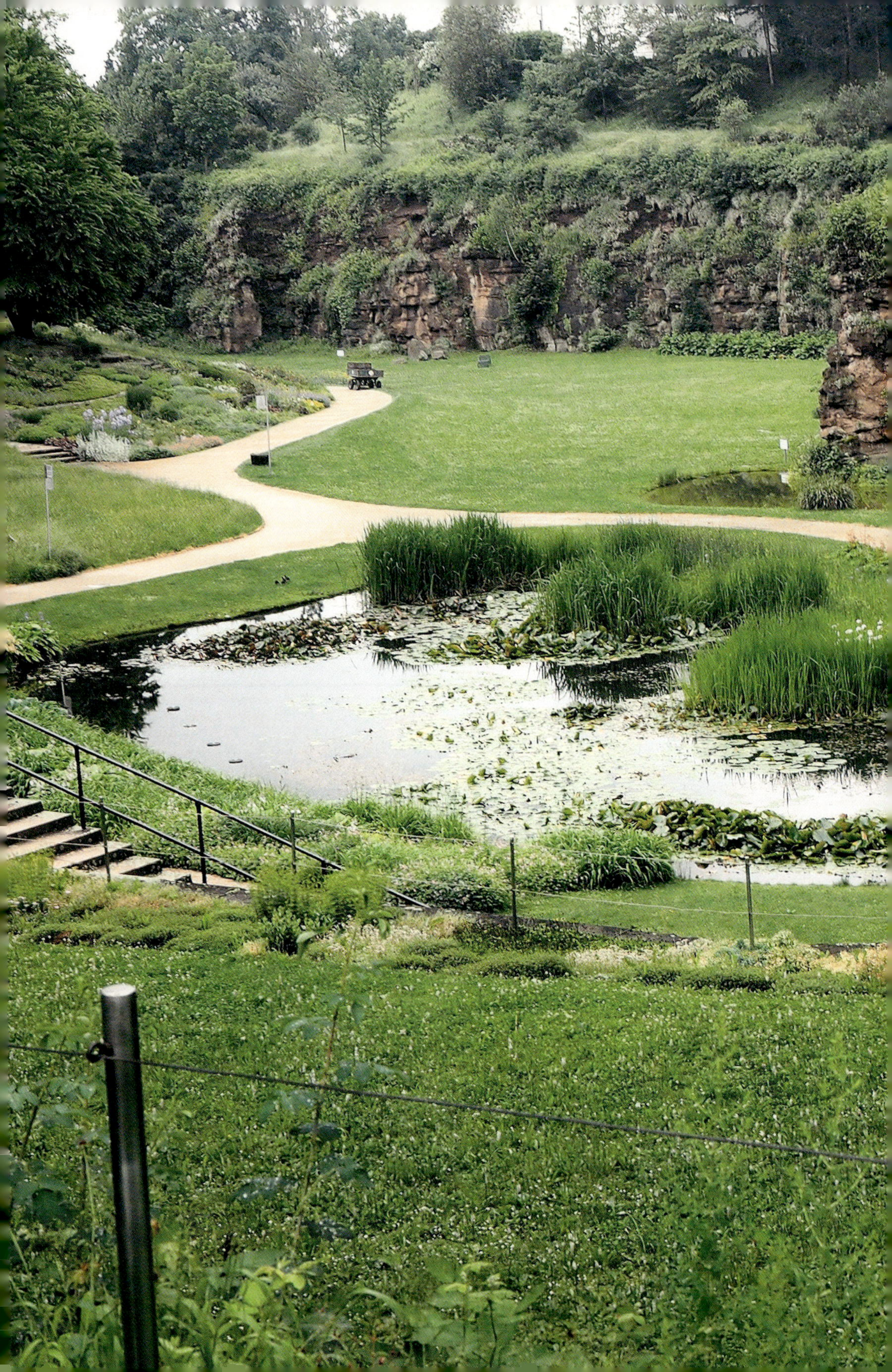

Der Norden

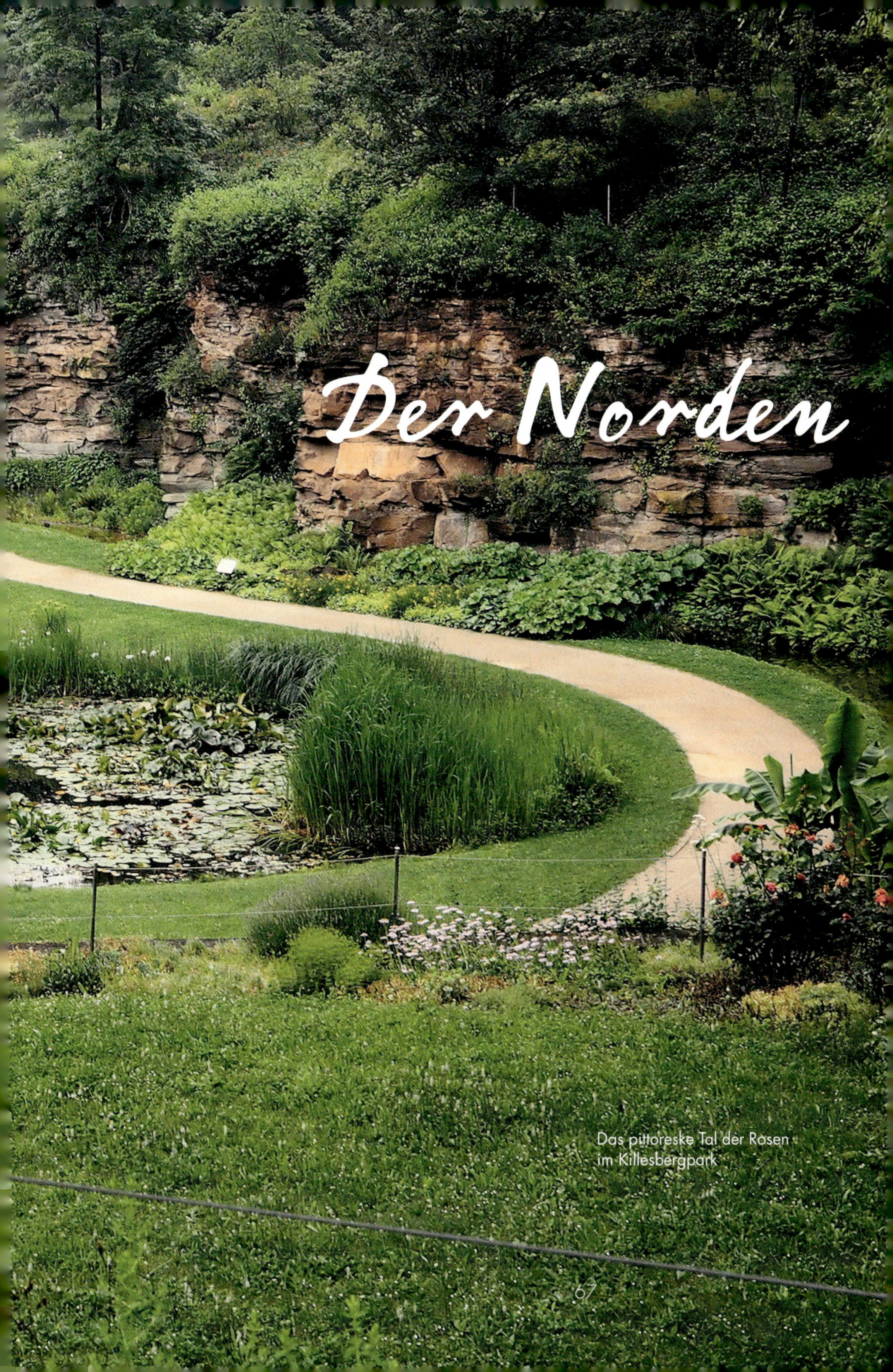

Das pittoreske Tal der Rosen im Killesbergpark

13 Vom Hölderlinplatz zum Chinesischen Garten

Durchs Häusermeer in den mondänen Norden

Leicht	10,4 km	117 Hm/154 Hm	3 Std.

Wegecharakter
Asphalt und Schotter

Ausgangspunkt
Stadtbahnhaltestelle Hölderlinplatz (U4)

Endpunkt
Stadtbahnhaltestelle Börsenplatz (L-Bank) (U11, U14, U29)

Einkehrmöglichkeit
Raupe Nimmersatt, Café am Start- und Endpunkt, Vereinsgaststätte des MTV Stuttgart 1843 e. V., Lamber, Café in der Helfferichstraße, Tennisclubheim Doggenburg, Gastronomie im Bosch-Areal, Palast der Republik und Gastronomie in der Bolz- und Lautenschlagerstraße am Ende der Tour

Diese faszinierende Tour führt uns vom großstädtischen Hölderlinplatz im Westen über den Bismarckturm und den Chinesischen Garten in die Innenstadt. Wir begegnen schöner und extravaganter Architektur zwischen lauschigen Gärten und haben wunderschöne Ausblicke auf die Stadt.

Start am belebten Hölderlinplatz Die Wanderung beginnt am **Hölderlinplatz** im Nordwesten der City. Der um 1910 angelegte großstädtische Platz mit der Schwabstraße und dem Viertel drumherum gehört zu den angesagten Ecken Stuttgarts. Mehrstöckige Altbauten mit prächtigen Fassaden prägen das Bild, daneben Cafés, Kneipen und kleine Geschäfte, die alles für den täglichen Bedarf des modernen Städters bieten. Bei diesem Straßenabschnitt am Hölderlinplatz legten die Planer Wert auf ein großstädtisches Erscheinungsbild und man verzichtete deshalb um 1910 auf den sonst in Stuttgart vorgeschriebenen Bauwich von drei Metern bzw. zehn »schwäbischen Fuß« zwischen den Häusern. Wir wandern nach links durch die sich anschließende Schwabstraße und nach rund 200 Metern geht's rechts die Klopstockstraße bergauf. Nach dem Bahndamm spazieren wir in gleicher Richtung weiter durch die Köllestraße. Bald verengt sich die Straße und wir spazieren wieder entlang des Bahndamms der 1876/78 gebauten **Gäubahnline**. Diese Bahn führte anfangs nur nach Herrenberg und Horb, daher der Name. Bald fuhren hier aber auch Züge nach Freudenstadt und später bis nach Zürich, Mailand und Genua, wobei die Direktzüge nach Italien vor einigen Jahren wieder eingestellt wurden.

Wohltäter und Wohlhabende Schließlich erreichen wir die Botnanger Straße, die hier eine Spitzkehre macht. Wir halten uns rechts und kommen über die Wielandstaße durch immer noblere Wohnviertel – die begehrten Stuttgarter Halbhöhenlagen mit dem fast unbezahlbaren Kesselblick. Die schöne Wohnwelt wird wei-

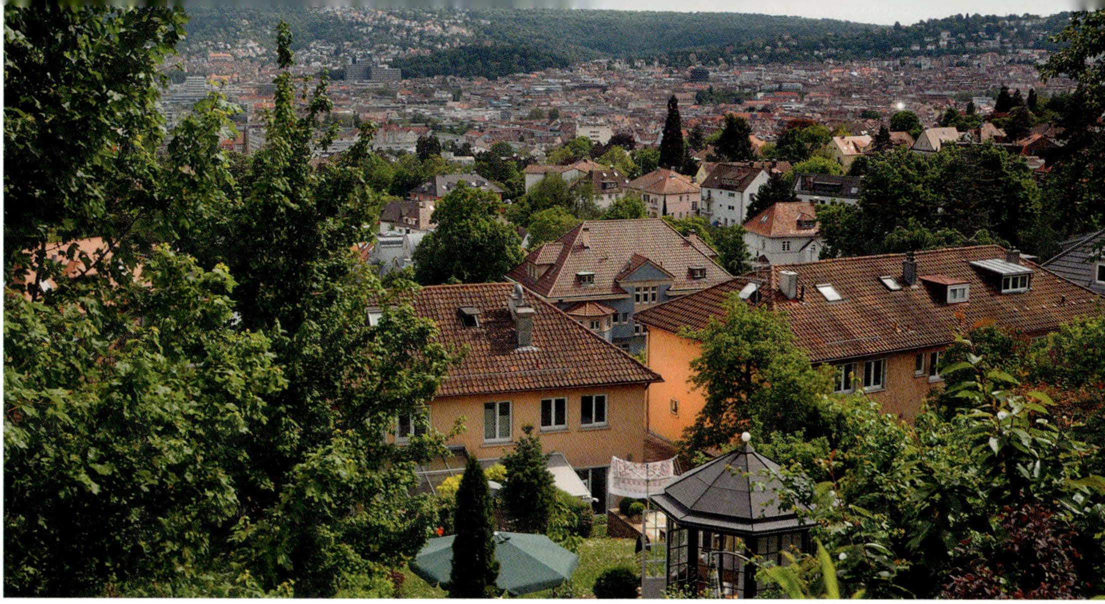

Beliebt und begehrt: Wohnen mit Stadtblick

ter oben noch durch den schlossartigen Bau der **Nikolauspflege** gekrönt. Diese Stiftung für blinde Menschen war 1856 von der Kronprinzessin und späteren Königin Olga zunächst unten in der Forststraße als Blindenschule für Kinder gegründet worden, ehe 1908 der stattliche Bau hier oben seine Pforten öffnete. Namenspatron wurde ihr Vater, Zar Nikolaus I. von Russland. Die Anlage war damals sehr umstritten, denn die alten Weinberghänge am Kräherwald sollten ein privilegiertes Wohnquartier werden und eine »Blindenanstalt« in der Nachbarschaft war unerwünscht.

In der Gaußstraße halten wir uns kurz rechts und steigen die Karl-Adler-Staffel links hoch. Je höher wir gehen, desto teurer werden die Bauplätze und Domizile, und das ganz ohne Läden, Cafés und Stadtbahnhaltestellen. Die Treppen führen uns zwischen netten Gärten und interessant gestalteten Wohnvillen hoch in die Gustav-Siegle-Straße, wo wir uns rechts halten. Ihr Name erinnert an den erfolgreichen Farben- und Lackfabrikanten Gustav Siegle: ein Stuttgarter Promi, der im 19. Jahrhundert durch seine neuen Anilinfarben das große Geld verdiente und sich im damaligen Prominentenviertel an der Karlshöhe eine der prächtigsten Villen bauen ließ. Siegle wurde in Stuttgart aber auch durch seine wohltätigen Stiftungen wie das Gustav-Siegle-Haus an der Leonhardskirche bekannt.

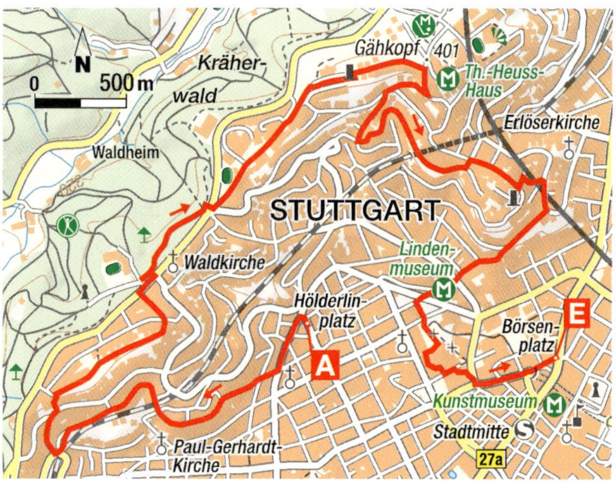

Architektur und jüdische Geschichte Die Straße verengt sich vorübergehend zu einem Fußweg und beschreibt dann wieder als Anliegerstraße eine Linkskurve. Schließlich erreichen wir die Straße Am Kräherwald. Wir spazieren kurz nach rechts, queren am nächsten Überweg die viel befahrene Straße und haben die Möglichkeit, im Restaurant auf dem Sportgelände des **MTV Stuttgart 1843 e. V.** einzukehren. Weiter geht's mit dem blauen Kreuz in der Einfahrt nach rechts und ein Stück durch den **Kräherwald**. Nach 400 Metern schwenkt unser Weg rechts hoch und wir erreichen an der **Doggenburg** wieder die Wohnbebauung. Wir wandern nun, am ehemaligen Café Lenzhalde (Lenzhalde 96) vorbei, durch die Feuerbacher Heide. Links wartet der **Tennisclub Doggenburg**, eine weitere Einkehrmöglichkeit mit schönem Außenbereich auf unserer Strecke.

Wissenswertes

Namensgebend für die **Doggenburg** war eine Zuchtanlage für Doggen, neben der man 1878 die einst beliebte Gastwirtschaft Zur Doggenburg gebaut hatte. 1906 wurde der Nillsche Tiergarten vom Fabrikanten Theodor Widmann als kleiner Doggenburg-Tiergarten hierherverlegt und bis 1942 privat weitergeführt. Hier tummelten sich in mehr oder weniger großen Gattern Löwen, Tiger, Zirkuselefanten, Bären, Affen und sogar Hyänen. Der Zoo war damals bequem mit der Straßenbahn erreichbar und das alte Klohäuschen und das Wartehäuschen der ehemaligen Straßenbahnhaltestelle mit dem Lenzbrunnen stehen noch.

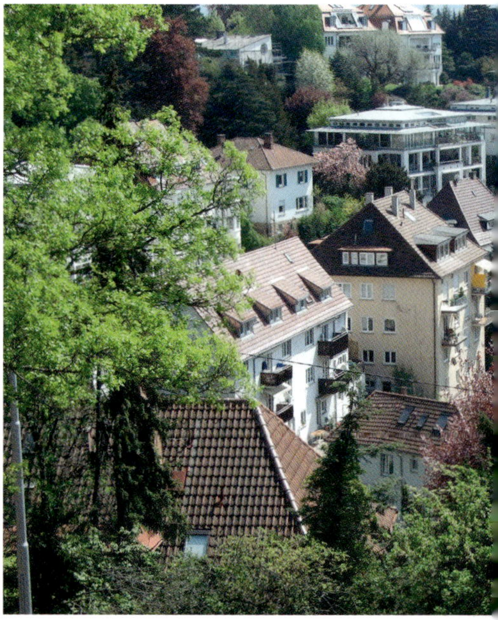

Gegenüber der **Freien Waldorfschule** steht die 1921 von Schlösser & Weirether erbaute **Villa Levi** (Nr. 39–42). Max Levi war österreichischer Konsul und Mitinhaber der Schuhfabrik Salamander in Kornwestheim. Nachdem die jüdische Familie Levi 1937 vor den Nationalsozialisten fliehen musste, diente die Villa verschiedenen Zwecken und wird nun ein Schulungszentrum. Wir finden hier oben anschauliche Beispiele dafür, wie konträr in Stuttgart in den 1920er-Jahren gebaut wurde. Während wenig später in der benachbarten Weißenhofsiedlung eine internationale Architektengemeinschaft durch bahnbrechend moderne Bauten ganz Deutschland in Aufruhr versetzte, waren in diesem Viertel zur selben Zeit eher Architekten der traditionellen Richtung der Stuttgarter Schule gefragt.

Zu Bismarckturm und Hackländerhaus Wir biegen erst in die Straße Am Bismarckturm, spazieren dann durch einen kleinen Park mit Schutzhütte zum in 409 Metern Höhe gelegenen **Bismarckturm**. Dieser Aussichtsturm wurde 1904 von Stuttgarter Studenten auf dem **Gähkopf** errichtet und bietet eine weite Fernsicht in alle Richtungen. Auch auf dem Platz vor dem Turm hat man einen grandiosen Blick auf die Stuttgarter City mit dem Bopser und dem Fernsehturm im Hintergrund. Anschließend

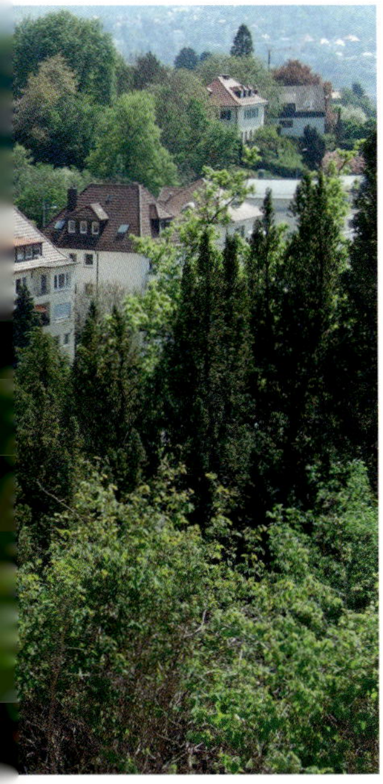

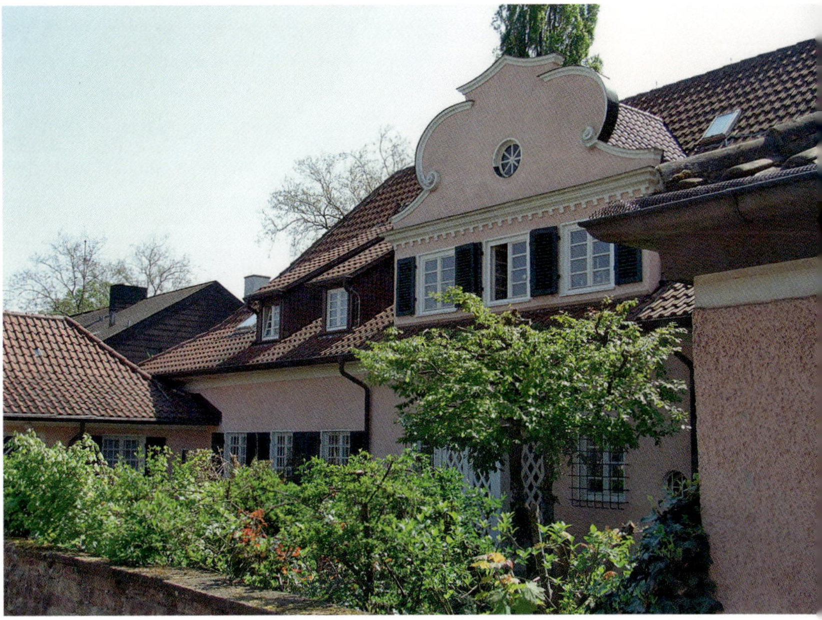

folgen wir wieder der mondänen Wohnstraße Am Bismarckturm nach rechts und kommen mit weiteren schönen Ausblicken über die Straße Am Tazzelwurm hinunter in den Frauenbergweg. Das auf der rechten Seite in einem großen Garten liegende Wohngebäude (Nr. 7/9) von 1928/29 gilt als konservatives Gegenmodell der Architekten Bonatz & Scholer zur Bauhausarchitektur.
Nun queren wir die Robert-Bosch-Straße und spazieren den Panoramaweg Gähkopf hinunter in die vornehme Schottstraße.

Links: Stuttgarter Halbhöhenlagen in der Schottstraße

Rechts: Wohnvillen am Gähkopf

Hier gehen wir nach links. Oberhalb einer idyllischen kleinen Grünanlage kommen wir über die Helfferichstraße in die dichter bebaute Eduard-Pfeiffer-Straße. Dieser folgen wir nach rechts und passieren das burgartige **Hackländerhaus** (Schoderstr. 7) des Schriftstellers F. W. Hackländer. 1859 in der Urbanstraße erbaut, wurde es dort 1910 wegen einem Neubau abgetragen und Stein für Stein hierher versetzt. Wir erreichen die Straße Am Kriegsbergturm und sehen rechter Hand den kleinen Aussichtsturm. Hier geht's erst die Straße nach links und nach Haus Nr. 46 gelangen wir über einen Fußweg rechts runter zur Wilhelm-Hertz-Straße und zur Birkenwaldstraße. Dort angekommen, halten wir uns rechts und sind bald beim **Chinesischen Garten Qingyin**.

Aussichtsreich durch die Panoramastraße Es geht weiter durch die **Panoramastraße**, die, wie der Name verspricht, nicht mit Ausblicken geizt. Das Gebiet zwischen Panorama-, Relenberg-, Kriegsberg-, Goethestraße und Herdweg bildete zu Beginn des 20. Jahrhunderts ein feudales Villenviertel, von dem die schweren Bombenangriffe 1944 und der anschließende Wiederaufbau nur wenig übrig gelassen haben. Heute blickt man hinunter auf große, teils begrünte Flachdächer von Büro- und Krankenhausgebäuden. Altbauten sucht man im Quartier um den Hauptbahnhof inzwischen fast wie die sprichwörtliche Stecknadel im Heuhaufen.

Wissenswertes

Der **Chinesische Garten Qingyin**, der »Garten der schönen Melodie«, wurde im Rahmen der IGA 1993 von der südchinesischen Partnerprovinz Jiangsu mit dem »Pavillon der vier Himmelsrichtungen«, der »Halle der Freundschaften«, einem Wasserfall mit See und einer umgebenden Mauer im Rosensteinpark errichtet und später der Stadt Stuttgart überlassen. Diese hat die einzigartige Gartenanlage mitsamt Felsen, rauschendem Wasserfall und den Gebäuden an diese exponierte Stelle über dem Weinberg am Kriegsberg verlegt.

Architektur pur Vorbei am 1960 in moderner, transparenter Bauweise errichteten **Josef-von-Egle-Studentenwohnheim** der Architekten Salver und Spieth wandern wir weiter über die Sattlerstraße bis zur Hegelstraße. Wir queren sie und erreichen in der Lerchenstraße das von einem Kopenhagener Architekturbüro mit imposanter Glaskuppel erbaute **Fakultätsgebäude** der Dualen Hochschule Baden-Württemberg. Gleich danach folgen wir der Hoppenlaustraße nach links und kommen in den parkartigen **Hoppenlaufriedhof**. 1626 als Spitalfriedhof gegründet, ist er der älteste noch erhaltene Friedhof Stuttgarts und besticht durch

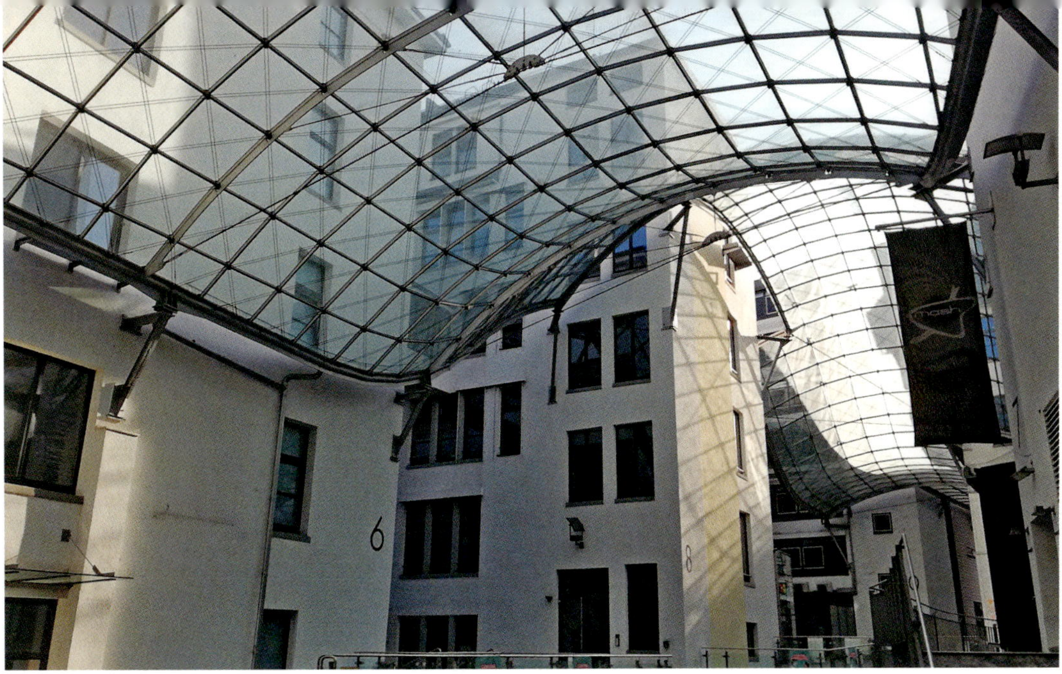

Im Bosch-Areal

seine alten Grabmäler zwischen mächtigen Bäumen. Wir verlassen ihn ungefähr in der Mitte nach rechts, gehen vorbei an der **Alten Reithalle** und kommen zum **Bosch-Areal**. Das ehemalige Fabrikareal ist ein gutes Anschauungsobjekt, wie sich ein zum Abriss vorgesehener Industriekomplex in einen beliebten Besuchermagneten verwandeln lässt.

Wir spazieren zwischen den zu Cafés, Kneipen und Büros umgebauten Industriegebäuden, kommen an der 1955/56 erbauten **Liederhalle** vorbei und erreichen die Schlossstraße. Hier geht's nach links und wir passieren das gegenüberliegende **Haus der Wirtschaft**. Dieser imposante neobarocke Bau entstand Ende des 19. Jahrhunderts als Landesgewerbemuseum und hat sich in den letzten Jahren zu einem wichtigen überregionalen Kongresszentrum entwickelt. Vorbei am Gewerkschaftshaus und der neuen Börse im **Carl-Eugen-Bau,** erreichen wir den **Börsenplatz**. Hier entstand Anfang der 1990er-Jahre auf einem Brachgelände mit Bürogebäuden, dem Friedrichsbau und beleuchteten Wasserspielen ein attraktiver innerstädtischer Platz. Fast schon eine Legende ist der **Palast der Republik** jenseits der Straße, der sich aus einem städtischen Klohäusle aus den 1920er-Jahren entwickelt hat und ein beliebter Treffpunkt für das Feierabendbier ist. Links davon steht das Wirtshaus Lautenschlager. Hier an der Stadtbahnhaltestelle Börsenplatz (L-Bank) endet diese Tour. Die S-Bahnhaltestelle Stadtmitte, der Hauptbahnhof und die Einkaufsmeile Königstraße sind von hier zu Fuß in wenigen Minuten erreichbar.

14 Vom Killesberg nach Feuerbach

Über die Nobelhöhe ins Industriestädtle

Leicht | 5,5 km | 101 Hm/101 Hm | 1.30 Std.

Wegecharakter
Überwiegend Asphalt

Ausgangspunkt
Stadtbahnhaltestelle Killesberg (U5)

Endpunkt
Stadtbahnhaltestelle Killesberg (U5)

VVS
Die Tour kann an der Stadtbahnhaltestelle Wilhelm-Geiger-Platz in Feuerbach abgekürzt werden (U6, U13, U16).

Einkehrmöglichkeit
Café Klavierzimmer in Feuerbach, Höhencafé Killesberg, Gastronomie im Quartier Killesberghöhe

Diese spannende und abwechslungsreiche Tour kann als Rundwanderung vom Höhenpark Killesberg über den interessanten Stadtteil Feuerbach zurück zum Park gemacht oder an der Stadtbahnhaltestelle Wilhelm-Geiger-Platz beim Feuerbacher Rathaus beendet werden.

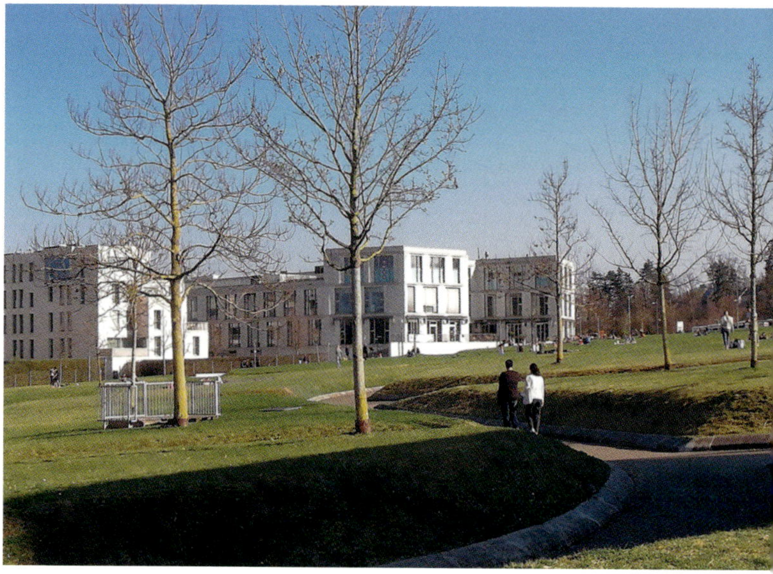

Grüne Fugen und Wohnquartier Killesberghöhe

Hinauf auf den Killesberg

Wir starten diese Tour an der Stadtbahnhaltestelle Killesberg und schlendern durch die **Grünen Fugen** hinunter. Die labyrinthartigen Hohlwege wurden um 2011 auf dem Gelände der zuvor abgerissenen Messehallen angelegt. Vor dem Teich am alten Eingang des Höhenparks halten wir uns ganz links, biegen links ab und machen eine Kehre zur Thomasstraße, die wir rechts hochwandern. Nun geht's in der schönen Wohnstraße Menzelstraße nach links bis zum Adolf-Fremd-Weg, den wir rechts hochspazieren. Wir queren die Lehnbachstraße, dann erklimmen wir den Grat des 383 Meter hohen **Killesbergs** und spazieren nach links. Die Spitzwegstraße führt uns nach

Westen in den Feuerbacher Weg, wo wir nach rechts weiterwandern. Links von uns befand sich im Mittelalter die **Burg Frauenberg**, von der am Ende der Sackgasse noch einige Fundamentmauern zu sehen sind.

Bummel durch Feuerbach Wir verlassen die Wohnbebauung und plötzlich fällt der uralte Weinbergweg steil ins Tal des Feuerbachs ab. Immer wieder bieten sich schöne Ausblicke auf den Stadtteil Feuerbach mit dem Lemberg auf der gegenüberliegenden Talseite. Nach ca. 100 Metern erreichen wir **Feuerbach** und die ersten dicht an den Hang gedrängten Häuschen am Wegrand. Sie geben noch einen Eindruck vom alten Weingärtnerdorf Feu-

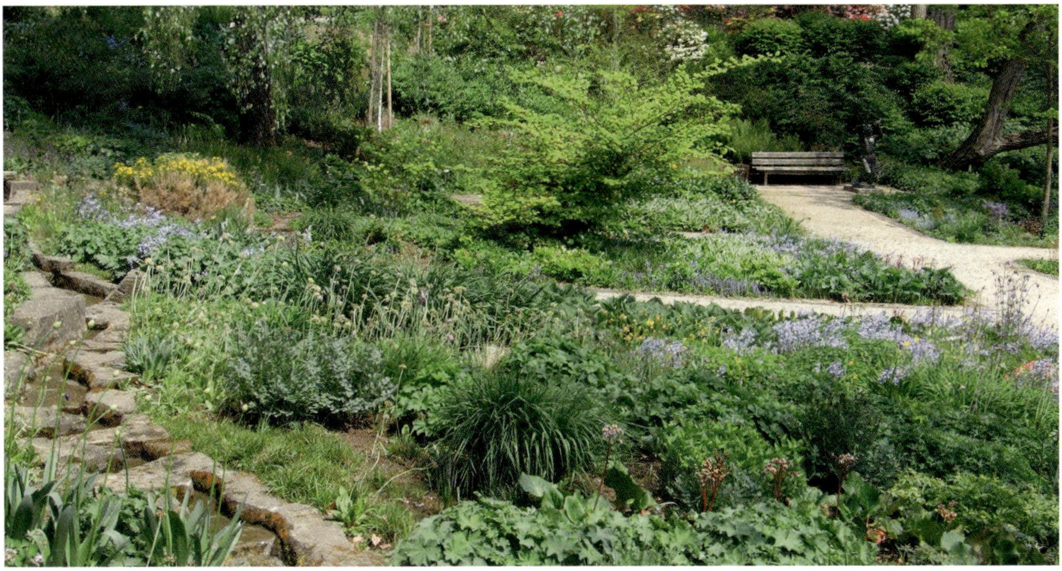

Saftiges Grün im Höhenpark Killesberg

erbach, das bis 1860 ländlich geprägt war. An der Kreuzung mit dem Mühlwasen biegen wir nach links und kommen in die Kapfenburgstraße, die wir bis zur Forsthausstraße hochwandern. Wer hier eine Kaffeepause einlegen möchte, geht die Straße am besten hoch bis zum gemütlichen **Café Klavierzimmer** (Nr. 48). Ansonsten biegen wir hier rechts in die Forsthausstraße ein und schlendern durch das ehemalige Dorfzentrum Feuerbachs. Die **Mauritiuskirche** wurde Ende des 18. Jahrhunderts anstelle eines gotischen Vorgängerbaus errichtet, wobei der untere Teil des Turmes noch aus dem 15. Jahrhundert stammt. Ab hier folgen wir der nach rechts führenden Mühlstraße abwärts bis zur

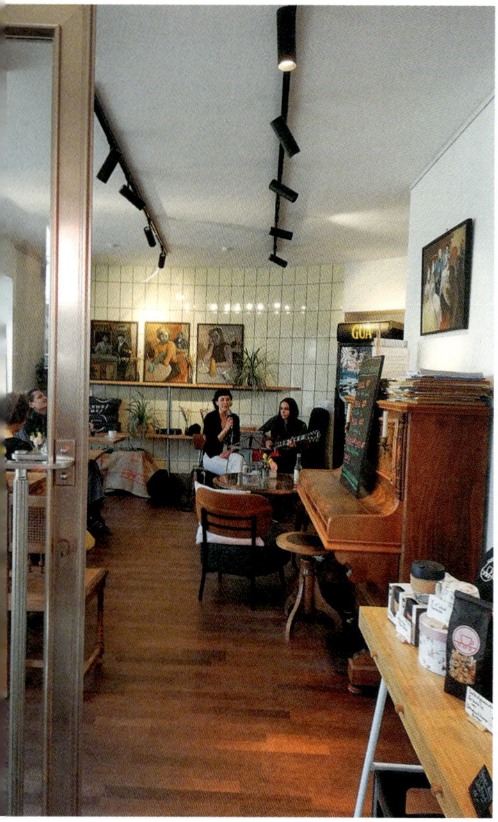

Brandgasse, wo wir uns links halten. Über diese noch recht heimelige Dorfstraße mit ihren krummen und schiefen Tagelöhner- und Handwerkerhäuschen gelangen wir in die Klagenfurter Straße. Dieser folgen wir wiederum nach links, vorbei an der großen **Stadtkelter** von 1798, über die Stuttgarter Straße bis zur Wiener Straße. Hier hat die städtische Bebauung Feuerbachs aus der Zeit um 1910 dem Krieg getrotzt und man sieht den Fassaden an, dass der Ort von 1907 bis zur Zwangseingemeindung nach Stuttgart 1933 eine selbstbewusste Industriestadt war. An der Bismarckschule geht's rechts und wir spazieren durch die Wiener Straße bis zum **Wilhelm-Geiger-Platz** mit dem ehemaligen Rathaus von 1907 bis 1909. Der **Biberbrunnen** mit dem Feuerbacher Wappentier erinnert an die fernen Zeiten, als der Ort noch Biberbach hieß und sich im Feuerbach noch die Biber tummelten.

Kuschelig: Café Klavierzimmer

Rechte Seite: die kühne Stahlkonstruktion des Killesbergturms

Durch den Höhenpark Killesberg zum Ausgangspunkt zurück Hier gibt es die Möglichkeit, mit der Stadtbahn zurück zum Ausgangspunkt zu fahren. Ansonsten folgen wir weiter der Wiener Straße und biegen die Sankt-Pöltener-Straße rechts ein. In der Oswald-Hesse-Straße geht's kurz nach links und an der nächsten Kreuzung über die Fahrionstraße in die Burghaldenstaffel. Dieser Stäffelesweg bringt uns hoch in den Burghaldenweg, wo wir uns ein paar Schritte links halten und dann über einen Fußweg in die Lenbachstraße gehen. Dort folgen wir der Straße kurz nach rechts und biegen direkt nach dem Wartungsgebäude für die Killesbergbahn links in den **Höhenpark Killesberg** ein. Nach rund 100 Metern spazieren wir rechts runter in das schöne **Tal der Rosen**. Hier haben wir die Möglichkeit, einen Abstecher zum beliebten **Höhencafé Killesberg** zu machen. Ansonsten wandern wir weiter in südlicher Richtung und kommen über die Grünen Fugen wieder zum Ausgangspunkt, der Stadtbahnstation Killesberg, wo es im neuen Stadtquartier Killesberghöhe weitere Einkehrmöglichkeiten gibt.

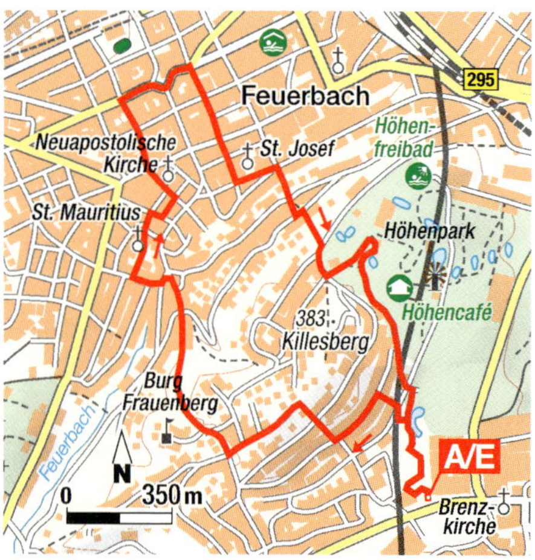

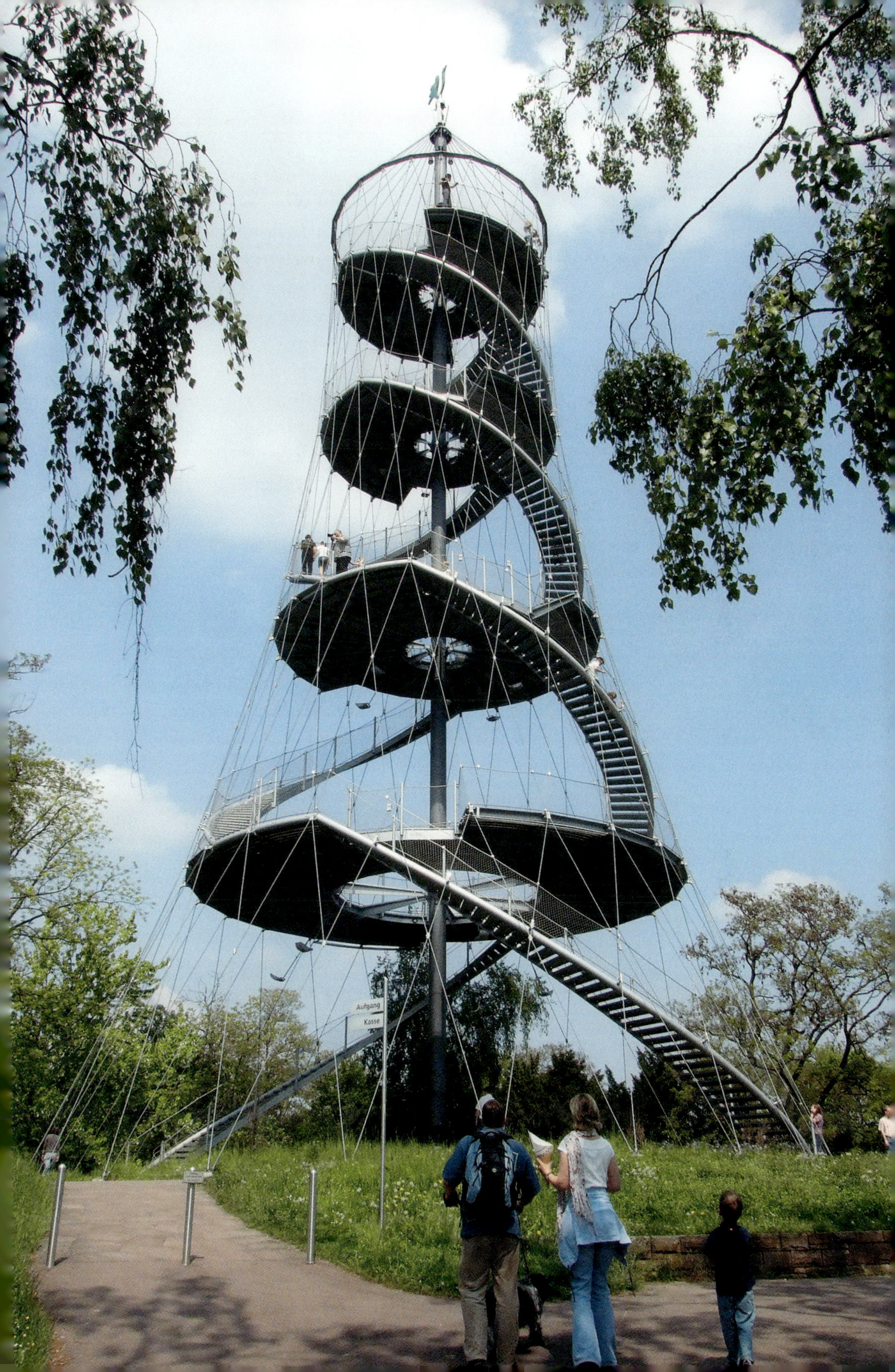
Aufgang
Kasse

15 Vom Europaviertel zur Weißenhofsiedlung

Ideenschmieden und UNESCO-Welterbe

Leicht | 6,9 km | 154 Hm/154 Hm | 2 Std.

Wegecharakter
Überwiegend Asphalt

Ausgangspunkt
Stadtbahnhaltestelle Budapester Straße (U12)

Endpunkt
Stadtbahnhaltestelle Budapester Straße (U12)

VVS
Diese Rundwanderung kann an verschiedenen Stellen abgebrochen werden, etwa an der Stadtbahnhaltestelle Pragfriedhof (U5/U6/U7/U15).

Einkehrmöglichkeit
Lamber in der Helfferichstraße, OhJulia auf der Killesberghöhe, Café Treiber auf der Killesberghöhe, Café LesBar in der Stadtbibliothek, Gastronomie im Europaviertel

Diese Rundtour führt uns durch Stuttgarts jüngere Architekturgeschichte und seine teils neuen, teils in den 1920ern realisierten Wohnprojekte. Schöne Gärten und Parks und viele Aussichtspunkte machen das Wandern durch den Nordosten zu einem Genuss.

Kurztrip durch Europa Wir beginnen diese Tour an der Stadtbahnhaltestelle Budapester Straße im neuen **Europaviertel**, in dem Straßen und Plätze nach europäischen Hauptstädten benannt sind. Zunächst wandern wir in südlicher Richtung durch die Lissaboner Straße und queren den **Pariser Platz**. Danach geht's nach rechts und wir steigen die Treppen der Warschauer Straße hoch, dann queren wir oben die viel befahrene Heilbronner Straße. Links sehen wir den Rest des ehemaligen **Postdörfles**, einer zwischen 1868 und 1872 gebauten Siedlung für kaiserliche Postbedienstete, und rechts thront das auffällige Z-UP, das sich mit seinen abgerundeten und gebogenen großen Fensterflächen ganz dem schwungvollen Retro-Stil der 1970er-Jahre verschrieben hat.

Hübsche Gärten und prachtvolle Häuser Gleich nach dem Hotel im noch erhaltenen Altbau spazieren wir nach links, gehen die Straße ganz durch und folgen dann erst dem Sträßchen und nach der Birkenstraße dem Fußweg Im Kaisemer nach oben. Wieder in der Birkenwaldstraße, halten wir uns kurz rechts und steigen dann die Treppen links hoch über die Wilhelm-Hertz-Straße in die Straße Im Himmelsberg. Schöne Gärten und Häuser wie der prächtige Neorenaissancebau Nr. 10 des königlichen Hofwerkmeisters Albert Hangleiter säumen die Straße. Oben erreichen wir wieder die Birkenwaldstraße. In der Schoderstraße halten wir uns erst links und in der Eduard-Pfeiffer-Straße wieder rechts. An der Ecke sehen wir links das eigenwillige **Hackländerhaus**, das einst von der Innenstadt hierher versetzt wurde (siehe Tour 13).

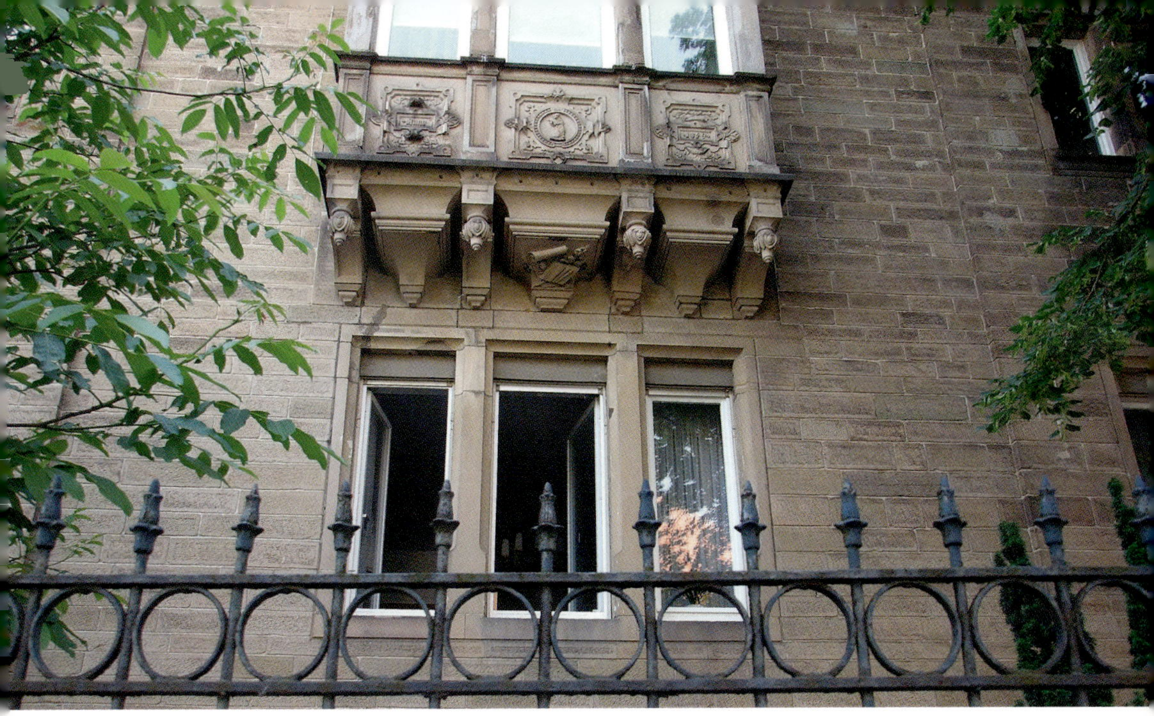

Eigenwillig und groß: das Hackländerhaus

Bald erreichen wir die Helfferichstraße, ein kleines Geschäftszentrum mit dem **Café Lamber**, einer ersten Einkehrmöglichkeit. Wir folgen der Helfferichstraße kurz nach rechts und biegen gleich wieder in die Ludwig-Hofer-Straße ein. Weiter geht's über die Straße Im Schüle rechts hoch in den Feuerbacher Weg, dem wir nun für eine ganze Weile folgen. Nach der Parlerstraße kommen wir in ein gehobenes Wohnquartier am Rand des 409 Meter hohen **Gähkopfs**. Rechts sehen wir bald das in ein Museum umgewandelte **Wohnhaus von Theodor Heuss** (Nr. 46). Ein Besuch ist für Interessierte sehr zu empfehlen. Wir gehen das Sträßchen weiter. Gleich daneben (Nr. 48) steht die 1923 von Paul Bonatz und Scholer gebaute **Villa Porsche** für den damaligen Leiter des Konstruktionsbüros und das Vorstandsmitglied der Daimler-Motoren-Gesellschaft (DMG). 1934 ließ Ferdinand Porsche den Garagentrakt anbauen, wo er 1935/36 seinen ersten deutschen Volkswagen konstruierte, der bald als VW-Käfer bekannt wurde.

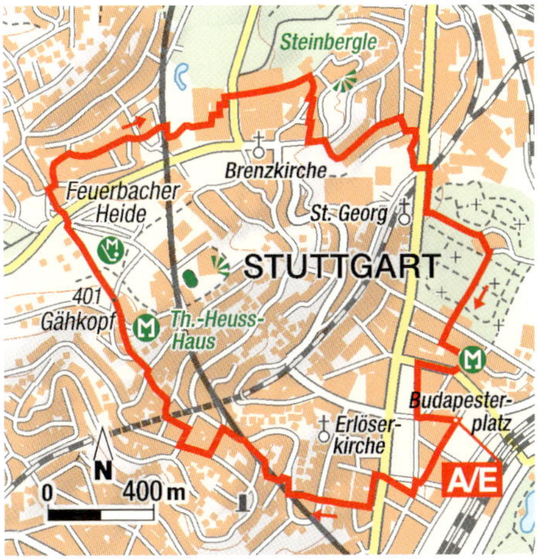

Über die Killesberghöhe zur Weißenhofsiedlung

Wir wandern weiter über die Heide mit dem groß angelegten Schutzgebiet **Eidechsen-Habitat** und gehen das letzte Stück der Parlerstraße in die gleiche Richtung weiter. Nach dem Queren der Straße

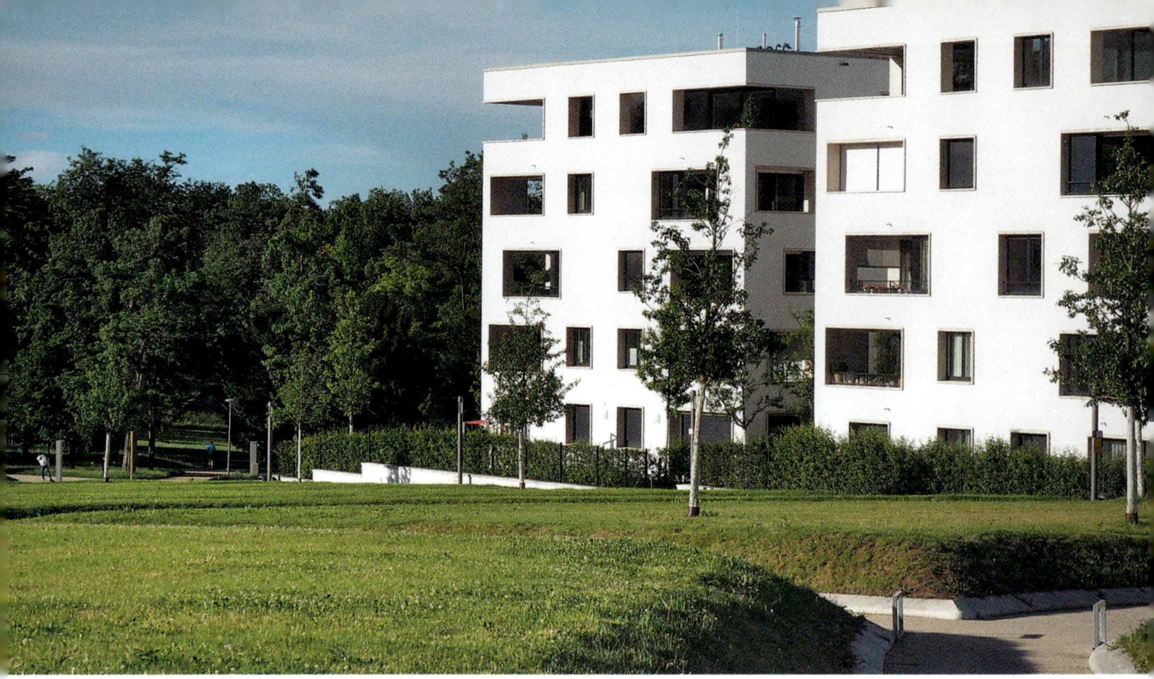

Modernes Wohnen am Höhenpark

Am Kochenhof spazieren wir nach links in den Feuerbacher Weg. Danach folgen wir der Hermann-Pleuer-Straße ein paar Schritte nach rechts und wandern durch den lauschig eingegrünten Pflugweg in die Otto-Reiniger-Straße, die wir nach rechts weitergehen. Nach Querung des Adolf-Fremd-Wegs schreiten wir in gleicher Richtung weiter. Schließlich erreichen wir Stuttgarts Grüne Fuge mit Blick auf das Stadtquartier **Killesberghöhe**, das mit Lokalen, einer Ladenzeile und einem »Kreativquartier« für Kunststudierende seit 2013 die neue Mitte für die Wohngebiete am Killesberg bildet. Wir queren die Grünzone mit ihren verschlungenen Wegen und einem Wasserlauf und spazieren durch das neue Wohnviertel. Vor dem Café Treiber halten wir uns links und gehen an der Ökumenischen Kita Killesberg die Treppen rechts runter zur Stresemannstraße. Auf der anderen Straßenseite folgen wir der Oskar-Schlemmer-Straße. Linker Hand sehen wir die elegante Seniorenresidenz Augustinum und rechts den Betonkomplex der Kunstakademie. Über die nach rechts schwenkende Straße Am Weißenhof und den Bruckmannweg kommen wir nun direkt durch die **Weißenhofsiedlung**.

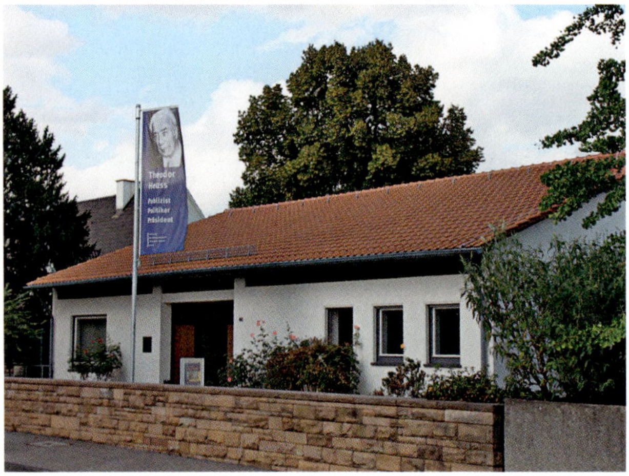

Theodor Heuss Museum

Architekturspaziergang am Weißenhof Nach dem **Terrassenhaus** von Peter Behrends (1927) in der Kurve sehen wir die drei blauen Einfamilienreihenhäuser des Rotterdamer Architekten Mart Stam. Im Bruckmannweg geht's links und wir passieren den lang gezogen Miethausblock des Architekten Mies van der Rohe. Seit 2014 ist die Siedlung um eine Besonderheit reicher: das zu 100 Prozent recycelbare **Aktivhaus B10**. Vom Architekten Werner Sobek minimalistisch geplant, produziert es das Doppelte des eigenen Energiebedarfs und gilt als erstes Aktivhaus der Welt.

An der Einmündung des Pankokwegs sehen wir die Reihenhäuser des holländischen Architekten J. J. P. Oud. Nach dem Bruckmannweg gelangen wir in die Friedrich-Ebert-Straße, gehen nach links und kommen zur Rathenaustraße mit dem **Weißenhofmuseum** im Doppelhaus von Le Corbusier und Pierre Jeanneret. Im Hintergrund sehen wir die Siedlung Schönblick mit dem **Friedrich-Ebert-Bau**, der von 1924 bis 1927 entstand. Architekt war Karl Beer, ein Sozialdemokrat, der 1935 vor den Nazis in die Schweiz emigrieren musste.

Wissenswertes

Die **Weißenhof-** oder **Werkbundsiedlung** entstand 1927 im Rahmen der Werkbundausstellung »Die Wohnung«. Es beteiligten sich 17 europäische Architekten, die zuvor eher in avantgardistischen Zirkeln bekannt waren. Darunter waren strenge Funktionalisten wie der Holländer Mart Stam oder der Dessauer Bauhaus-Leiter Walter Gropius, erfahrene Siedlungsarchitekten wie der Rotterdamer Stadtbaumeister J. J. P. Oud, Vertreter des Organischen Bauens wie Hans Scharoun und Altmeister der modernen Architektur wie Peter Behrens. Besondere Aufmerksamkeit erreichte Le Corbusier, der hier zwei »Wohnmaschinen« kreierte. In seinem Doppelhaus lässt sich wie in einem Zugabteil das Wohnzimmer durch Schiebewände und -betten in mehrere Schlafzimmer verwandeln. Innerhalb von knapp 28 Wochen entstanden 33 kubische Flachdachhäuser. Damals schwärmte der russische Schriftsteller und Journalist Ilia Ehrenburg: »Was die moderne Architektur anbelangt, so ist Stuttgart ein Amerika. Diese Stadt besitzt mehr wirklich zeitgemäße Häuser als Paris …« In der Nazizeit war die Siedlung als »Araberdorf« verpönt und sollte abgerissen werden, was jedoch der Kriegsausbruch verhinderte. Nach dem Krieg riss man einige durch Bomben beschädigte Gebäude ab oder baute sie entstellt mit Satteldächern wieder auf. Erst 1958 erkannten Fachleute den Wert der Siedlung und stellten sie unter Denkmalschutz. Im Haus Le Corbusier befindet sich seit 2006 das hochinteressante Weißenhofmuseum. Seit Juli 2016 gehört es zum UNESCO-Weltkulturerbe.

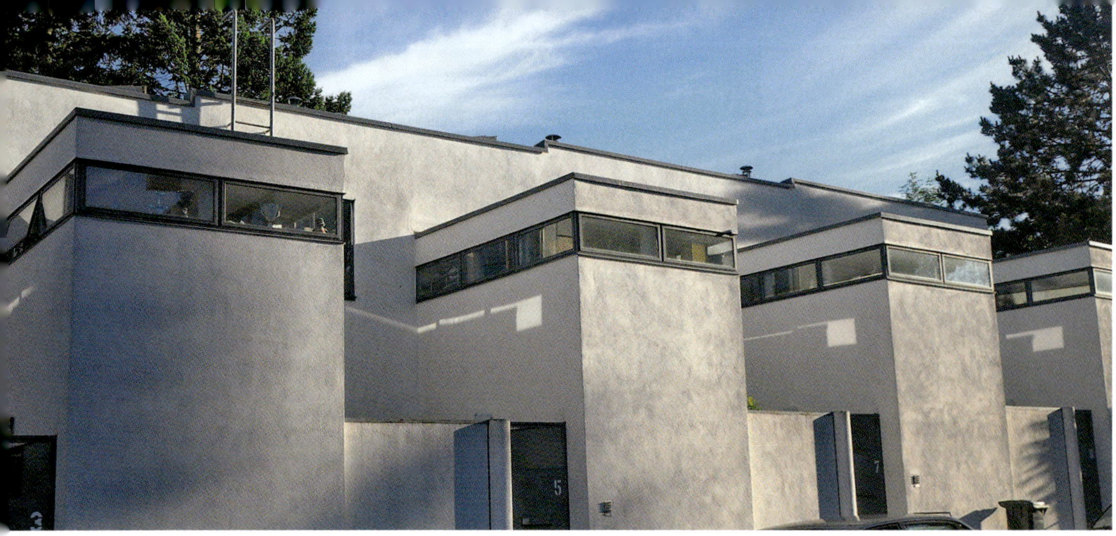

Weißenhofsiedlung: Reihenhäuser von J. J. P. Oud

Über den Pragfriedhof zurück zum Ausgangspunkt Wir queren die Straße und folgen der Friedrich-Keller-Staffel mit schönen Ausblicken hinunter in die idyllische Wohnstraße Auf der Kanzel, in der wir uns links halten. An den nächsten Kreuzungen spazieren wir jeweils weiter bergab und folgen vor der stark befahrenen Heilbronner Straße dem eingegrünten Rad- und Fußweg nach rechts bis zur Stadtbahnhaltestelle Pragfriedhof. Hier queren wir die Straße und gehen auf der anderen Seite kurz nach rechts, bis zum Eingang des 1873 eröffneten **Pragfriedhofes**. Nun folgen wir dem breiten Weg und kommen in den parkähnlichen Friedhof mit Grabmälern aus unterschiedlichsten Epochen. Man liest hier prominente Namen wie den des Dichters Eduard Mörike, des Luftschiffbauers Ferdinand Graf von Zeppelin, der ermorde-

Wissenswertes

Als der **Bücherwürfel** mit seiner von Glasbausteinen geprägten, schmucklosen Fassade allmählich Gestalt annahm, war die Empörung bei vielen groß. Man sprach vom »Bücherknast« oder »Stammheim II«. Innen zeigt sich aber ein anderes Bild: Das Herzstück der Bibliothek hat etwas Sakrales, und der kontemplative leere quadratische Saal mit Lichtauge an der Decke strahlt trotz des Gewusels der vielen Besucher eine fast heilige Ruhe aus. Darüber schichten sich die Büchersäle wie Zwiebelschalen und wir entdecken eine weitere Besonderheit: Eun Young Yi gestaltete die Obergeschosse in Form einer umgekehrten Stufenpyramide. Die besondere Wirkung wird verstärkt durch die Farbgestaltung: Alles ist in hellem Grau gehalten, nur die Buchrücken setzen hier Farbakzente. Oben befinden sich ein meist gut gefülltes Café und darüber eine Aussichtsterrasse. Nachts wird der Würfel blau und verwandelt sich zu einem weithin sichtbaren Eyecatcher. Ein wirklich lohnenswertes Besucherziel, das laut dem US-Magazin »Time« zu den 20 schönsten Bibliotheken der Welt gehört.

ten Grande Dame der damaligen Stuttgarter Kulturszene Anna Sutter oder der Berliner Chanson- und Kabarettsängerin Claire Waldoff, die hier nebst ihrer langjährigen Lebenspartnerin Olga »Olly« von Roeder bestattet ist. Am beeindruckenden **Krematorium** mit der Feierhalle in theatralischen Formen des Jugendstils von 1905/07 biegen wir nach rechts und schreiten auf der zentralen Achse bis zur ehemaligen Friedhofskirche, heute die **russisch-orthodoxe Kirche** des heiligen Alexander Nevsky.

Wir verlassen hier den Friedhof, queren die Friedhofstraße und spazieren den gegenüberliegenden Fußweg bei Haus Nr. 43 hinab durch einen heimeligen Winkel. In der Mönchstraße geht's erst nach links und nach rund 70 Metern den Fußweg rechts runter in die Wolframstraße, die das bisherige Wohnquartier vom neuen Europaviertel trennt. Wir wandern nach rechts und biegen dann nach links in die Moskauer Straße. Auf der rechten Seite reckt sich der 13 Stockwerke hohe Wohn- und Hotelturm **Cloud No 7**. Im sechsten Stock befindet sich eine öffentliche Bar mit Stadtblick. Links, bald auch rechts und über uns, ist wieder das **Milaneo**, mit seinen 200 Läden und Gastronomiebetrieben auf drei Ebenen das größte Einkaufszentrum der Stadt. Wir erreichen den Mailänder Platz und seine 80 Meter lange Brunnenanlage. Mit den vielen Quellrinnen und Düsen ist es das größte Wasserspiel der inneren City. Direkt dahinter erhebt sich ein weißer Block: die **Stadtbibliothek** des südkoreanischen Architekten Eun Young Yi. Hier an der Stadtbahnhaltestelle Budapester Straße endet diese Rundwanderung.

Jugendstil-Krematorium auf dem Pragfriedhof

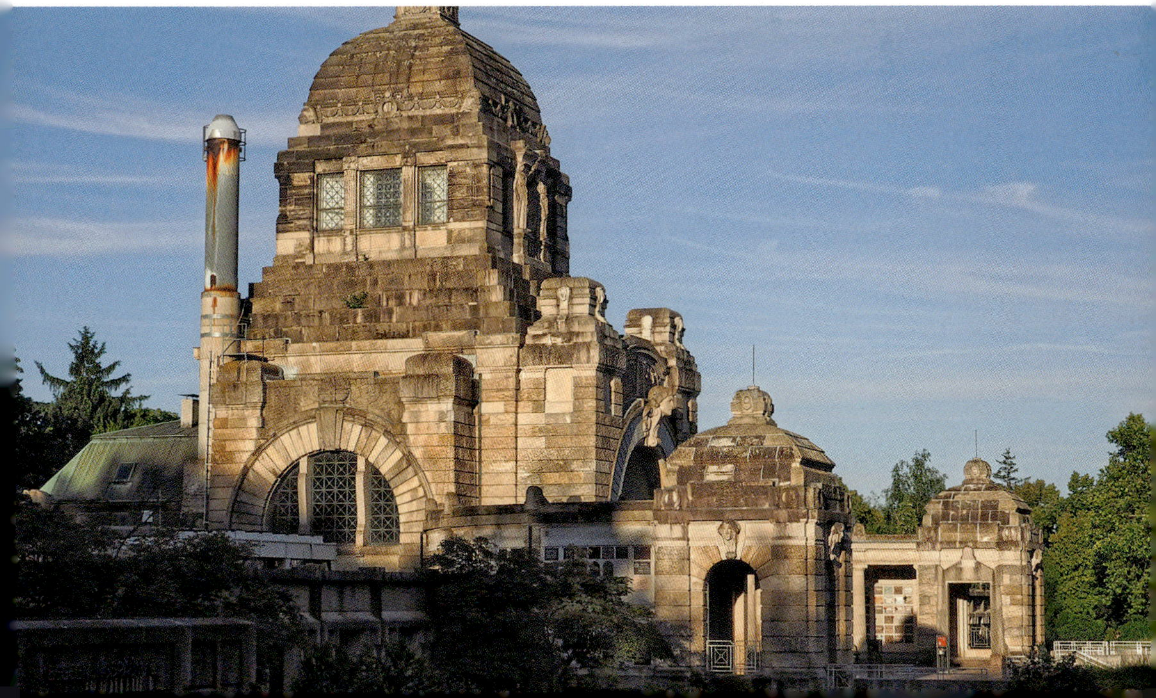

16 Vom Nordbahnhof zum Kulturschutzgebiet

Parks, Gleise und streitbare Avantgarde

Leicht | 7,9 km | 106 Hm/106 Hm | 2.30 Std

Wegecharakter
Überwiegend Asphalt und Beton

Ausgangspunkt
Nordbahnhof (S4, S5, S6, S60, U12)

Endpunkt
Nordbahnhof (S4, S5, S6, S60, U12)

VVS
Die Tour kann auf der Gäubahnbrücke abgekürzt werden, indem man von dort direkt zum Nordbahnhof zurückwandert.

Einkehrmöglichkeit
OhJulia auf der Killesberghöhe, Café Treiber auf der Killesberghöhe, Naturfreundehaus Steinbergle, Gastronomie in der Nordbahnhofstraße

Die spannende und vielseitige Stadtwanderung beginnt am Nordbahnhof und führt uns durch interessante Stuttgarter Quartiere voller Aufbruch und Veränderung. Dabei kommen wir auch durch herrlich grüne Parks und das Kulturschutzgebiet an den Wagenhallen.

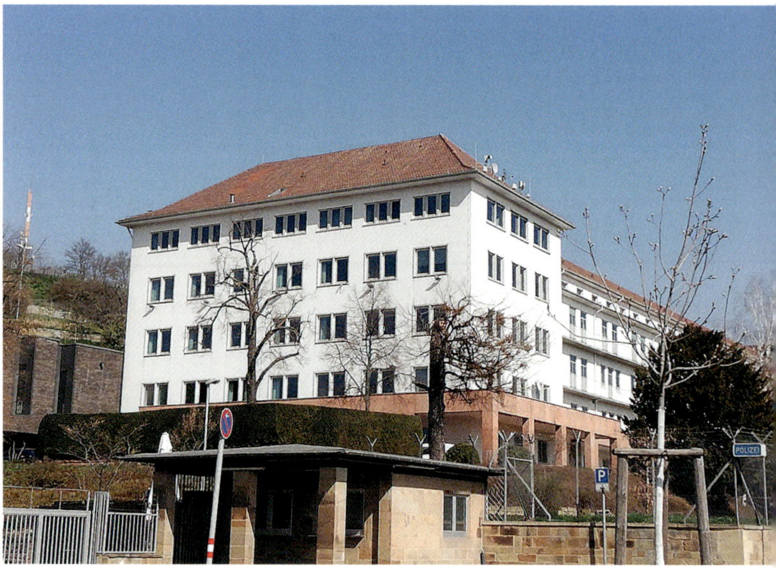

Einst Robert-Bosch-Krankenhaus, heute Polizeipräsidium Stuttgart

Über den Pragsattel zum Höhenpark Killesberg Wir starten am Nordbahnhof und halten uns am nördlichen Ausgang links. Die Wohnsiedlung rechter Hand entstand zwischen 1989 und 1993 als »Vorbildsiedlung in einer benachteiligten Lage« und war Teil der Ausstellung »Wohnen 2000« im Rahmen der IGA. Wir folgen den Wegen hoch zum **Leibfriedschen Garten** mit der **Bastion Leibfried**, einem weithin sichtbaren Aussichtshügel mit Solitärbäumen. Das Gelände wurde im Zuge der IGA 1993 geöffnet und ist heute ein wichtiges Bindeglied im Stuttgarter »Grünen U«. Hinter der Hecke oben rechts liegen seit 1944 die Ruinen der 1875 erbauten **Landhausvilla** des Schokoladenfabrikanten

Eduard Otto Moser und ihre inzwischen verwilderten Gartenanlagen. Oberhalb der Bastion geht's auf dem Samarasteg nach links. Rechts sehen wir das alte **Robert-Bosch-Krankenhaus**, das 1940 als homöopathische Klinik eröffnet wurde. Stifter war der von der Homöopathie begeisterte Industrielle Robert Bosch. Wir steigen nun den Pfad links hoch und folgen der Hildebrandstraße. Sie führt uns durch ein beschauliches Wohnquartier nahe am boomenden Quartier um den Pragsattel. Oben queren wir die Stresemannstraße und folgen ihr nach links. Auf der anderen Seite der Maybachstraße spazieren wir

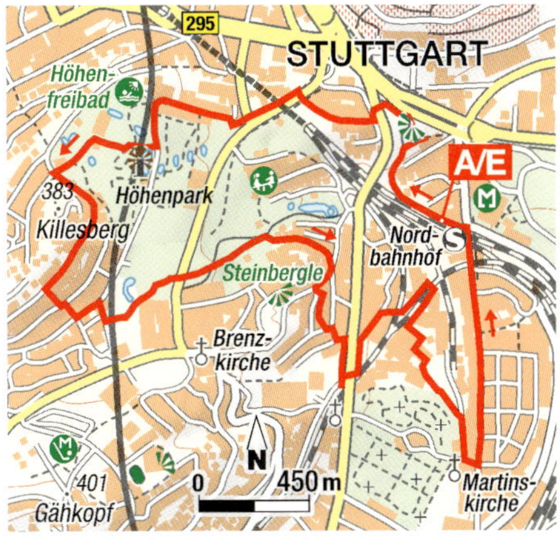

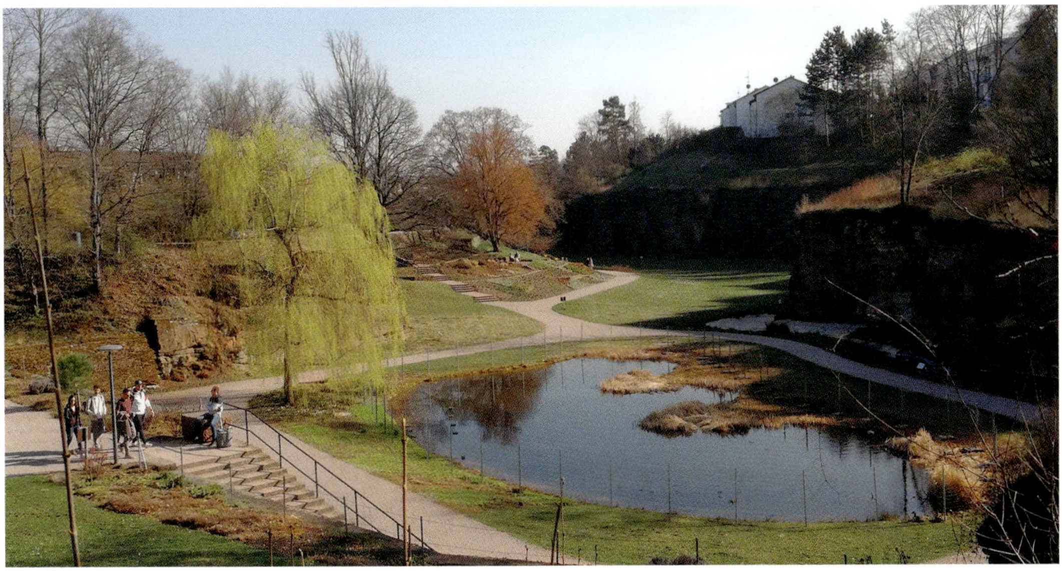

Zauberhaft: Tal der Rosen

den Weg Beim Höhenfreibad bergauf. Nach dem obersten Haus biegen wir nach links und wandern auf dem oberen Hauptweg durch den Höhenpark Killesberg.

Wer den Park noch nicht kennt, kann ihn sich nun anschauen. Ansonsten halten wir uns vor dem **Killesbergsee** bei der Milchbar rechts und folgen oben dem Weg entlang der 1939 gebauten **Parkeisenbahn** in einem Bogen nach links. Wir spazieren zwischen den Gleisen links und dem eingezäunten **Höhenfreibad** auf der rechten Seite und sehen links unten das idyllische **Tal der Rosen**. Rechts erscheint die **Wartungshalle der Parkeisenbahn**. Alles läuft hier so wie bei großen Bahnanlagen, nur eben kleiner. Die alten Wartungshallen der »großen Bahn« werden wir später noch besuchen. Wir gehen links vorbei und dann geradeaus zum Parkausgang.

Rund um den Wartberg In der Lenbachstraße halten wir uns links und schlendern durch ein gepflegtes Wohngebiet. Über den Adolf-Fremd-Weg kommen wir hinunter zur Menzel- und Thomastraße, die wir jeweils queren. In der Reinhold-Nägele-Straße geht's nach links und wir erreichen die **Grünen Fugen**. Im Stadtquartier **Killesberghöhe** links oben gibt es mehrere Einkehrmöglichkeiten. Wenn wir nicht für eine Einkehr hochgehen, schlendern wir die Grünen Fugen (Tour 15) links hinunter und kommen am **Gedenkstein** für die jüdischen Opfer und an dem **Bahnhöfle der Kleinbahn** vorbei. Nach der Unterführung passieren wir das **Naturfreundehaus**, eine weitere gute Einkehrmöglichkeit, und erreichen den **Wartberg**.
Für die IGA 1993 verwandelte man dieses ehemalige Schrebergartenareal in ein öffentliches Parkgelände, das seither den Killesberg mit dem Rosensteinpark verbindet. Der Hügel rechts ist der Schönblick mit der gleichnamigen Siedlung. An der nächsten Weggabelung folgen wir kurz dem St.-Louis-Weg nach links. Nach gut 20 Metern biegen wir nach rechts und gehen an den Bäumen den gepflasterten Weg hinunter. Weiter unten wandern wir in gleicher Richtung weiter und durchqueren eine von Hecken eingerahmte Teichanlage. Danach gehen wir nach rechts, vorbei an der **Ökostation Wartberg**, und spazieren in die Wil-

Wissenswertes

Der rund 50 Hektar große **Höhenpark Killesberg** mit seinen Seen, Felsen, Bäumen und Natursteinbauten geht auf die Reichsgartenschau von 1939 zurück. Die Leitung hatte der Potsdamer Gartengestalter Hermann Mattern. Zuvor befanden sich hier verwilderte Steinbrüche im ungeklärten Dreistädteeck von Stuttgart, Feuerbach und Bad Cannstatt. Heute gehört der grüne Höhenpark zu den beliebtesten Naherholungsgebieten der Stuttgarter. Zahlreiche Blumenbeete, seltene Bäume und Sträucher zwischen Teichen und idyllischen Schluchten, Tiergehege, die berühmte Parkeisenbahn, der Killesbergturm sowie Eliszis Jahrmarktstheater mit nostalgischem Flair begeistern Groß und Klein. Leider hat der Parks schon dunkle Zeiten hinter sich. 1941/42 wurden Juden aus ganz Württemberg hierher beordert, wobei die Ausstellungshallen als Sammellager fungierten. Anschließend wurden die von den Nationalsozialisten entrechteten Menschen in überfüllte Züge am Nordbahnhof getrieben, um sie in die Vernichtungslager im Osten zu transportierten. Für viele eine Reise ohne Wiederkehr.

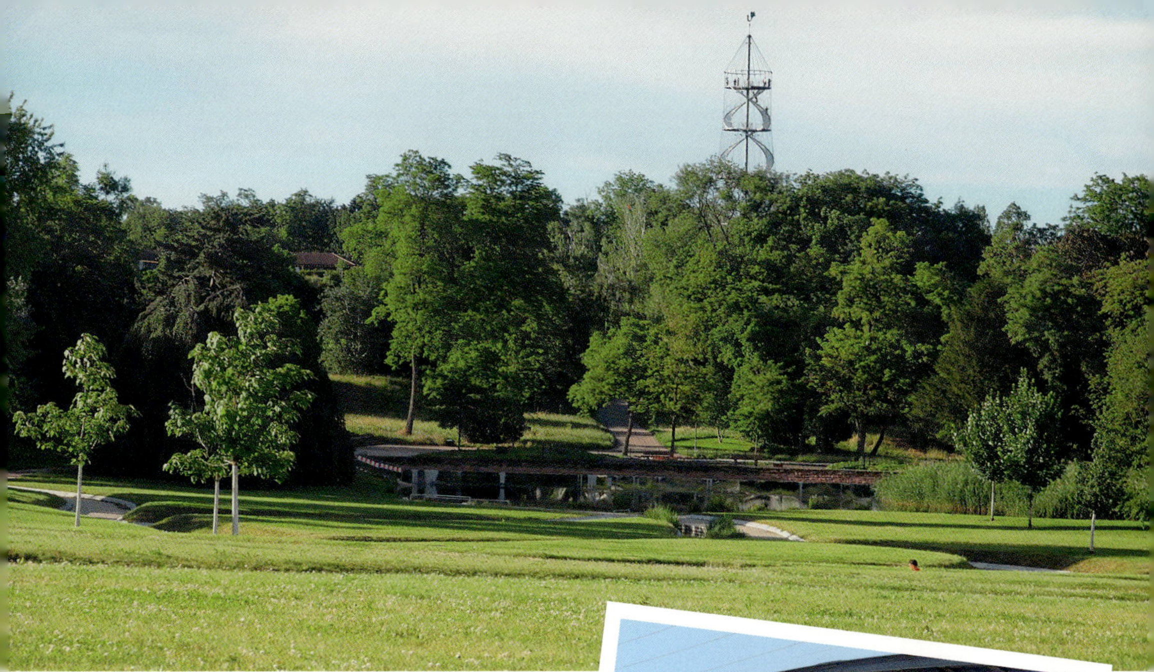

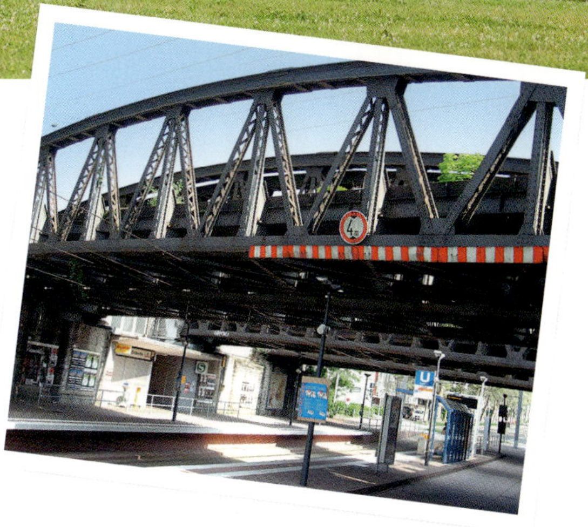

helm-Blos-Straße. Am Ende der Straße kommen wir über die Gaucherstraße hinunter zur Heilbronner Straße (B27), wo wir dem Fußweg nach rechts durch eine Grünzone folgen. An der Stadtbahnhaltestelle Pragfriedhof queren wir die B27 und halten uns links. In der Presselstraße geht's nach rechts und wir wandern am Bülowbogen Business Center entlang bergab. Etwas weiter unten, im modernen Büroviertel, gabelt sich die Straße und wir wählen den Fußweg nach rechts oberhalb eines gründerzeitlichen Altbaus. Das schmucke Eckhaus lag früher an der Kreuzung der von Westen herführenden Erbenolstraße und der Ringstraße, die entlang der Gleise verlief. Dies war lange Zeit eine wichtige Verbindungsstraße vom Stadtzentrum nach Ludwigsburg. Wir kommen nun auf die denkmalgeschützte **Gäubahnbrücke**. Wer die Tour jetzt beenden möchte, folgt dem Fußweg auf der Eisenbahnbrücke bis zum Nordbahnhof weiter. Ansonsten steigen wir am Beginn der eigentlichen Brücke den Treppenweg links runter, gehen nach rechts, unter der historischen Stahlfachwerkbrücke hindurch, und halten uns gleich wieder rechts. Nach einigen Schritten erreichen wir die alten Verwaltungs- und Wohnhäuser der einstigen Bahnreparaturwerkstätte mit den **Wagenhallen**, heute ein alternatives Kulturzentrum mit zahlreichen Ateliers.

Oben: Grünes Paradies für Jung und Alt: Höhenpark Killesberg

Darunter: Eisenbahnbrücken am Nordbahnhof

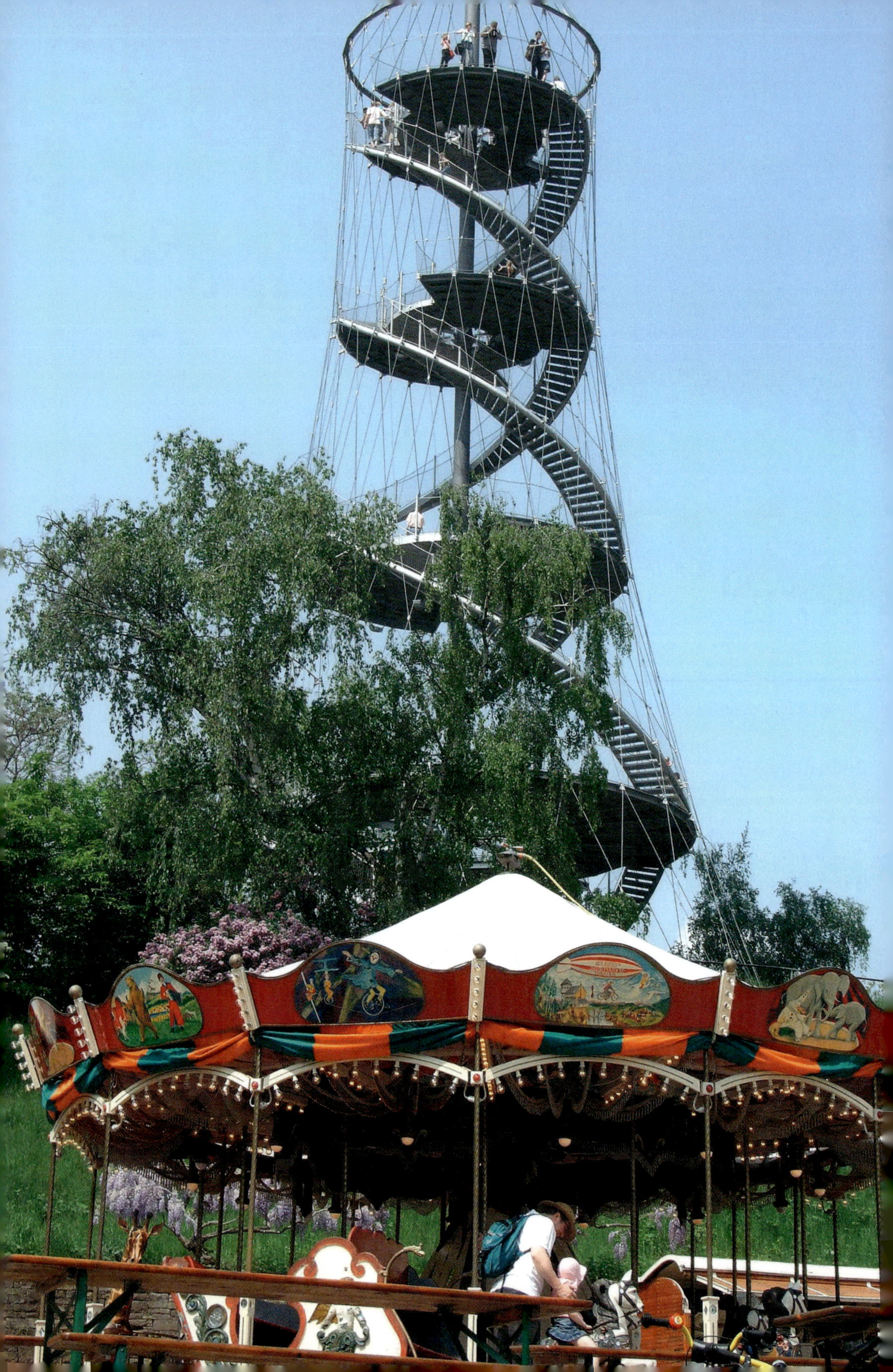

Kultur und Geschichte An der **Galerie Hausgeburt** halten wir uns links und biegen nach den Wagenhallen in den Kunstboulevard. Das Gelände ist heute Teil eines Kulturschutzgebietes. Nach einigen Schritten geht's wieder nach links und wir spazieren zwischen den Containern über den neu entstehenden Quartiersplatz Richtung Westen, bis wir in die Otto-Umfried-Straße kommen, wo wir in die gleiche Richtung weitergehen. Nach wenigen Schritten passieren wir die Gedächtnisstätte **Zeichen der Erinnerung** an den ehemaligen Gleisrampen auf der linken Seite. Sie erinnert seit 2006 an die Deportationszüge, mit denen ab 1941 Tausende Menschen aus Stuttgart und Württemberg in die NS-Vernichtungslager im Osten verschleppt wurden. Informationstafeln um die noch erhaltenen Gleisrampen erinnern an die Namen der meist jüdischen Opfer.

Wir biegen an der evangelischen **Martinskirche** nach links und erreichen die Nordbahnhofstraße. Hier wandern wir wieder nach links und schlendern bald durch die alte **Eisenbahnersiedlung** aus der Zeit um 1900. Viele der gründerzeitlichen Altbauten mit hübschen Klinkerfassaden neben der Stadtbahnlinie U12 blieben bis heute erhalten und verströmen noch den Charme der kaiserlichen Eisenbahnromantik. Die baumbestandene Straße war lange eine Wohninsel zwischen riesigen Gleissträngen. Heute leben hier Menschen aus über 70 Nationen und das alte Quartier muss seine Rolle im neu entstehenden Umfeld erst noch finden. Nach rund 500 Metern erreichen wir die abzweigende Rosensteinstraße mit den **Zwergenhäusle** unter den Bögen der Gäubahnbrücke. Sie waren lange ein inoffizielles Wahrzeichen des Viertels. Wir spazieren geradeaus weiter und erreichen wieder den Ausgangspunkt am Nordbahnhof.

Wissenswertes

Die **Wagenhallen**, eine Oase der Subkultur und Avantgarde, konnten sich im lange kaum zugänglichen Gleisdreieck ungestört entfalten. Zuvor reparierte und wartete man in den einstigen königlichen Reparaturhallen von 1885/95 Lokomotiven und Waggons, zuletzt auch Busse. Auf dem Gelände westlich der Wagenhallen entstand 2012 im Rahmen des Architekturfestivals »72 Hours Urban Action« die Projektfläche Stadtacker. Das Gelände schien lange durch das Bahnprojekt S21 in seiner Existenz bedroht. Inzwischen wurden die alten Hallen auch hinsichtlich des Brandschutzes saniert, wodurch der improvisierte Charme jedoch etwas verloren ging.

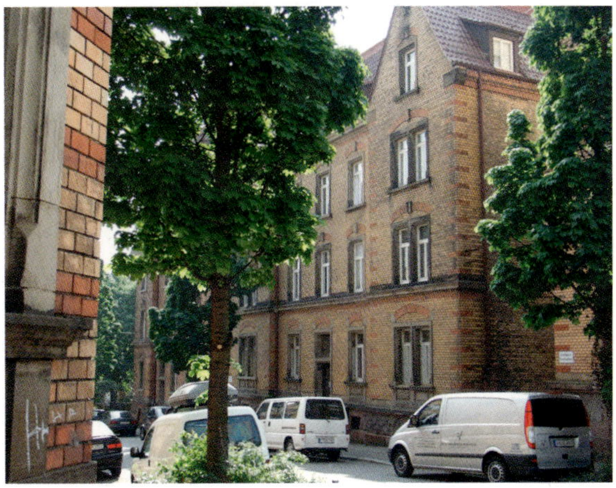

Eisenbahnbauten am Kulturboulevard

Linke Seite: Eliszis Jahrmarktstheater und Killesbergturm im Höhenpark Killesberg

17 Durchs Birkendörfle zum Bismarckturm

Wohnparadiese mit Traumblick am Gähkopf

Leicht | 5,5 km | 151 Hm/114 Hm | 1.30 Std

Wegecharakter
Überwiegend Asphalt

Ausgangspunkt
Stadtbahnhaltestelle Stadtbibliothek (U5, U6, U7)

Endpunkt
Stadtbahnhaltestelle Pragfriedhof (U5, U6, U7)

Einkehrmöglichkeit
Lamber in der Helfferichstraße

Diese Wanderung führt von der Stadtbibliothek über das heimelige Birkendörfle und schöne Halbhöhenlagen hoch zum Aussichtsparadies am Bismarckturm. Von dort kommen wir über den Bonatzweg und die Fraunhoferstraße zum Pragfriedhof.

Grandiose Aussichtspunkte Die Tour beginnt an der Stadtbahnhaltestelle Stadtbibliothek in der Heilbronner Straße. Wir folgen der Türlenstraße bergauf und kommen am Bürgerhospital vorbei. Am Tunzhofer Platz gehen wir nach links in die Mönchhaldenstraße und folgen dieser bis zu einem Fußweg oberhalb des Eisenbahntunnels, der uns links hoch zum **Birkendörfle** führt. 1910 entstand hier eine Kolonie von Stadthäusern im »heimatlichen Stil« mit Holzschindeln, geschnitzten Balken und Walmdächern und man fühlt sich plötzlich wie im Kurviertel von Bad Wildbad im Schwarzwald. Oben in der Birkenwaldstraße halten wir uns rechts und spazieren gegenüber vom auffälligen Gebäude Nr. 100 mit Rostfassade nach links in die Helfferichstraße, die wir ganz durchgehen. Wir spazieren durch die kleine Geschäftsstraße mit Café geradeaus weiter in die Schottstraße und

Aufstieg zum Birkendörfle

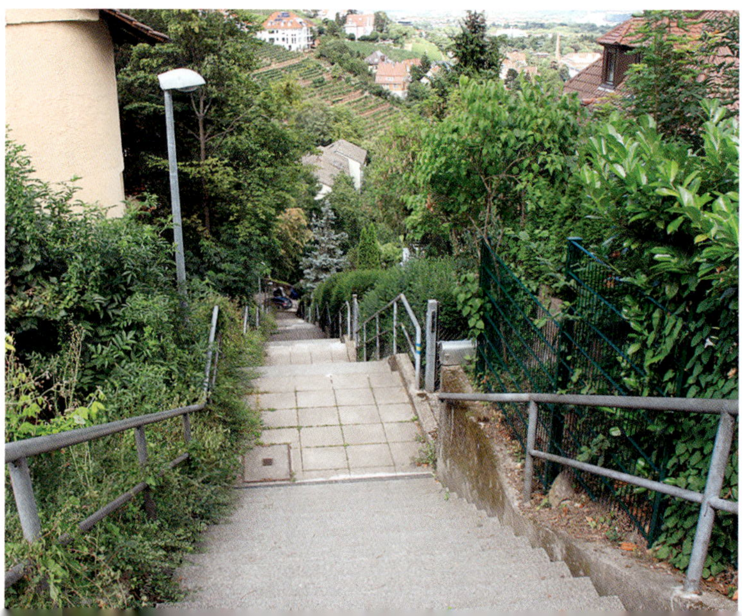

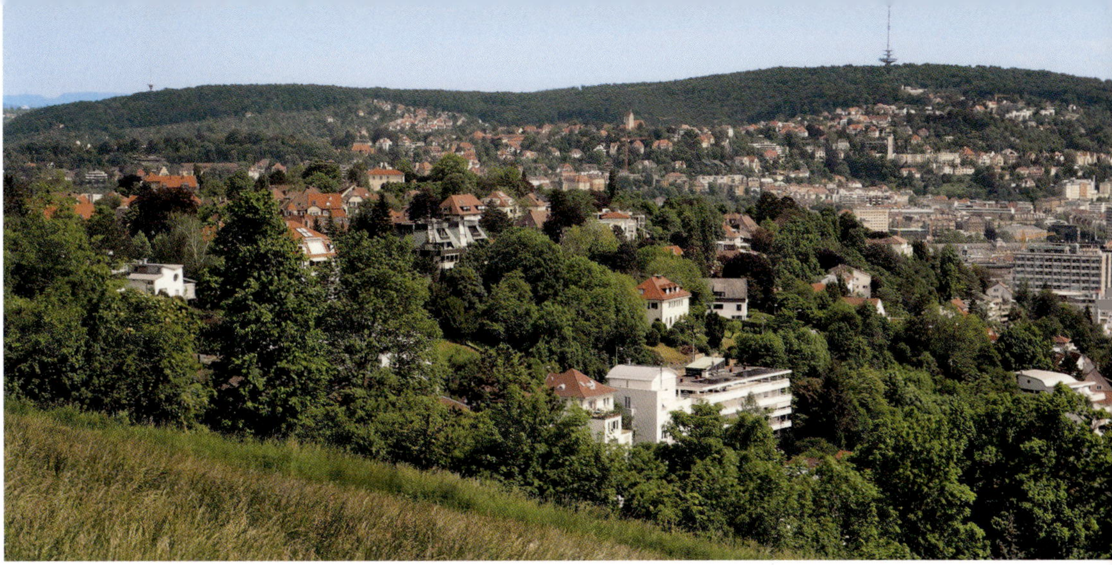

Blick vom Gähkopf zum Frauenberg und Bopser

wenden uns dort nach rechts. Entlang der mondänen Schottstraße bieten sich uns viele schöne Ausblicke auf die City. Wir erreichen den Aussichtsweg Gähkopf, folgen ihm rechts hoch und biegen oben nach links in die Robert-Bosch-Straße. Auch hier dominieren Stadtvillen mit herrlichem Stadtblick und schöne Gärten das Bild.

Nach Haus Nr. 65 spazieren wir den Panoramaweg rechts hoch auf den Gähkopf mit dem **Bismarckturm**. Hier oben liegt uns die Stadt buchstäblich zu Füßen, ein wunderbarer Ausblick! Wir queren nun die Straße Am Bismarckturm und kommen auf einem Fußweg in den Bonatzweg, in dem wir uns rechts halten. Auf dieser Seite des Gähkopfs blicken wir auch auf die nördlichen Stadtgebiete mit dem **Grünen Heiner**, gut erkennbar am Windrad und dem Feuerbacher Lemberg. Je weiter wir dem Bonatzweg folgen, desto mehr sehen wir vom **Höhenpark Killesberg** mit seinem neuen Aussichtsturm und am Horizont drängen sich die Weinberge von Rems- und Neckartal ins Bild.

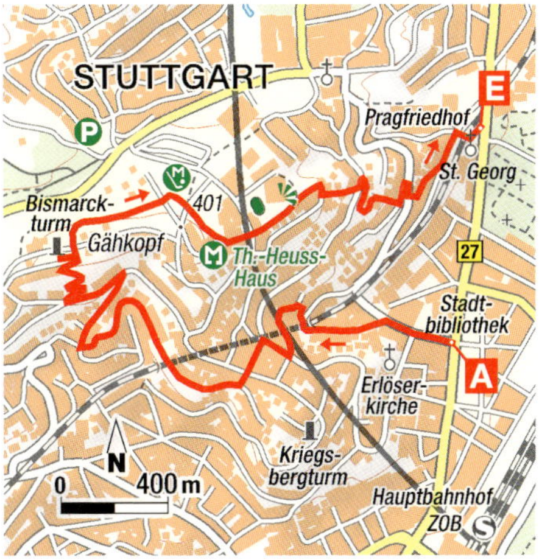

Stadtgeschichte und große Namen

Wir queren den Feuerbacher Weg und der Bonatzweg schwenkt nun zwischen den groß angelegten Eidechsen-Habitaten nach rechts. Bald sehen wir rechts die **Villa Porsche**, wo Ferdinand Porsche in der Garage die ersten Prototypen des KdF-Wagens entwickelte, des späteren VW Käfers. Gleich daneben steht das ehemalige **Wohnhaus von Theodor Heuss**, heute ein interessantes Museum über das Leben und Wirken des

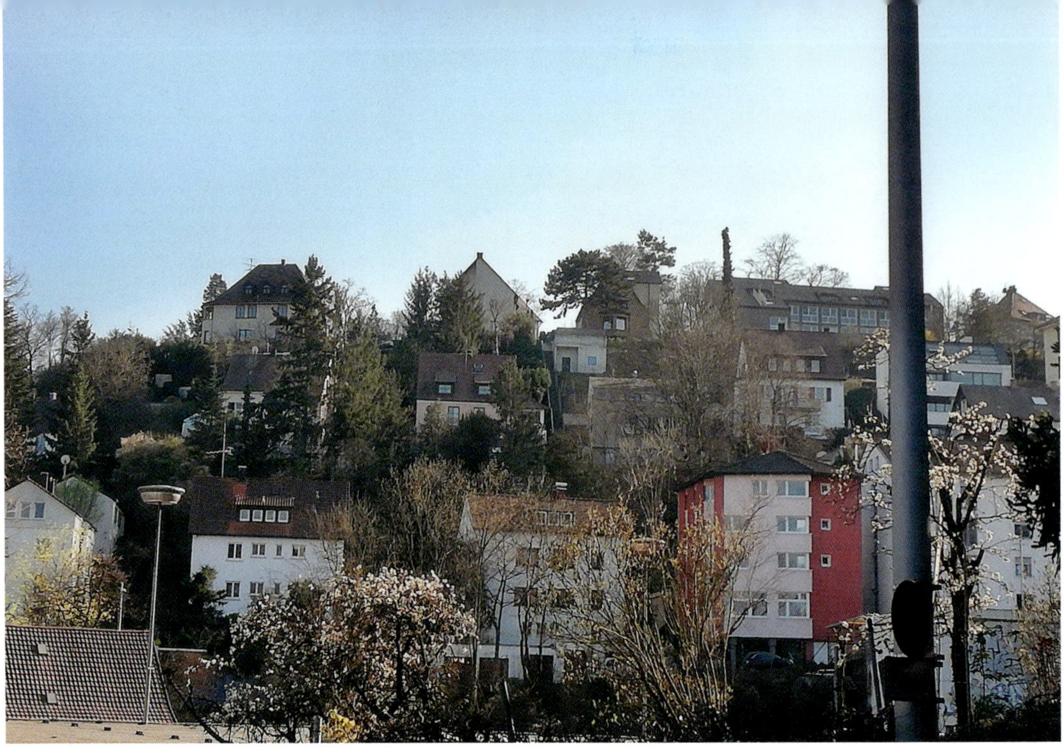

Wohnviertel an der Frühlingshalde

Rechte Seite: Stuttgarter Bismarckturm

ersten Bundespräsidenten. Wir sind nun im Albrecht-Dürer-Weg und spazieren diesen nach links weiter. Am Ende des Wegs biegen wir kurz nach rechts in die Hermann-Kurz-Straße ein und wandern nach Haus Nr. 48 links runter in die Birkenwaldstraße. Auf der anderen Straßenseite geht's ein paar Schritte links und dann auf einem Sträßchen nach rechts, mit schönen Ausblicken hinunter durch ein altes Weinberggebiet. Über die Fraunhofer Straße und die Rebhalde kommen wir in die Robert-Mayer-Straße. Wir halten uns kurz rechts und wandern bei Haus Nr. 50 den Weg zur Frühlingshalde hinunter. Diese lauschige Wohnstraße bringt uns in die Mönchhaldenstraße, die wir in gleicher Richtung bis zur Einmündung des Eckhartshaldenwegs weitergehen. Dort biegen wir rechts ab, spazieren über die Gleise der Gäubahn und kommen zur katholischen **Kirche St. Georg**.

Der wuchtige Bau wurde 1929 bis 1930 vom Architekten Hugo Schlösser erbaut. Die Kirche ist ein monumentales Gesamtkunstwerk der neuen Sachlichkeit und eine Besichtigung wert. Wir gehen kurz nach links, unterqueren die Heilbronner Straße und erreichen die Stadtbahnhaltestelle Pragfriedhof, wo diese Tour endet. Der sich östlich anschließende, 1873 eröffnete **Pragfriedhof** ist mit seinen vielen Prominentengräbern und dem in ungewöhnlichen Formen des Jugendstils errichteten Krematorium ein einzigartiges Zeitdokument und lohnt ebenfalls einen Besuch.

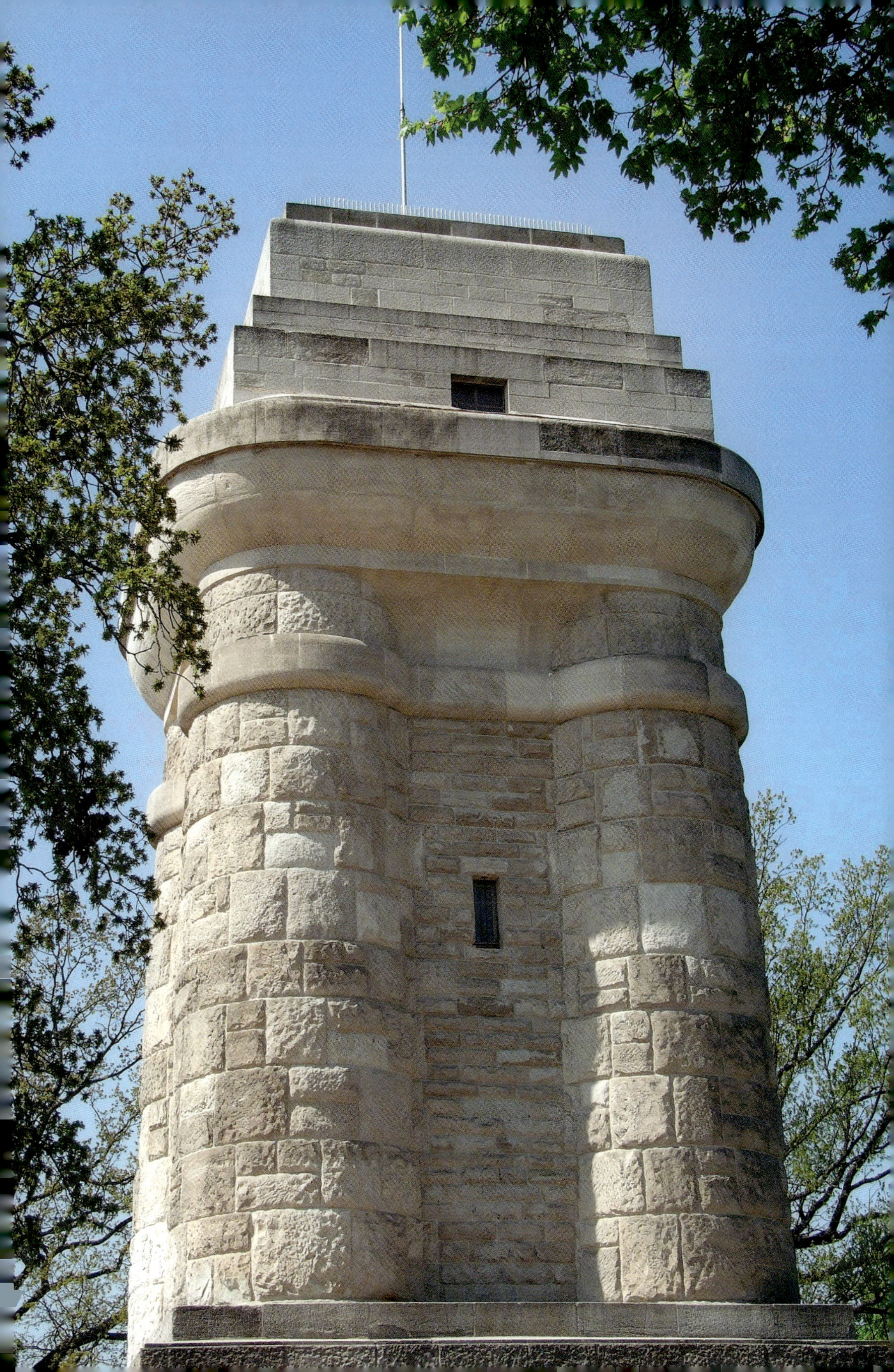

18 In und um Zuffenhausen

Vorstadtcharme und Porschetempel

Leicht | 5,2 km | 38 Hm/22 Hm | 1.30 Std

Wegecharakter
Überwiegend Asphalt

Ausgangspunkt
S-Bahnhaltestelle Zuffenhausen (S4, S5, S6, S60)

Endpunkt
Stadtbahnhaltestelle Zuffenhausen Rathaus (U15)

VVS
Man kann diese Tour an der S-Bahnstation Neuwirtshaus beenden und mit der S-Bahn zurückfahren.

Einkehrmöglichkeit
Café Siegel an der Kreuzung Unterländer Straße/Besigheimer Straße, Gastronomie im Porsche Museum, Ristorante Franca e Franco in der Marconistraße

Diese Rundwanderung ist voller interessanter Eindrücke: zuerst der alte Ortskern Zuffenhausens, dann gründerzeitliche Arbeiterbezirke sowie die Porsche-Werke mit dem Porsche Museum und schließlich die schönen Nobelwohngebiete am Stadtpark von Zuffenhausen.

Erster Stopp Johanneskirche Wir beginnen diese Tour an der Stadtbahnhaltestelle Zuffenhausen Rathaus und spazieren über den Emil-Schuler-Platz durch die Hohenloher und die Marbacher Straße in die Zehnthofstraße. In der Fußgängerzone spürt man noch etwas von der Beschaulichkeit des Zuffenhäuser »Fleckens«. Alte Weingärtner- und Bauernhäuser säumen mit der Zehntscheuer die Straße und dahinter drängt sich der hübsche Turm der **Johanneskirche** ins Bild. Die alte Dorfkirche hieß bis 1901 noch St.-Hippolytus-Kirche und stammt aus dem 13. Jahrhundert. Nach der teilweisen Zerstörung im Zweiten Weltkrieg wurde sie äußerlich wieder original aufgebaut.

Abstecher zum Feuerbach Am Gästehaus Wenninger vorbei spazieren wir rechts in die Bottwarstraße. Das Haus Bottwarstraße Nr. 16 war das Hauptgebäude des Esslinger Spitalhofs und stammt noch aus dem 14. Jahrhundert. Bald geht's links weiter durch die Spitalstraße bis zur Bachaue des Feuerbachs. Vor dem Bach halten wir uns links und umwandern die große **Zuffenhäuser Mühle**, die einst dem Kloster Bebenhausen gehörte. Rechts fließt der rekultivierte **Feuerbach**. Er verkam im 19. Jahrhundert immer mehr zu einem stinkenden Industriekanal und wurde auf langer Strecke verdolt. Seither wurde viel investiert, um ihn in einigen Abschnitten zu rekultivieren. Nun gehen wir durch die Steinheimer und die Marbacher Straße im Bogen zurück zur Johanneskirche. In der Ilsfelder Straße wandern wir nach rechts und halten uns in der Ludwigsburger Straße links. Nun geht's über den stark befahrenen Emil-Schuler-Platz und wir kommen in die Unterländer Straße.

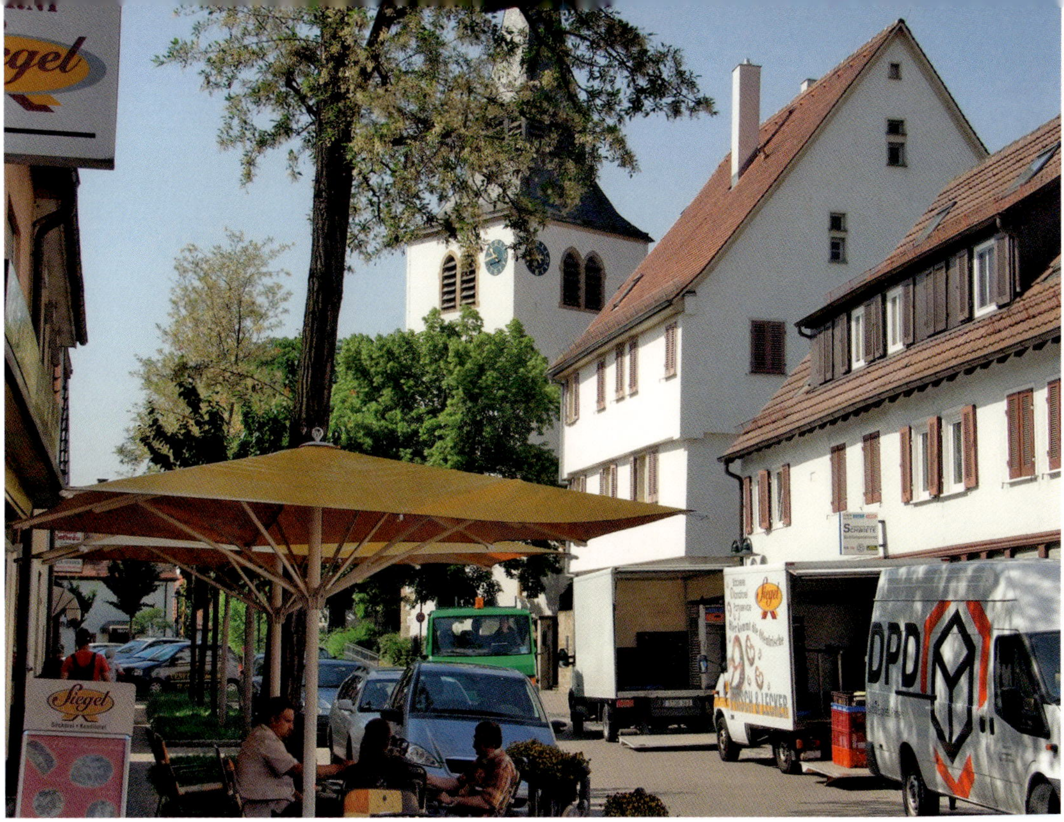

Heimelig: Zuffenhäuser Flecken mit der Johanneskirche

Zu den Prachtbauten Zuffenhausens Die quirlige Hauptgeschäftsstraße Zuffenhausens hat neben Ladengeschäften auch architektonisch einiges zu bieten. Auf der linken Seite ragt der hohe Turm der 1903 von Heinrich Dolmetsch erbauten **Pauluskirche** selbstbewusst als neue Stadtkirche in den Himmel. Interessante Jugendstildetails lassen sich am Giebel des 1912 gebauten Haus Nr. 33 entdecken und das 1914 erbaute Haus Nr. 37 verleiht der Straße einen Hauch von Freudenstädter Schwarzwaldromantik. In der Besigheimer Straße gehen wir nach rechts bis zur Markgröninger Straße mit der St.-Antonius-Kirche von 1902.

Wir wandern nun nach links, vorbei an der Rosenschule, und kommen über die Brackenheimer Straße links hoch in die Lothringer Straße. Hier säumen einige prächtige alte Stadtvillen wie die 1914 erbaute **Villa Praxmaier** (Nr. 4) oder die 1911 entstandene **Villa Schaefer** (Nr. 5) die Straße.

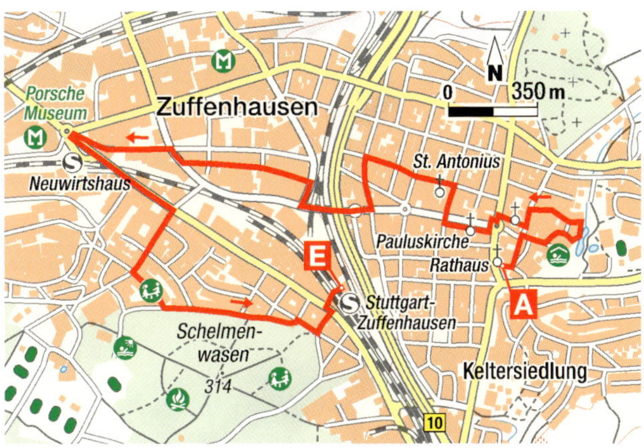

Industrielles Erbe und Gegenwart An der nächsten Kreuzung biegen wir in die Unterländer Straße rechts ein und unterqueren den Bahnlinienstrang. Jenseits davon zeigt Zuffenhausen ein anderes Gesicht. Industriehallen aus den 1960er- und 1970er-Jahren flankieren die Zahn-Nopper-Straße, und damit es jetzt nicht zu trist wird, spazieren wir die Stammheimer Straße kurz nach rechts und biegen am Café Imigrante in die Rütlistraße ein. Diese Wohnstraße durchquert wie eine grüne Schneise das ausgedehnte Industriegebiet im Zuffenhäuser Westen.

Wir kommen in die Adlerstraße, gehen nach rechts und biegen bald links in die Schützenbühlstraße ein. Einzelne Arbeiterhäuser und kleinere Fabrikbauten prägen das Bild. Im Hintergrund werden die Industriegebäude jedoch rasch höher und bald baut sich eine eigenartige graue Wand vor uns auf. Das vom Wiener Architekt Delugan Meissl geplante neue **Porsche Museum** bildet seit seiner Fertigstellung 2009 das Herz der traditionsreichen Porsche AG und ist architektonisch ein absolutes Highlight im Stuttgarter Norden. Vor dem Museum fasziniert am Kreisverkehr Porscheplatz die ganz in weiß gehaltene Skulptur »Inspiration 911« des englischen Künstlers Gerryx Judah: Drei 24 Meter hohe Stelen

Faszinierende Konstruktion: Porsche Museum

Wissenswertes

Zuffenhausen war lange ein kleines Weingärtner- und Bauerndorf. Dies änderte sich, als die Bahnstrecke Stuttgart–Ludwigsburg gebaut wurde und Zuffenhausen 1846 einen Bahnhof bekam. Immer mehr Fabriken siedelten sich an und auf den Feldern entstand eine Wohnstraße nach der anderen. 1907 wurde Zuffenhausen in Anwesenheit des Königs feierlich zur Stadt erhoben. Mit dem Aufschwung war's nach dem Ersten Weltkrieg erst mal vorbei und wirtschaftliche Engpässe zwangen die Stadt, sich 1931 an Stuttgart anzugliedern. Besonders Ferdinand Porsche machte durch die Wahl seines Stammsitzes diesen Stadtteil weit über die Grenzen Stuttgarts bekannt, ebenso Prominente wie der hier geborene Joachim »Blacky« Fuchsberger.

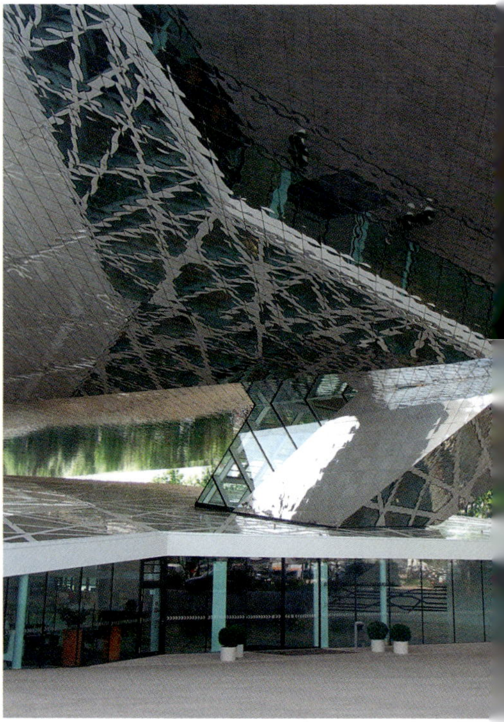

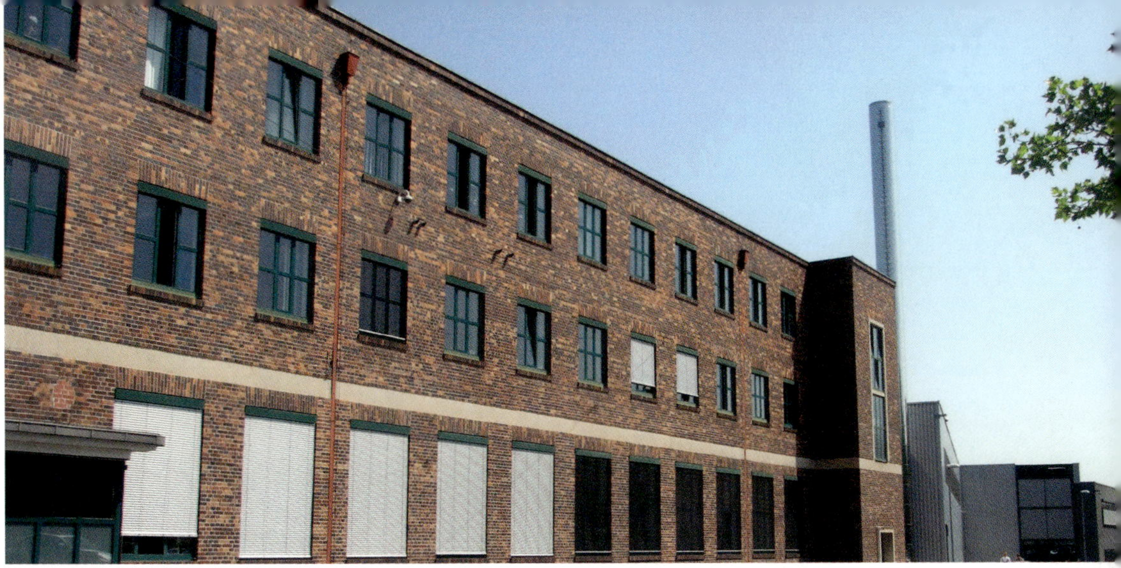

Porsche-Werke Zuffenhausen

ragen in den Himmel, und an ihren Enden sind Original-Sportwagen des Modells Porsche 911 befestigt. In den umliegenden Fabrikhallen entstand 1938 der Prototyp des VW-Käfers und seit 1950 rollen hier die Sportwagen mit dem Porsche-Wappen vom Band. Die inzwischen legendären 911er werden hier seit 1963 produziert. Das Museum ist außer montags täglich geöffnet.

Zurück zum Bahnhof Zuffenhausen Wer hier die Tour abschließen möchte, fährt von der S-Bahnstation Neuwirtshaus zurück zum Ausgangspunkt Zuffenhausen. Will man gerne mehr von Zuffenhausen entdecken, spaziert man hingegen jenseits der Gleise die Waldheimstraße nach links und folgt der Schwieberdinger Straße bis zur Marconistraße. Wir gehen beim Ristorante Franca e Franco nach rechts und wandern die schöne Wohnstraße mit hübschen Wohnhäusern aus der Zeit um 1900 leicht bergauf. Weiter oben, die Domizile werden immer eleganter, folgen wir der Hellmut-Hirth-Straße nach links. Große Gärten und elegante Villen prägen hier die Gegend um den Zuffenhäuser Stadtpark. An der nächsten Kreuzung geht's nach links durch die Straße Am Stadtpark weiter. Ab der Reisstraße führt unser Weg an einer kleinen Villenkolonie aus der vorletzten Jahrhundertwende vorbei und wir kommen über die Franklinstraße und die Ohmstraße wieder hinunter zur Schwieberdinger Straße. Dort geht's kurz nach links. Wir queren die Durchgangsstraße und erreichen über die Bessemerstraße die S-Bahnhaltestelle Zuffenhausen, den Endpunkt dieser Tour. Wer zu Fuß zum Ausgangspunkt zurückwandern möchte, spaziert die Straßburger Straße in östlicher Richtung weiter und hält sich in der Ludwigsburger Straße links.

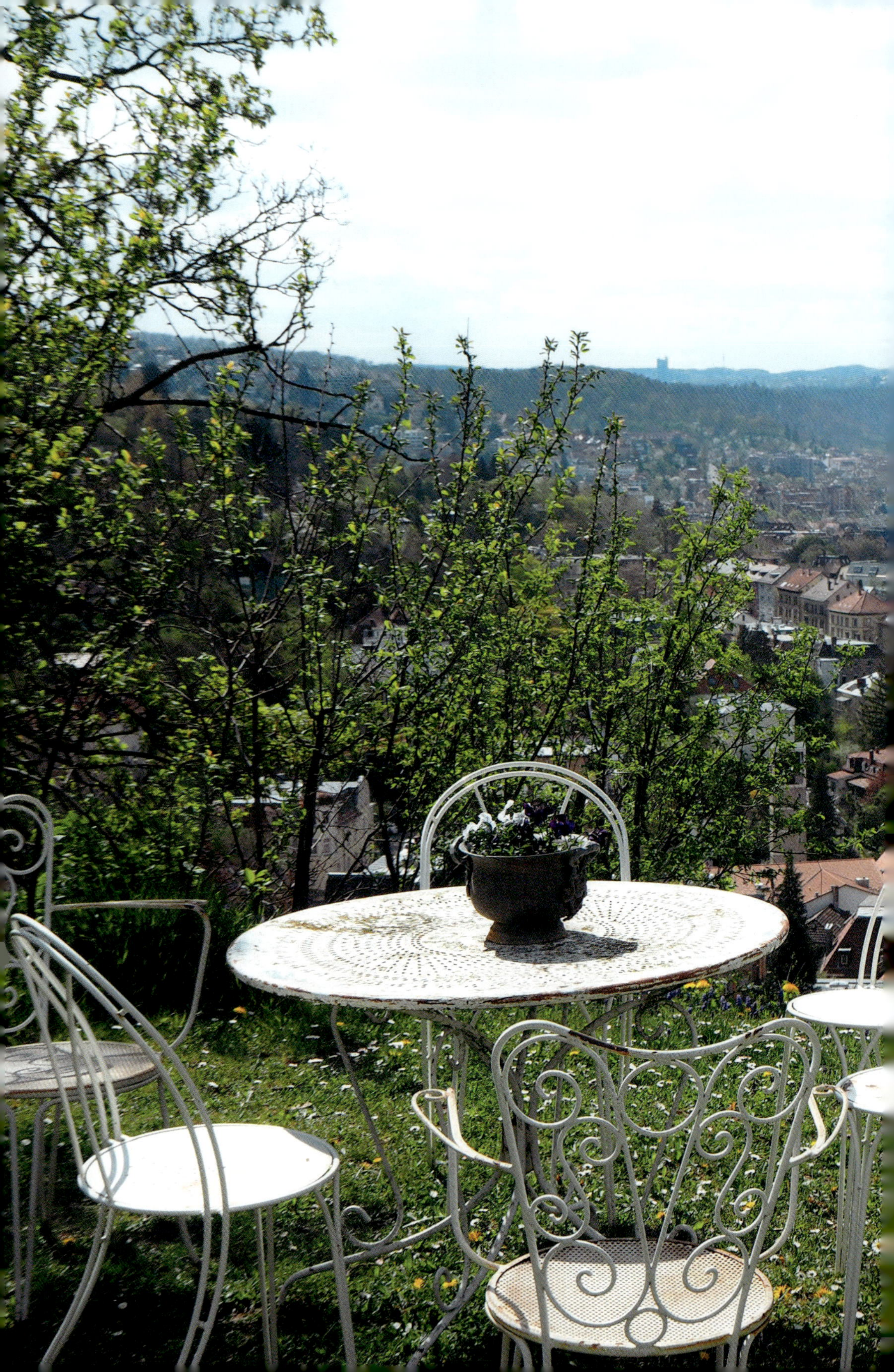

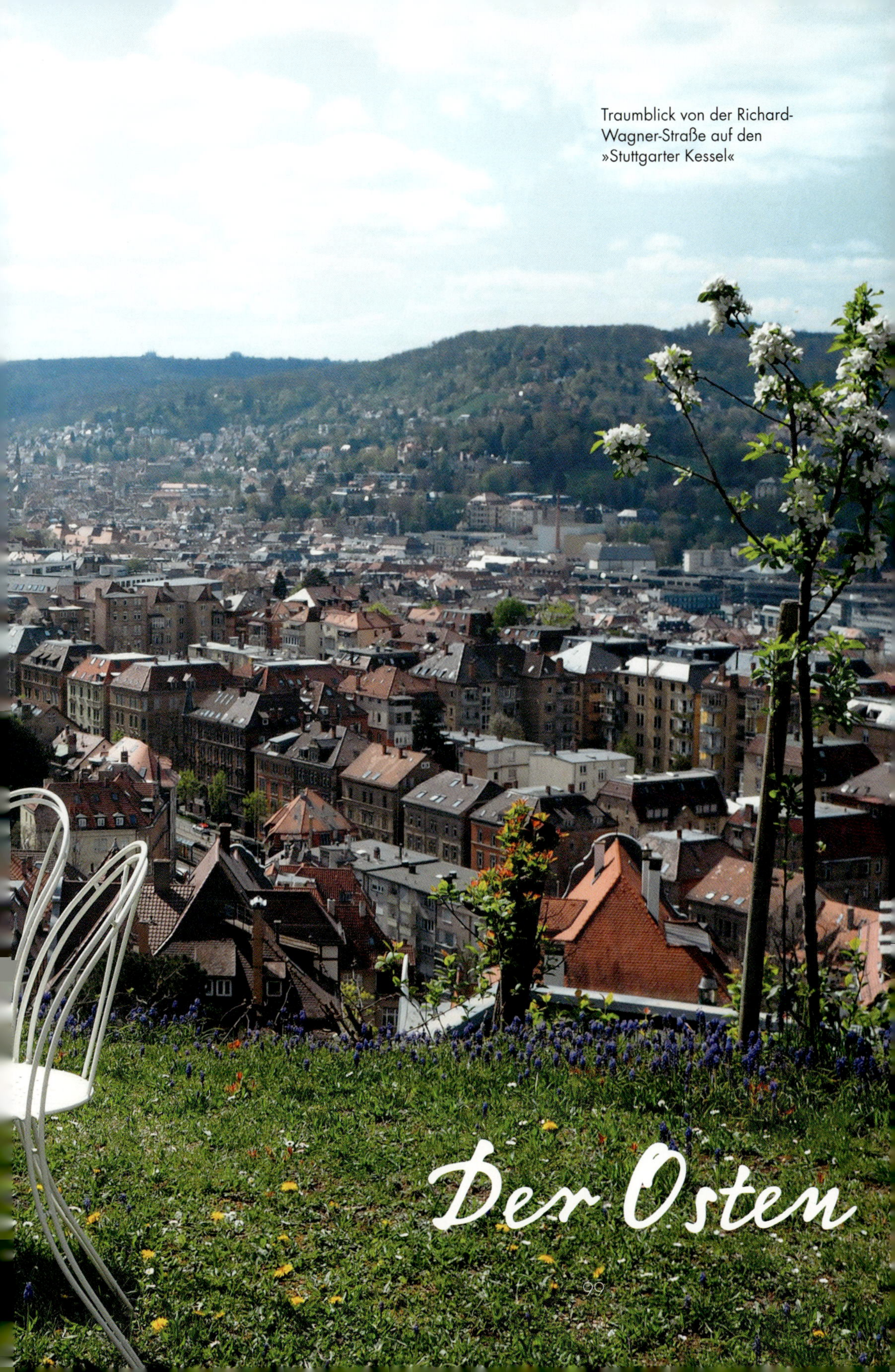

Traumblick von der Richard-Wagner-Straße auf den »Stuttgarter Kessel«

Der Osten

19 Von Cannstatt übers Römerkastell zum Pragsattel

Reiterkaserne, Weinberge und Weitblick

Leicht	6,4 km	138 Hm/59 Hm	2 Std.

Wegecharakter
Überwiegend Asphalt

Ausgangspunkt
Stadtbahnhaltestelle Rosensteinbrücke (U13, U14)

Endpunkt
Stadtbahnhaltestelle Pragsattel (Mercedes-Benz Bank) (U6, U7, U13, U15, U16)

Einkehrmöglichkeit
Pilum im Römerkastell, Gaststätte Frei weg, Vereinsheim des Musikervereins Bad Cannstatt am Hallschlag

Diese Wanderung führt uns zur ehemaligen Dragonerkaserne und den Weinbergen im Nordosten der Stadt und wir durchstreifen ein interessantes und geschichtsträchtiges Stadtviertel der Landeshauptstadt.

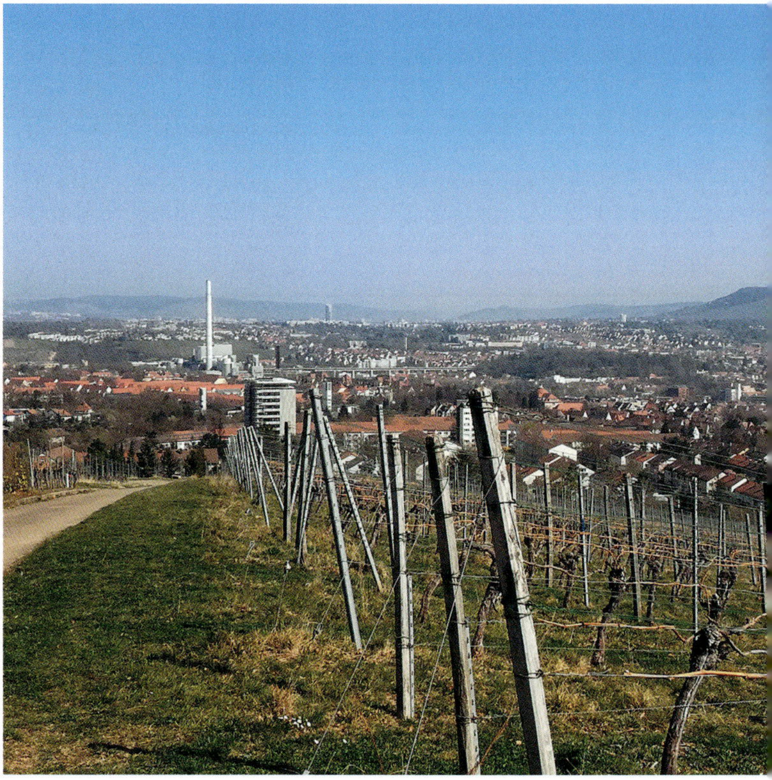

Weinberge am Wolfersberg

Zu Reiterkaserne und Römerkastell Wir beginnen diese Tour an der Stadtbahnstation Rosensteinbrücke und wandern über den Wilhelmaplatz in nordöstlicher Richtung durch die Duisburger Straße. Ursprünglich verlief hier die Stadtmauer von Bad Cannstatt und die katholische Kirche **St. Martin** stammt im Kern noch aus dem Mittelalter. Nach starken Zerstörungen 1944 wurde sie nach dem Krieg bis auf noch erhaltene Mauerfragmente neu aufgebaut. Der alte Arbeiterbezirk ist sonst erstaunlich gut erhalten geblieben. In der Rosenaustraße geht's nach links und jenseits der Altenburger Steige wandern wir die Altenburger Staffel hoch zur ehemaligen **Reiterkaserne**. Der gewaltige Komplex, den König Wilhelm II. 1908 für seine königlichen Dragoner erbauen ließ, ist heute das Medien- und Wohnzentrum **Römerkastell**. Der Name spielt auf das römische Kastell an, das hier ausgegraben wurde. Wir wandern durch die Rommelstraße zwischen ehemaligen Offiziersvillen und Kasernengebäuden weiter und haben oberhalb der Weinberge interessante Ausblicke auf Bad Cannstatt, seine Industrieanlagen und das Müllverbrennungswerk Münster.

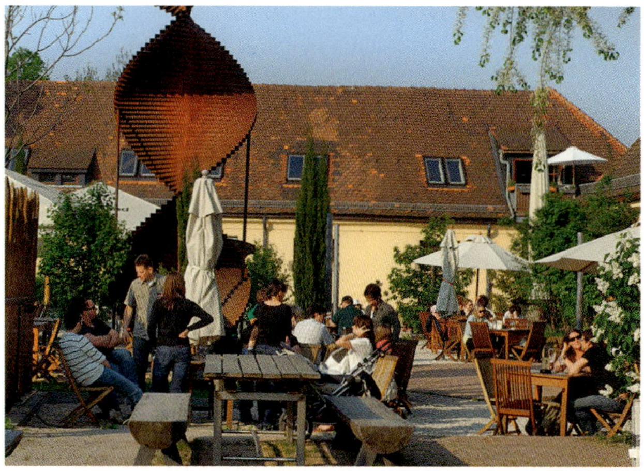

Gastronomie im Römerkastell

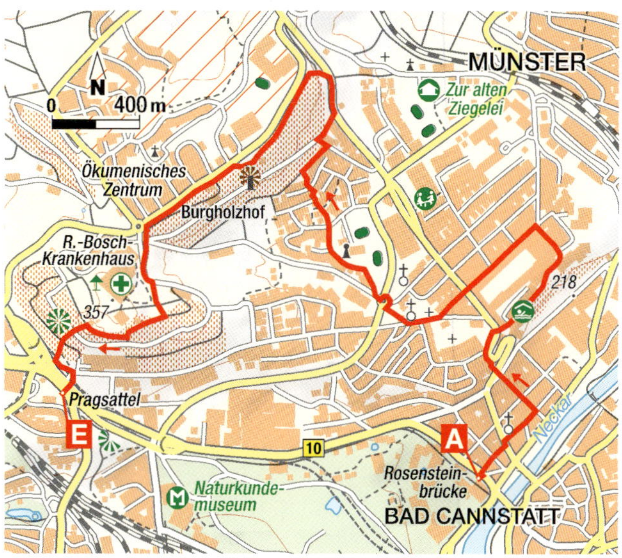

Zwischen Hallschlag und Weinbergen

In der Naststraße halten wir uns links und biegen oben wiederum nach links in die Straße Am Römerkastell ein. Auf der rechten Straßenseite beginnt das Wohnviertel **Hallschlag**, das lange als sozialer Brennpunkt bekannt war. Nach Querung der Hallschlagstraße biegen wir am Ende der Straße in den Sparrhärmlingweg rechts ein. Links erstreckt sich der alte **Steigfriedhof**. Auf der rechten Seite liegt der kleine **israelitische Friedhof** mit dem Grab von Jette Koch, der Großmutter Albert Einsteins. Einsteins Mutter Pauline Koch wurde in der Cannstatter Badstraße geboren und sie heiratete 1876 in Cannstatt Hermann Einstein.

Wir spazieren nun den Weg Im Rot hoch, queren am Kreisverkehr die Löwentorstraße und folgen kurz dem Sigmund-Lindauer-Weg. Dann gehen wir in den Emil-Kiemlen-Weg. An der Ecke gibt es

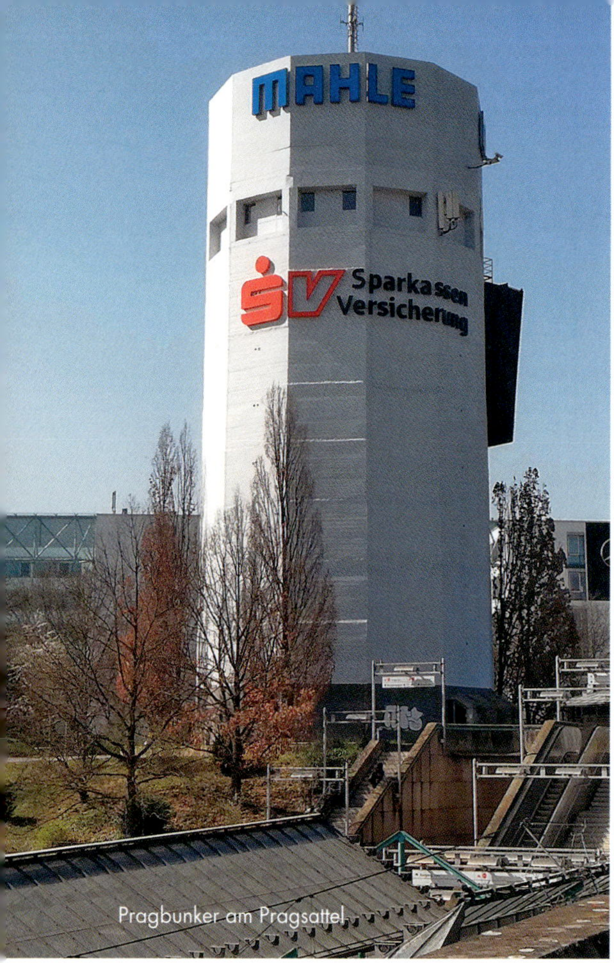

Pragbunker am Pragsattel

Wissenswertes

Am **Aussichtspunkt** oberhalb der Weinberge stand schon in frühester Zeit eine Kirche des verschwundenen Ortes Altenburg. Sie war die Urkirche dieses Neckarabschnitts und wurde um 1511 in die Cannstatter Vorstadt versetzt und dort als St. Martin neu aufgebaut. Dieser Neckarhang gehört seit der Römerzeit zu den am frühesten besiedelten Gebieten auf der Stuttgarter Gemarkung. Um 746 n. Chr. kam es hier oben zum Cannstatter Blutgericht, als der fränkische Herrscher Karlmann die alemannische Führungsschicht ermorden ließ und somit endgültig die Macht über die Alemannen übernahm.

im **Frei Weg** die Möglichkeit zu einer Einkehr. Am Ende des Emil-Kiemlen-Wegs wandern wir auf der anderen Seite der Mahlestraße auf einem Fußweg mit schöner Aussicht hoch in die Erwin-Hageloh-Straße. Wir queren die Straße, folgen oberhalb einem Feldweg nach rechts bis zum Daiberweg, den wir erst links und dann rechts hochgehen. Auf der Straße Im Wolfersberg spazieren wir nach links und steigen am Ende der Weinberge den Fußweg links hoch bis zum Panoramaweg unterhalb der Auerbachstraße. Wir wandern nach links und genießen oberhalb der Weinberge eine wunderbare **Aussicht** auf Stuttgart, Bad Cannstatt und das Neckartal. Dahinter sehen wir die Weinberge von Neckar- und Remstal.

Am Polizeipräsidium vorbei zum Pragsattel zurück Vor dem Komplex des neuen **Robert-Bosch-Krankenhauses** steigen wir den Fußweg links hinunter und folgen dem Rössleweg bis zum Fußweg »Pragsattel–Robert-Bosch-Krankenhaus«. Hier steigen wir die Staffeln beim alten Robert-Bosch-Krankenhaus zur Hahnemannstraße hinunter. Sie erinnert noch daran, dass das von Robert Bosch gestiftete RBK ursprünglich eine rein homöopathisch ausgerichtete Klinik war, denn der Unternehmer war ein überzeugter Homöopath. Heute ist hier das Polizeipräsidium Stuttgart untergebracht und im östlichen Trakt befindet sich das interessante **Stuttgarter Polizeimuseum**. Wir queren die Heilbronner Straße und gehen zur Stadtbahnhaltestelle Pragsattel (Mercedes-Benz Bank), wo diese Tour endet.

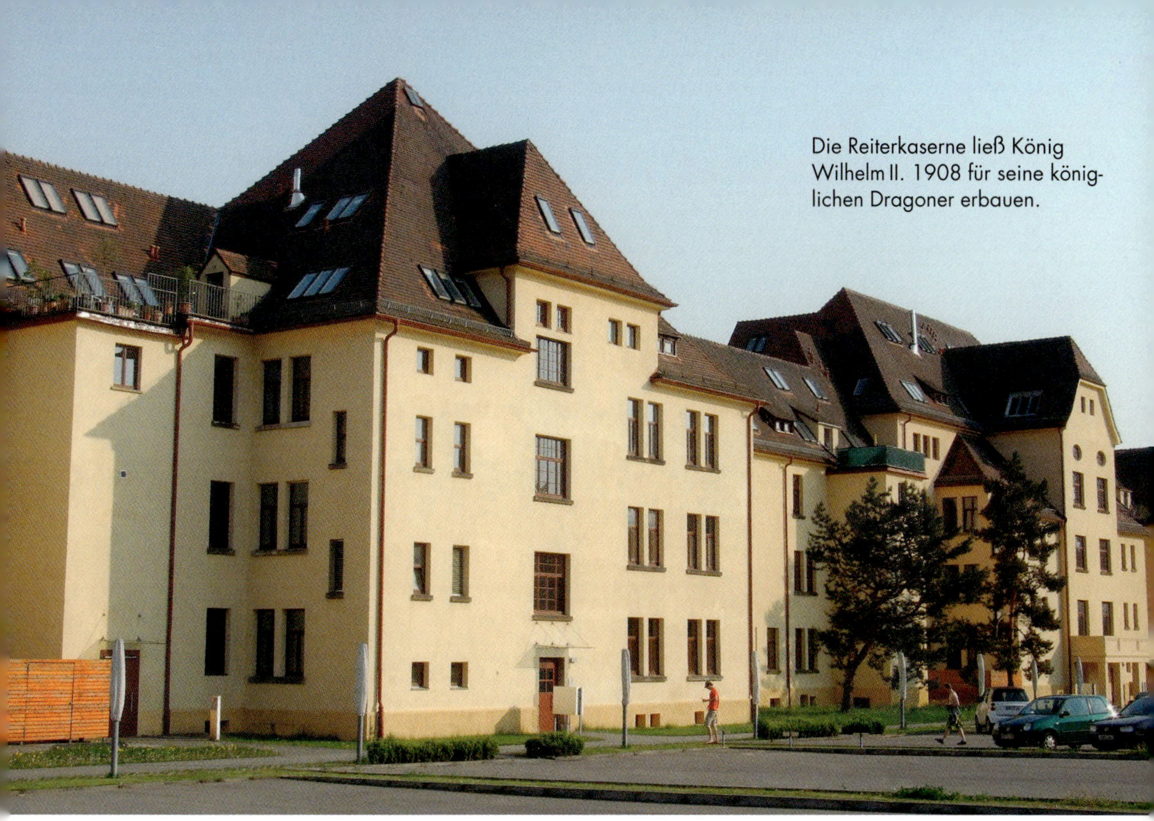

Die Reiterkaserne ließ König Wilhelm II. 1908 für seine königlichen Dragoner erbauen.

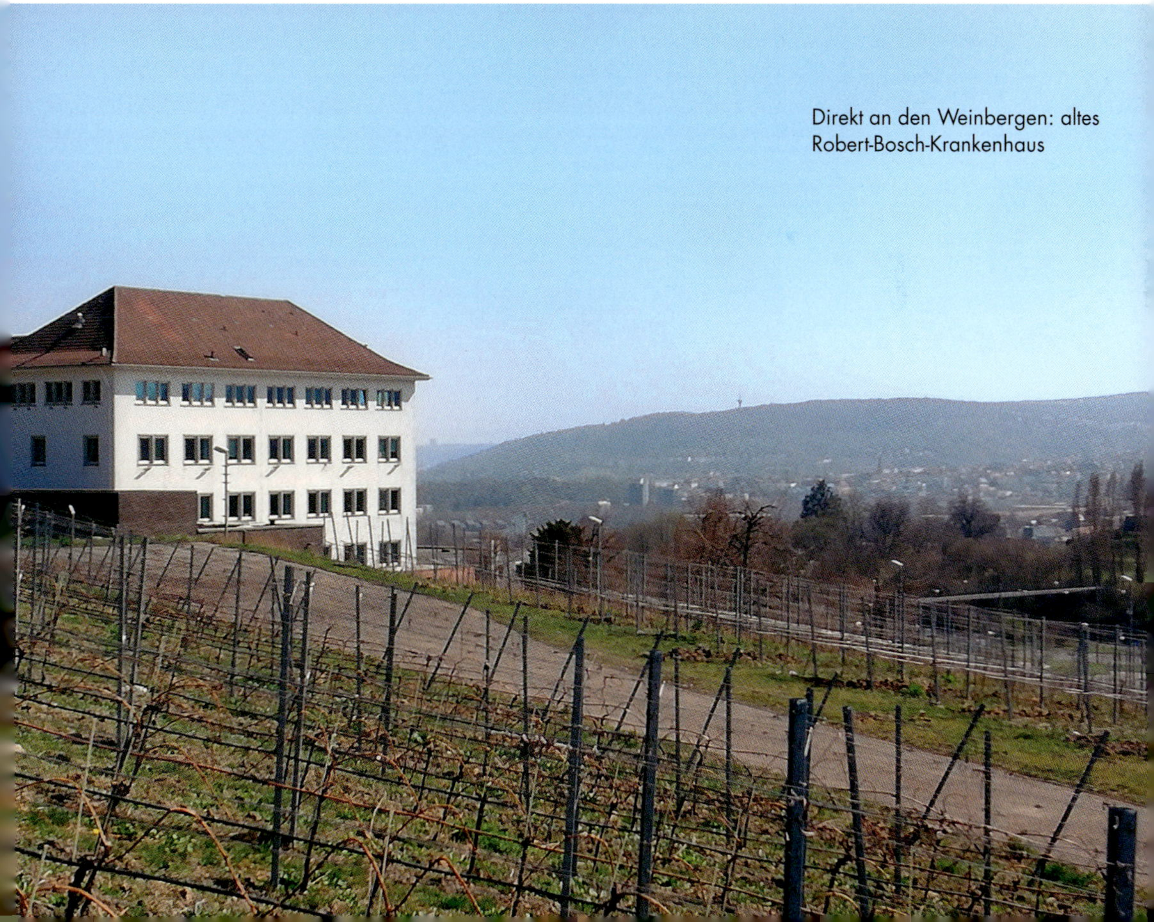

Direkt an den Weinbergen: altes Robert-Bosch-Krankenhaus

20 Vom Augsburger Platz zur König-Karl-Brücke

Bad Cannstatt mit seinen Kuranlagen und der mittelalterlichen Altstadt

Bei dieser Tour unternehmen wir einen Streifzug durch die prächtigen Alleen, Kurpromenaden und Altstadtgassen der alten Kur- und Bäderstadt Bad Cannstatt.

Leicht | 3,4 km | 2 Hm/24 Hm | 1 Std.

Wegecharakter
Überwiegend Asphalt

Ausgangspunkt
Stadtbahnhaltestelle Augsburger Platz (U1, U16)

Endpunkt
Stadtbahnhaltestelle Mercedesstraße (U1, U2, U11)

Einkehrmöglichkeit
Lokale und Cafés in der Bad Cannstatter Altstadt (besonders in der Küblergasse), Café Tratsch in der Marktstraße

Vom Augsburger Platz zum Kurpark Startpunkt ist der **Augsburger Platz** mit der gleichnamigen Stadtbahnhaltestelle. Wir gehen zuerst durch die als Fußweg in Form einer kleinen Platanenallee angelegte Dennerstraße Richtung Süden und biegen in die Rippoldsauer Straße rechts ein. Nach einigen Jugendstilhäusern aus der Zeit um 1910 überqueren wir die Taubenheimer Straße und erreichen einen kleinen Platz, auf dem Abgüsse von Teilen eines Mammuts zu sehen sind. Um 1700 hatte man hier rund 60 Mammut-Stoßzähne und das Schädelfragment eines eiszeitlichen Menschen gefunden. Wir spazieren nun links in einem Bogen um die **Liebfrauenkirche** in die Wildunger Straße. Dieses im Stil normannischer Kathedralen gehaltene katholische Gotteshaus entstand um 1908 nach Plänen des Architekten Joseph

Verwinkelt: Cannstatter Altstadt

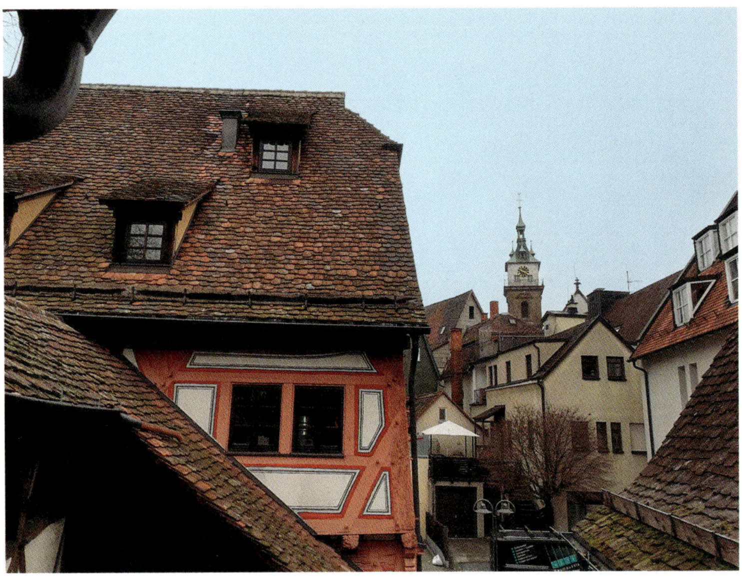

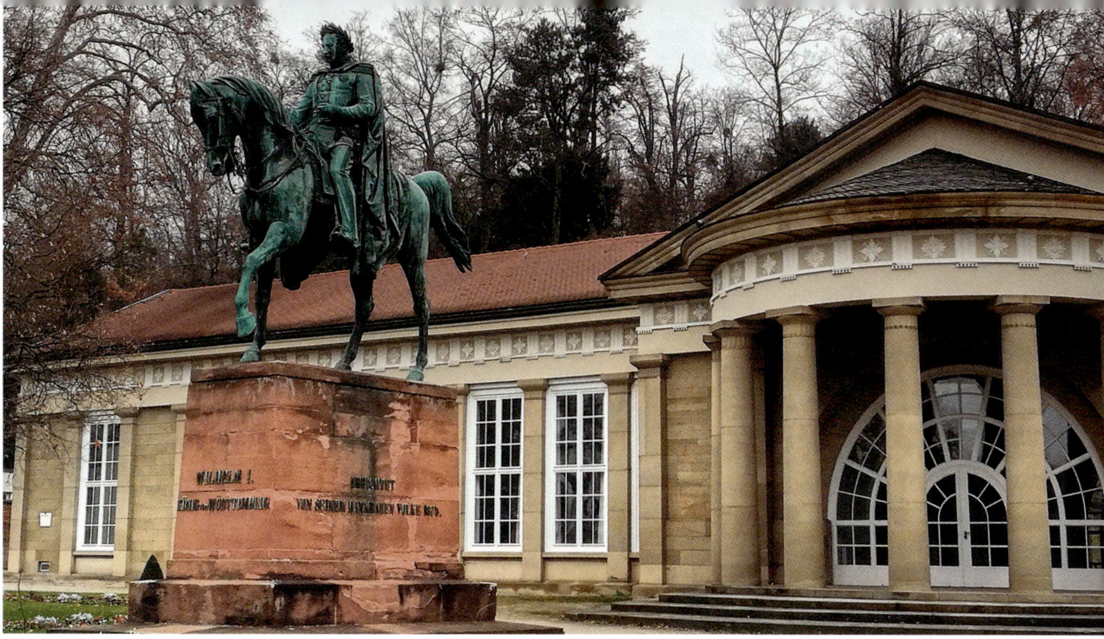

Cades. Gleich nach dem katholischen Gemeindezentrum gehen wir nach rechts in den **Uff-Kirchhof**. Mit seinen vielen historischen Grabmälern wie beispielsweise von Gottlieb Daimler und Wilhelm Maybach ist er einer der schönsten Friedhöfe Stuttgarts. Auf der Nordseite des Friedhofs angekommen, queren wir die Waiblinger Straße, spazieren kurz nach links und folgen dann der alleeartigen Martin-Luther-Straße nach rechts Richtung **Kurpark**. Dort stoßen wir auf die alten Kuranlagen am Königsplatz mit dem Reiterstandbild König Wilhelms I. Wir halten uns links und folgen der König-Karl-Straße Richtung Westen. An vielen Stellen sehen wir noch schöne Altbauten aus den vornehmen Zeiten der Kur- und Bäderstadt. Am schönen Daimlerplatz folgen wir der Liebenzeller Straße nach rechts, queren die Wilhelmstraße und kommen über die gegenüberliegende Spreuergasse in die Cannstatter Altstadt.

Traditionsreich: Kursaal Bad Cannstatt

Bummel durch die Altstadt Wir gehen nach links in die Sulzbachgasse mit ein paar schönen Fachwerkhäusern. Nach wenigen Metern erreichen wir die Kreuzung mit der Kübler- und der Lammgasse. Links, in der Küblergasse, gibt es seit der Stadtsanierung nette kleine Geschäfte, Cafés und Weinstuben, sodass sich ein Abstecher lohnt. Wir gehen nun weiter nach rechts durch die Lammgasse bis zur Brunnenstraße. In der Brunnenstraße sehen wir links hinter dem mit Mineralwasser gespeisten

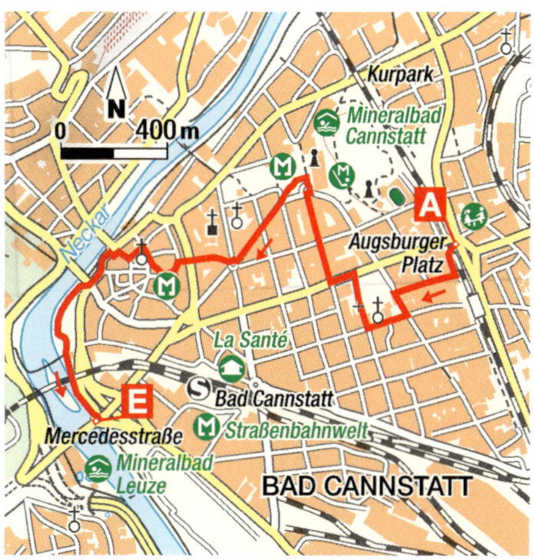

Polizeibrunnen die **evangelische Stadtkirche**. Sie wurde 1460 bis 1471 von Alberlin Jörg als dreischiffige spätgotische Hallenkirche erbaut und der Turm 1612 bis 1613 durch Heinrich Schickhardt erweitert. Rechts (Nr. 7) steht das **Alte Spital** von 1545. Nach einigen Umbauten waren hier u. a. eine jüdische Religionsschule und ein »Volkscafé« untergebracht.

Wir folgen der Straße nach links bis zur Marktstraße. Hier gibt es weitere alte Fachwerkhäuser aus den unterschiedlichsten Epochen. Ein besonderes Schmuckstück steht direkt neben der Kir-

Wissenswertes

Bereits in römischer Zeit war **Cannstatt** ein bedeutender Ort und wurde 708 als »Condistat« erstmals urkundlich erwähnt. Um 1330 wurde er zur Stadt erhoben. Anfang des 19. Jahrhunderts entwickelte Cannstatt sich zu einem weltberühmten Badekurort, in dem selbst Kaiser und Könige Heilung suchten. 1905 kam Cannstatt zu Stuttgart und erhielt 1933 den Titel »Bad«.

Bad Cannstatts Mineralquellen mit täglich 22 Millionen Litern Schüttung gehören zu den ergiebigsten Westeuropas und bereits die Römer nutzten das Wasser für ihre Badethermen. 1825 beauftragte König Wilhelm I. von Württemberg seinen Hofbaumeister Nikolaus von Thouret mit dem Bau des großen Kursaals am Königsplatz mit Säulenvorbau und Trinkhalle, der rasch zum Mittelpunkt des neuen Badeortes wurde. Nach wahren Höhenflügen erlebte das mondäne Cannstatter Badeleben durch die Industrialisierung im 19. Jahrhundert einen Niedergang.

Cannstatt liegt im Stuttgarter Osten, wodurch die Luftqualität durch immer neue Fabrikschlote zunehmend schlechter wurde. Immer mehr Badegäste blieben aus und Cannstatt entwickelte sich zur Industriestadt. Eine neue Synagoge für die bald bis zu 500 Personen umfassende jüdische Gemeinde wurde 1876 in Cannstatt erbaut. Jüdische Unternehmer trugen wesentlich zur Industrialisierung der Stadt bei, die Bettfedernfabrik Straus & Cie war um 1900 die größte Bettfedernfabrik der Welt.

Die Anfänge der industriellen Entwicklung kann man sogar im Kurpark noch erkennen. Oberhalb vom Kursaal steht die Gottlieb-Daimler-Gedenkstätte (Taubenheimstraße 13A). Das kleine Museum ist einzigartig und unbedingt einen Besuch wert (Mo & an Feiertagen geschlossen). Gottlieb Daimler betrieb dort in seinem Gartenhaus ab 1882 eine Versuchswerkstatt, wo er zusammen mit seinem Freund Wilhelm Maybach den ersten schnell laufenden Benzinmotor entwickelte. 1885 fuhr der Reitwagen von Gottlieb Daimler als erstes Motorrad der Welt durch Cannstatt, 1887 ließ er die erste motorisierte Straßenbahn der Welt zwischen Kursaal und Wilhelmsplatz verkehren und am 10. August 1888 erhob sich zum ersten Mal Daimlers motorisiertes Luftschiff von Cannstatt nach Kornwestheim.

Die Altstadt von Bad Cannstatt blieb im Gegensatz zur Stuttgarter Altstadt trotz mehrerer Luftangriffe im Zweiten Weltkrieg im Wesentlichen erhalten.

che: das **Cannstatter Rathaus** von 1491. Haben wir uns in der schönen Cannstatter Altstadt etwas umgesehen, spazieren wir die Marktstraße nach rechts bis zum gotischen Türbogen vom ehemaligen **Haus Kielbogen**. Am Thaddäus-Troll-Platz sehen wir links das vermutlich älteste Wohnhaus auf Stuttgarter Stadtgebiet: das Beginenhaus **Klösterle** mit Kapelle aus dem Jahr 1463. Der Abriss war in den 1970er-Jahren beschlossene Sache, konnte aber durch eine Bürgerinitiative verhindert werden. Gleich daneben befindet sich das **Cannstatter Stadtmuseum**. Der Eintritt ist frei und ein Besuch lohnt sich.

Wir queren die Badstraße und folgen dem Neckaruferweg nach links. Rechts vorbei am Rosensteinbunker spazieren wir durch den herrlich grünen Seilerwasen und nach der Strandbar Stadtstrand erreichen wir die König-Karl-Brücke. Dort tauchen wir ein in die spannende Unterwelt der Stuttgarter **Hall of Fame**: Hier dürfen sich Graffitikünstler nach Lust und Laune austoben. Zugucken ist erlaubt und es gibt hier jede Menge Kunstwerke zu bestaunen. Über die Treppen kommen wir hoch zur Stadtbahnhaltestelle Mercedesstraße, von der wir direkt zum Augsburger Platz zurückfahren können.

Wissenswertes

Am 28. September 1818 stiftete König Wilhelm I. an seinem Geburtstag das landwirtschaftliche Hauptfest auf dem Cannstatter Wasen mit Volksbelustigungen wie Pferderennen und Fischerstechen. Als Festsymbol wählte man die Fruchtsäule, da es auch als Erntedankfest gedacht war. Das berühmte **Cannstatter Volksfest** war geboren.

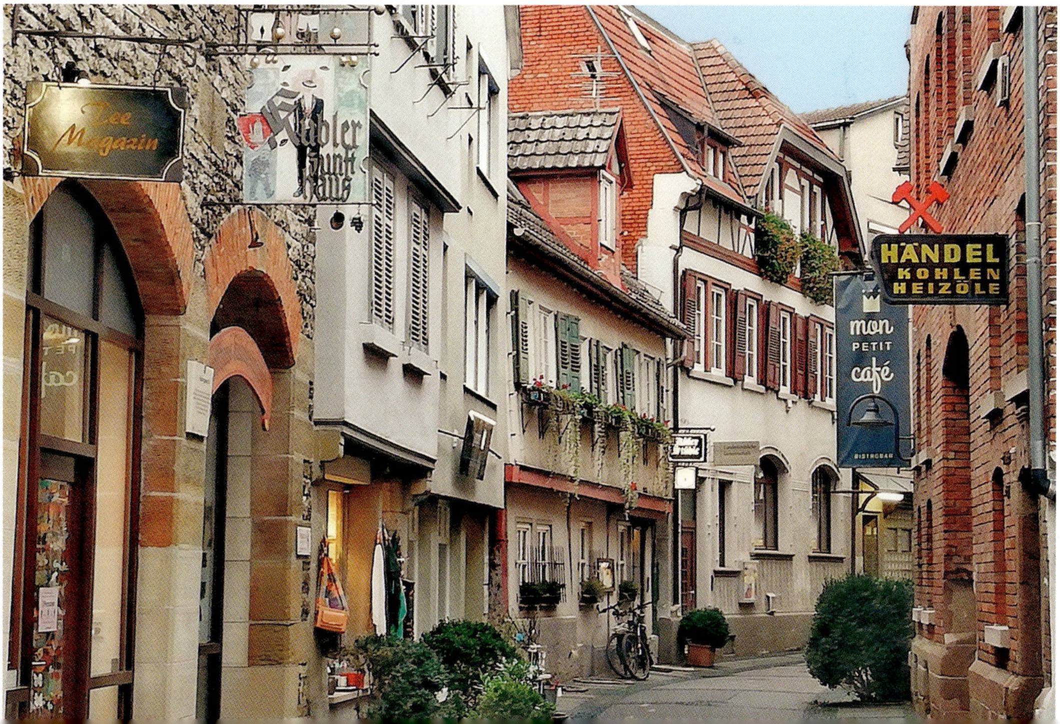

Bezaubernde Küblergasse

21 Vom Neckartor zum Schloss Rosenstein

Japangarten, Ostheim und Schlossgarten

Leicht | 7,3 km | 51 Hm/37 Hm | 2 Std.

Wegecharakter
Überwiegend Asphalt- und Schotterwege

Ausgangspunkt
Stadtbahnhaltestelle Neckartor (U1, U2, U4, U9, U11, U14)

Endpunkt
Stadtbahnhaltestelle Neckartor (U1, U2, U4, U9, U11, U14)

Einkehrmöglichkeit
Da Capo an der Merz-Akademie, Buschpilot im Park der Villa Berg, Thai Thaani beim Japangarten

Auf dieser Rundwanderung zeigen sich uns viele verborgene und bekannte Stuttgarter Highlights: Ostheim mit seiner prächtigen Schule und der heimeligen Arbeiterkolonie, die Villa Berg, der Japangarten, das Schloss Rosenstein und der Schlossgarten.

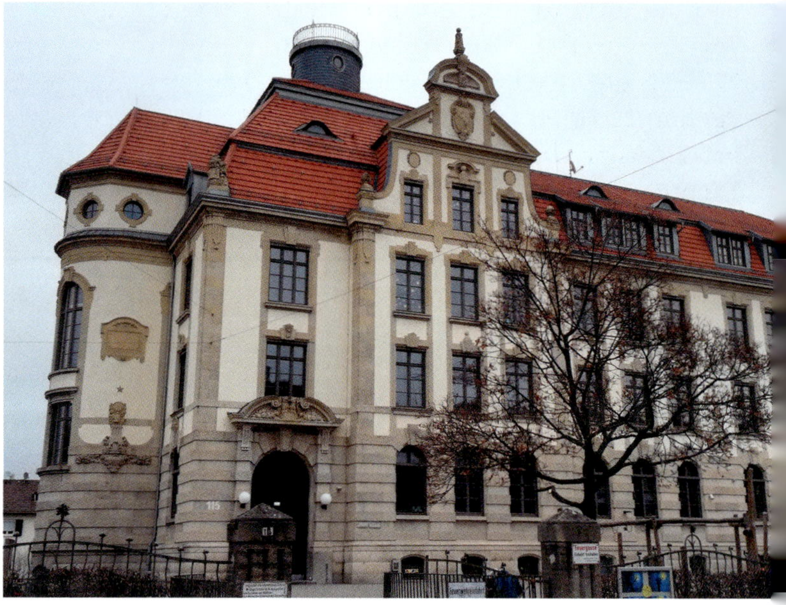

Feinstes Neobarock: Ostheimer Schule

Über den Friedensplatz zur Arbeiterkolonie Diese Tour beginnt an der Stadtbahnhaltestelle Neckartor. Wir verlassen den U-Bahnhof am südlichen Ausgang Richtung Kernerstraße und folgen der Schubartstraße bergauf. Nach kurzer Zeit erreichen wir den heimeligen **Friedensplatz** mit der **Friedenskirche**. Dieses Quartier mit seinen charmanten Altbauten und kleinen Geschäften strahlt noch das beschauliche Flair der Gründerzeit aus. Die Friedenskirche selbst hielt trotz ihres verheißungsvollen Namens dem letzten Krieg nicht stand. Von ihr steht nur noch der neoromanische Turm neben dem modernen Kirchenschiff,

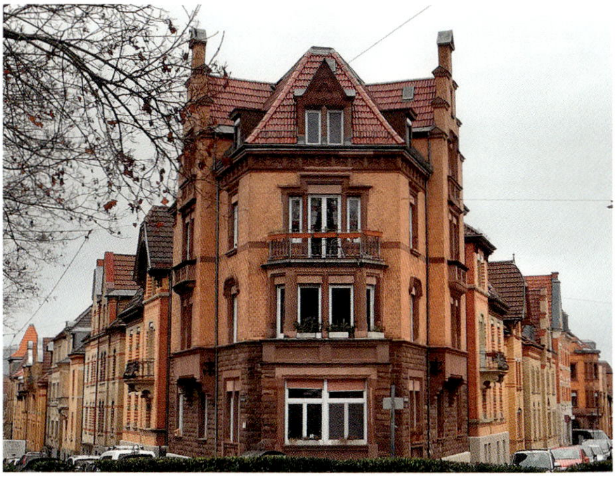

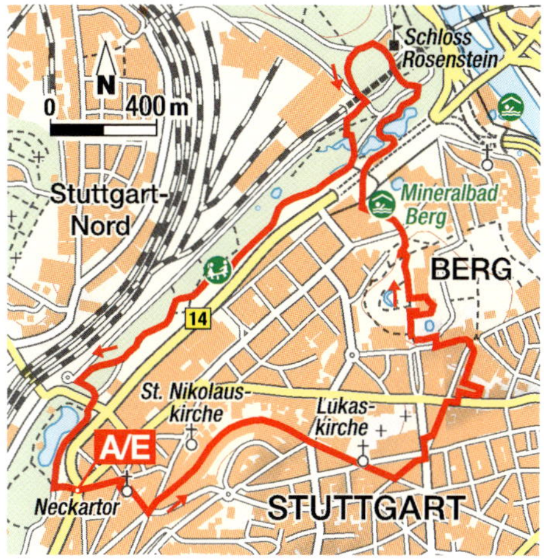

Einfach schön: Arbeiterkolonie Ostheim

sozusagen eine kleine Version der Berliner Kaiser-Wilhelm-Gedächtniskirche. Beide Kirchen wurden im selben Jahr in einem ähnlichen Stil erbaut und zur gleichen Zeit wieder zerstört. Wir spazieren um die Kirche herum und wandern die Staffeln auf der Rückseite hoch zur Landhausstraße. Wer Treppensteigen vermeiden möchte, folgt der Schubartstraße weiter bis zur Landhausstraße. Oben gehen wir nach links. An bürgerlichen Stadthäusern aus der Zeit um 1900 vorbei erreichen wir bald den neobarocken Prachtbau der **Ostheimer Schule**. Wir passieren die 1890/92 im Stil der norddeutschen Backsteingotik errichtete **Lukaskirche** und tauchen in die faszinierende Welt der **Arbeiterkolonie Ostheim** ein, die ab 1892 für Arbeiterfamilien gebaut wurde. Die schönen Backsteinhäuschen erinnern an niederdeutsche Städte und sind zum Glück gut erhalten geblieben.

Wissenswertes

Die **Villa Berg** wurde im Auftrag von Kronprinz Karl bis 1853 nach Plänen von Chr. Fr. Leins als Sommerresidenz auf dem Höllschen Brühl im Stil der italienischen Hochrenaissance errichtet. Vermutlich brachte der Aufenthalt im dicht bebauten Stuttgarter Osten während der heißen Sommermonate nicht die erhoffte Abkühlung, jedenfalls wurde die Anlage 1912 an die Stadt verkauft. Im Krieg brannte die prachtvolle Villa aus und wurde danach äußerlich bis auf die Dachaufbauten im alten Stil wiederhergestellt. Auch der pittoreske Nymphenbrunnen auf der Ostseite ist noch da. Das Innere entstand zweckmäßig für die Belange des Süddeutschen Rundfunks. Die Parkanlagen gestaltete man in der Nachkriegszeit ebenfalls bis auf ein kleines Belvedere nach modernen Gesichtspunkten. Seit Abzug des SWR verkamen Villa und Park zu einem »lost place«. Dies soll sich jetzt ändern: Das ramponierte Schmuckstück wird als Ort der Kultur wiederauferstehen.

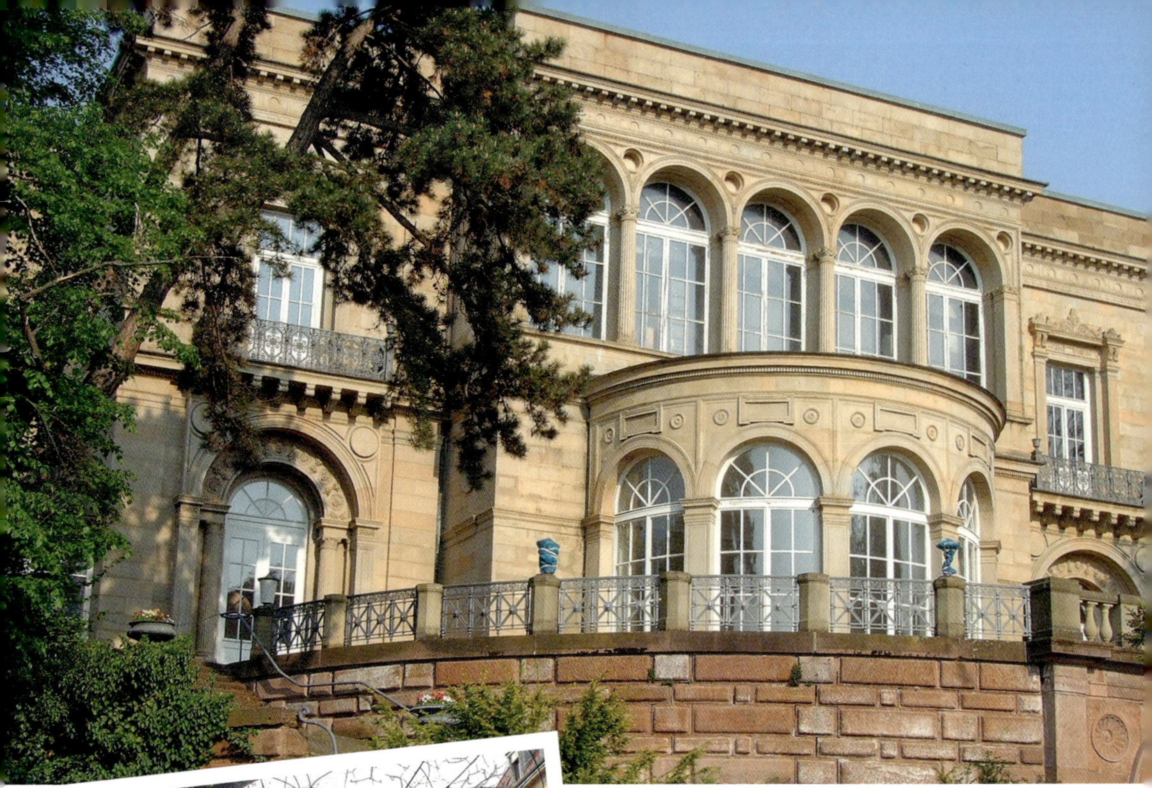

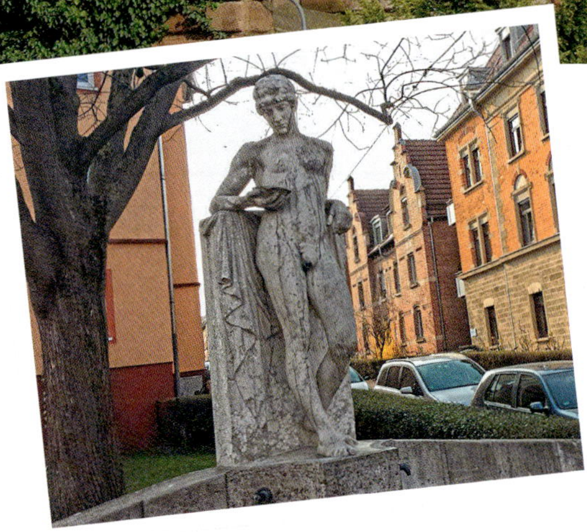

Oben: Italienische Hochrenaissance trifft »Stuggi« – Villa Berg

Darunter: Jünglingsbrunnen

Am **Jünglingsbrunnen** mit dem **Koloniedenkmal** folgen wir der Teckstraße hinunter zur Ostendstraße. Wir queren die Straße und die Stadtbahngleise und bleiben weiter auf der Teckstraße. Nach Querung der Hackstraße gehen wir ein paar Schritte nach rechts und biegen vor dem zweiten Gebäude gleich wieder links auf das Campusgelände der Merz Akademie und in den **Kulturpark Berg** ein, ein stimmungsvolles Campusgelände mit stilvollen Altbauten im Stil britischer Privatschulen. Die 1918 vom Reformpädagogen Albrecht Leo Merz gegründete Akademie ist eine staatlich anerkannte Hochschule für Gestaltung, Kunst und Medien. Am Restaurant Da Capo vorbei halten wir uns schließlich wieder links und kommen über die Teckstraße in die Sickstraße. Wir gehen erst nach links und wandern an der einmündenden Ostendstraße auf einem Fußweg rechts durch den Park hoch zur **Villa Berg**.

Durchs Grüne zum Schloss Rosenstein Nun geht's erst um die Villa herum und dann links von den ehemaligen Rundfunkgebäuden weiter Richtung Norden. Am Café-Restaurant **Buschpilot** vorbei, einer netten Einkehrmöglichkeit auf der Strecke, kommen wir unten zu einem Fußgängersteg, der uns zum kleinen **Japangarten** leitet. Der japanische Hausgarten war der Beitrag der Provinz Kanagawa zu den Nationengärten auf der Internationalen Gartenbauausstellung 1993. Er wurde anschließend hierherverlegt, als kleine Oase der Muße und Meditation. Wir wandern nun oberhalb vom **Mineralbad Berg** in den Schlossgarten. Dieser Teil des Stuttgarter »Grünen U« wurde im Rahmen der Bundesgartenschau 1977 als Bindeglied zwischen Mittlerem Schlossgarten, Rosensteinpark und dem Park der Villa Berg nach Überdeckelung der B14 neu angelegt. Wir spazieren zwischen den beiden Parkseen hindurch und dann auf einem der Wege rechts hoch zum **Schloss Rosenstein**.

Durch Rosensteinpark und Schlossgarten

Es geht nun weiter in südwestwestlicher Richtung durch den im 19. Jahrhundert von Oberhofgärtner Bosch als englischer Landschaftspark angelegten **Rosensteinpark** und wir kommen an prächtigen alten Bäumen vorbei. Viele stammen noch aus den Anfängen des Parks und bieten zahlreichen Vögeln, Fledermäusen und Insekten Lebensraum. Wieder unten an den Seen angelangt, schlendern wir auf einem der Parkwege durch den **Unteren Schlossgarten** Richtung Südwesten. Viele empfinden diesen Teil des Schlossgartens als den schönsten. Er ist für seine Hasenkolonie und die vielfältige Tier- und Pflanzenwelt bekannt. Reizvoll windet sich der **Nesenbach** hin und her durch den Park. Es handelt sich aber nicht um den ursprünglichen Nesenbach, denn der rauscht weiterhin durch die Kanalisation. Dieses Bächlein wird von lokalen Quellen gespeist.

Bald kommen wir über eine Brücke in den Mittleren Schlossgarten, wo wir am See mit dem Café am See NIL weiterwandern. Am südwestlichen Ende des Sees biegen wir nach links und erreichen wieder die Stadtbahnhaltestelle Neckartor.

Wissenswertes

Das **Schloss Rosenstein** wurde unter König Wilhelm I. von 1824 bis 1829 als Sommerresidenz erbaut. Der Hofbaumeister Giovanni Salucci wählte dafür die Form einer römischen Villa mit mehreren Innenhöfen. 1944 brannte es aus, seit dem Wiederaufbau beherbergt es das Naturkundemuseum. An der Außenfassade des Schlosses fallen besonders die Portiken ins Auge, auf deren Giebeln heroische Szenen aus der Antike dargestellt sind. Auf der Südostseite des Gebäudes schließt sich der verwunschene Rosengarten mit Säulengängen und Statuen an: im Sommer ein herrlicher Platz zum Chillen.

22 Vom Schlachthofviertel zur Gänsheide

Gaisburger Marsch und Bubenbad

Leicht | 4,3 km | 214 Hm/79 Hm | 1.30 Std.

Wegecharakter
Überwiegend Asphalt

Ausgangspunkt
Stadtbahnhaltestelle Schlachthof (U9)

Endpunkt
Bubenbad (Linie 15)

Einkehrmöglichkeit
Melanie's Backstüble in der Schurwaldstraße, Cuisin'le in Gablenberg, Wirtshaus Hasen an der Gablenberger Hauptstraße, Königsbäck an der Gablenberger Hauptstraße, Ilysia am Bubenbad

Diese Tour führt uns durch die ganze Bandbreite einer urbanen Stadtlandschaft: vom alten Quartier der Kleinhandwerker und Schlachthofarbeiter bis zu den feinen Höhen von Stuttgarts gutbürgerlicher Wohnstube.

Vom Industriegebiet ins Dorfidyll Diese Tour beginnt an der Stadtbahnstation Schlachthof im Stuttgarter Osten. Wie der Name schon erahnen lässt, handelt es sich hier nicht gerade um ein Vorzeigeviertel von Stuttgart. Industriebauten, einfache Mietshäuser und Bierbeizen im Schatten des gigantischen Stuttgarter Gaskessels schaffen hier ein besonderes Milieu. Wir queren die Talstraße, halten uns erst rechts und spazieren die Treppenstufen der Hornbergstraße links hinauf zum **Gaisburger Ortszentrum**. Bald ändert sich das Bild: Alte Handwerker- und Weingärtnerhäuser strahlen noch eine dörfliche Idylle aus. Der durch das schwäbische Nationalgericht Gaisburger Marsch bekannte Stadtteil konnte trotz schwerer Luftangriffe im Zweiten Weltkrieg seinen Charakter einigermaßen bewahren.
In der Faberstraße sollte man einen kurzen Abstecher zur 1913 vom bekannten Stuttgarter Architekten Martin Elsässer erbauten

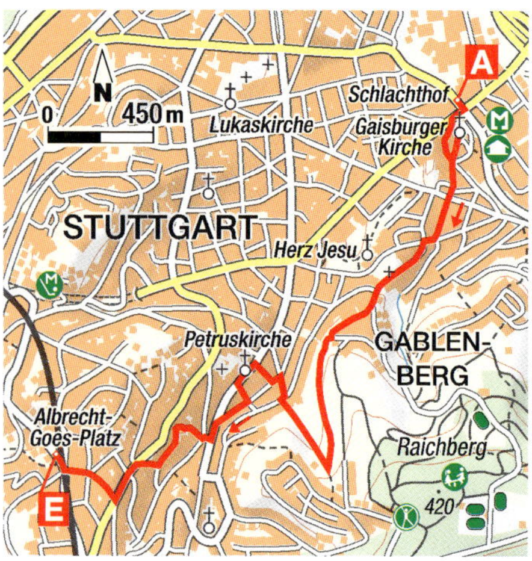

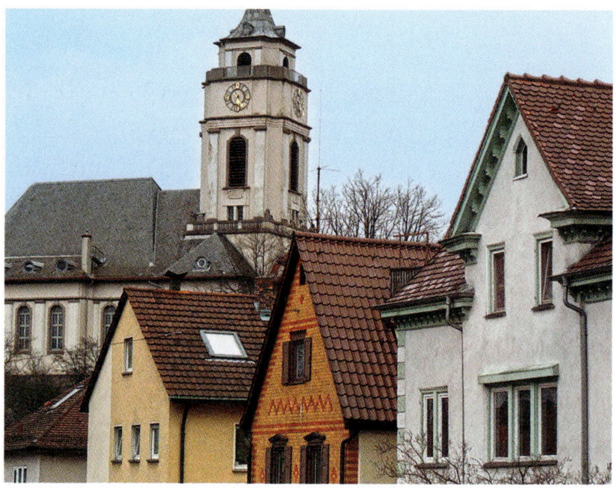

Blickfang: Gaisburger Kirche

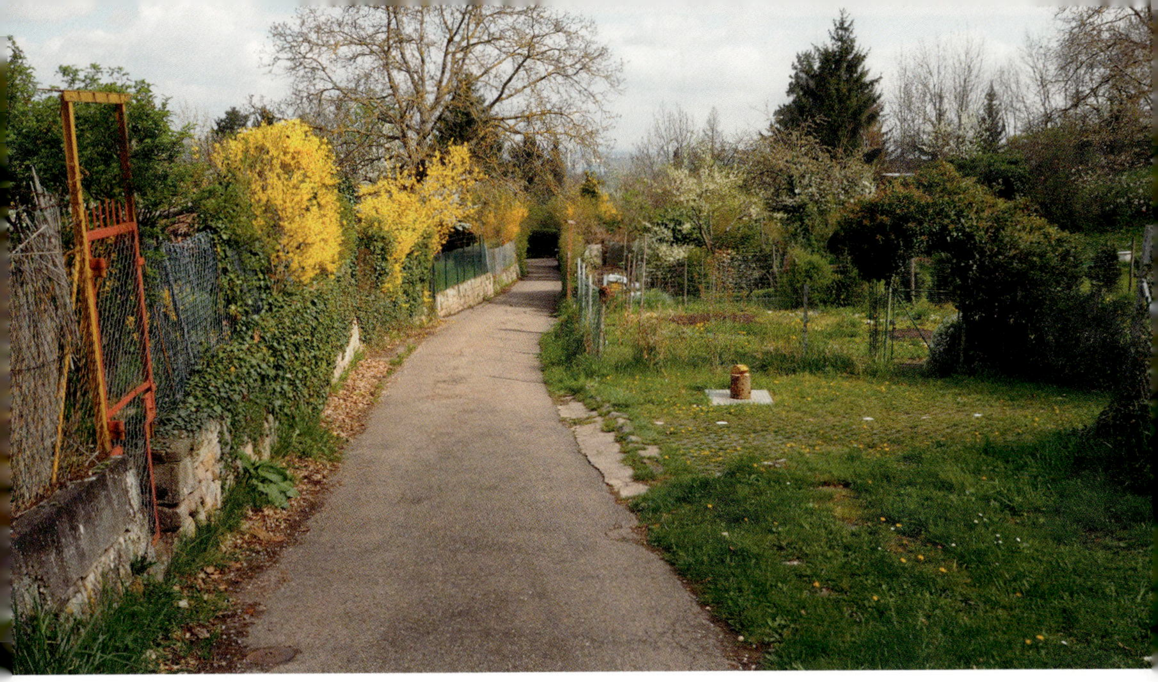

Durchs Grüne zur Buchwaldsiedlung

Gaisburger Kirche machen. Durch den gelungenen Stilmix aus Klassizismus, Barock und Jugendstil zählt sie zu den schönsten Kirchenbauten Stuttgarts und bildet fotografisch einen interessanten Kontrast zum monströsen Gaskessel dahinter. Im Inneren lockt das sakrale Bauwerk mit einer spätgotischen Apostelgruppe und den eigenwillig in Grün- und Blautönen gehaltenen originalen Wandbemalungen der in Indien geborenen Künstlerin Käte Schaller-Härlin. Die Kirche ist ab Ostern sonntags von 14 bis 16 Uhr geöffnet.
Anschließend geht's wieder zurück zur Hornbergstraße. Vorbei am ältesten Haus Gaisburgs, dem 1585 errichteten Weingärtneranwesen Nr. 58a, führt der Weg auf der teilweise noch gepflasterten Straße weiter bis zur Schurwaldstraße. Rechts an der Kreuzung steht noch ein altes **Sühnekreuz**. Es wurde erzählt, dass sich hier zwei Frauen im Streit mit Sicheln getötet haben sollen. Wir gehen kurz rechts und folgen weiter der Hornbergstraße nach links. Am Ende der Straße wandern wir in der Fortsetzung auf einem sonnigen Hangweg durch die alten Weinberge von Gablenberg hoch zur **Buchwaldsiedlung**. Immer wieder haben wir herrliche Ausblicke auf den ehemaligen Weinbauort und die Gänsheide mit ihren Villendomizilen. Schließlich erreichen wir die **Buchwaldstaffel**, spazieren nach rechts durch ein lauschiges Tälchen und sind in Gablenberg. Unten queren wir die Bergstraße, folgen kurz der Libanonstraße und biegen in die Klingenstraße links ein. Nach ein paar Schritten spazieren wir durch

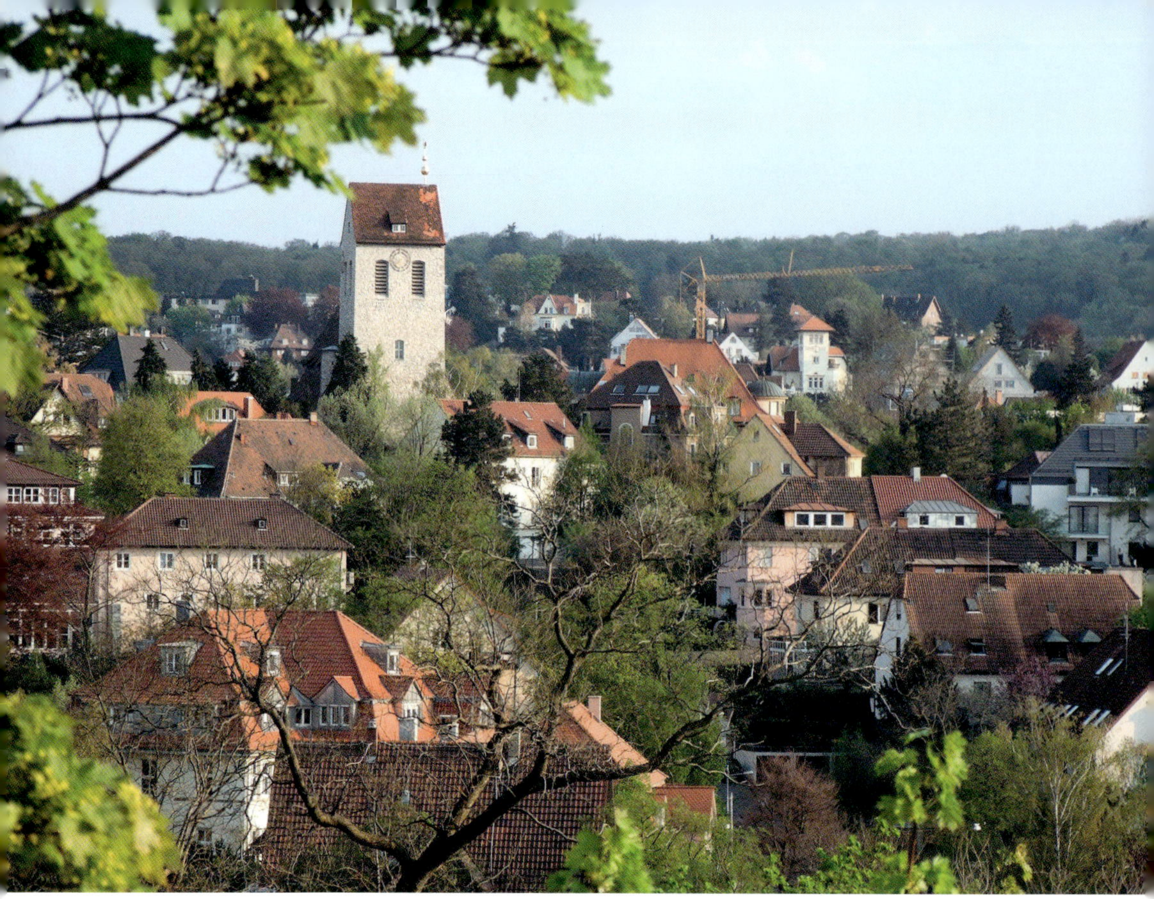

Oben: Beliebte Adresse: Gänsheide

Rechts: Salamanderbrunnen am Bubenbad

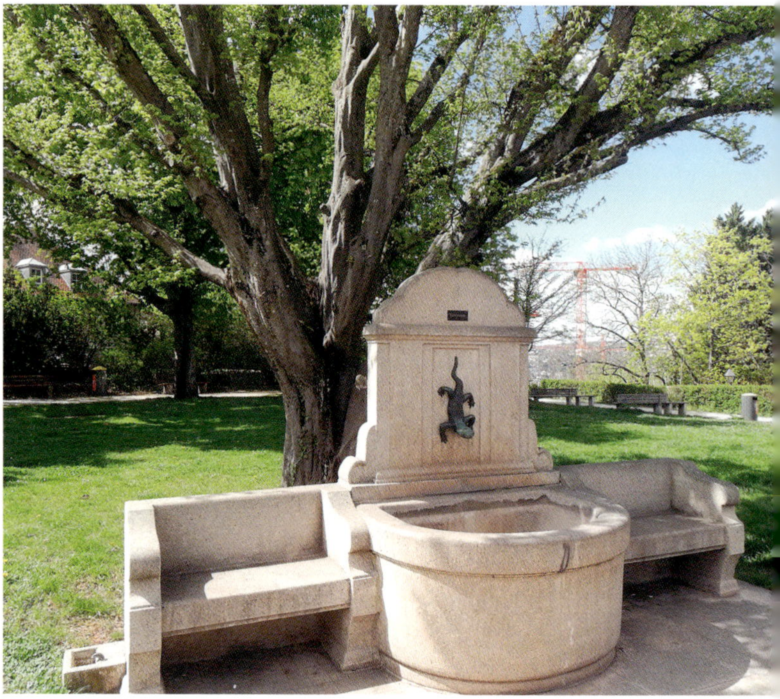

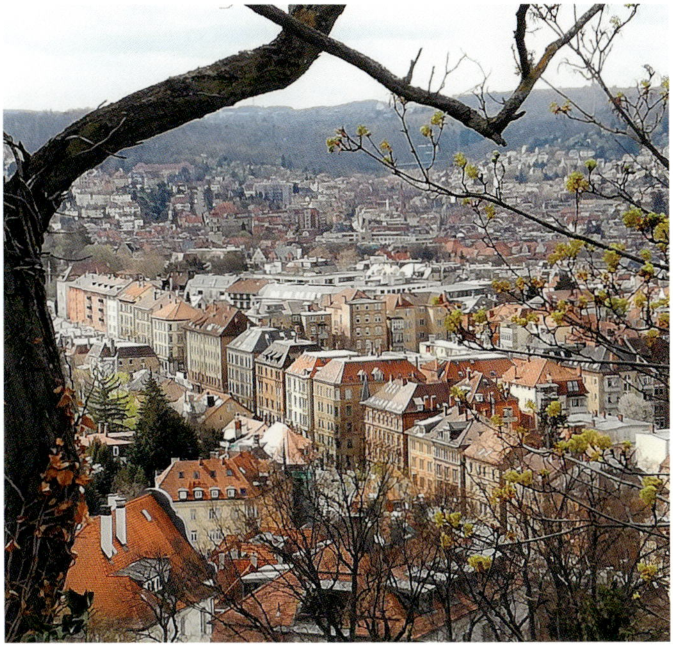

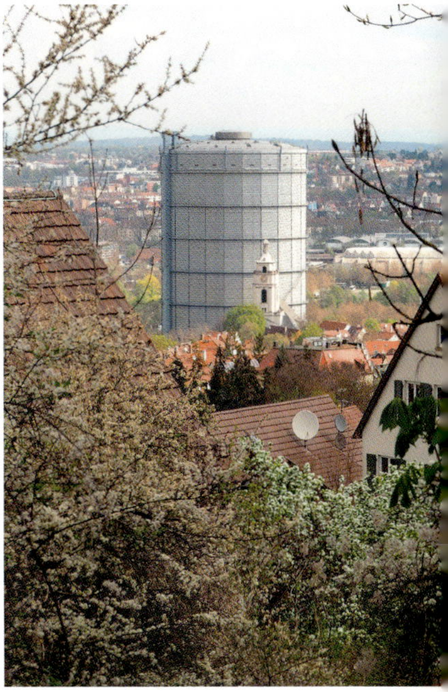

Links: Aussicht auf die Neue Weinsteige

Rechts: In Gaisburg bestaunen wir von oberhalb der Hornbergstraße den Gaskessel.

die reizvolle Schlößlestraße hoch zur Gablenberger Hauptstraße, halten uns links und passieren die imposante neugotische **Petruskirche** von 1902. Die Kirche ist in der Regel tagsüber auf der Rückseite geöffnet.

Durch das Handwerker- und Weingärtnerquartier zum Bubenbad

Kurz nach der Kirche biegen wir in die Teichstraße links ein und kommen durch ein altes Gablenberger Handwerker- und Weingärtnerquartier. In der Klingenstraße halten wir uns rechts und folgen nach dem Schmalzmarkt der Gottliebstraße und dem Stäffelesweg rechts hoch bis zur Spemannstraße. Wir biegen links ein und steigen nach 100 Metern den hübschen Silberweg rechts hoch in die Planckstraße. Dieser folgen wir kurz nach links, queren die Straße und spazieren durch die mondäne Gerokstraße nach rechts bis zum Albrecht-Goes-Platz am **Bubenbad**. Es war um 1900 ein beliebter Ausflugsort des gehobenen Bürgertums und des Hofes. Neben der Restauration zum Bubenbad beim heutigen Ilysia gab es hier oben ein Kurhaus, das bald zum gesellschaftlichen Mittelpunkt auf der Gänsheide wurde. Hier endet diese Tour, doch vor der Rückfahrt sollte man noch den herrlichen Stadtblick vom **Aussichtspunkt Bubenbad** genießen.

23 Von der Geroksruhe über Gablenberg zum Eugensplatz

Berg- und Talwanderung um die Gänsheide

Leicht | 6,2 km | 130 Hm/173 Hm | 2 Std.

Wegecharakter
Überwiegend Asphalt

Ausgangspunkt
Stadtbahnhaltestelle Payerstraße (U15)

Endpunkt
Stadtbahnhaltestelle Heidehofstraße (U15)

Einkehrmöglichkeit
Naturfreundehaus Fuchsrain, Restaurant Lässig an der Stadtbahnhaltestelle Heidehofstraße

Diese Tour beginnt in der noblen Gänsheide, führt uns erst hinunter ins Gablenberger Tal und anschließend zur Villa Robert Bosch. Immer wieder bieten sich uns faszinierende Aussichtspunkte und wir entdecken weitere idyllische Ecken von Stuttgart.

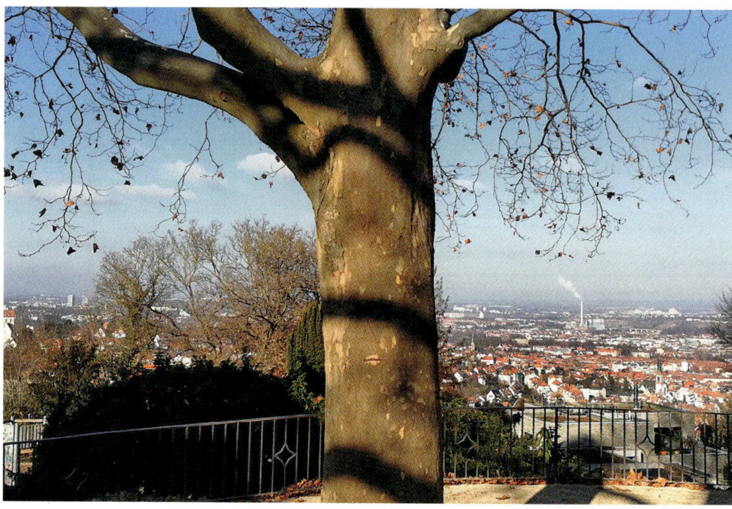

Weitblick in den Osten: Aussichtspunkt Geroksruhe

Rechte Seite: Italienischer Zauber – Blick auf die Villa Robert-Bosch

Über die Geroksruhe nach Gablenberg Wir beginnen diese Wanderung an der Stadtbahnhaltestelle Payerstraße in der Gänsheide und folgen der Gänsheidestraße in südlicher Richtung bergauf. Nach einem Haus mit Zwiebelturm, es gehört zum Internat der 1918 gegründeten **Merz-Schule**, erreichen wir die Aussichtsplattform **Geroksruhe**, von der wir einen schönen Ausblick auf den Stuttgarter Osten haben.

Wir wandern links der Pischkestraße weiter und biegen an der Kreuzung mit der Waldebene Ost vor dem grünen Wasserbehälter nach links in den Fuchsrainweg. Rechts sehen wir das Gelände der renommierten Merz-Schule. Der Waldweg führt uns immer weiter bergab bis zum **Naturfreundehaus Fuchsrain**, einer guten Einkehrmöglichkeit auf unserer Strecke. Unten folgen

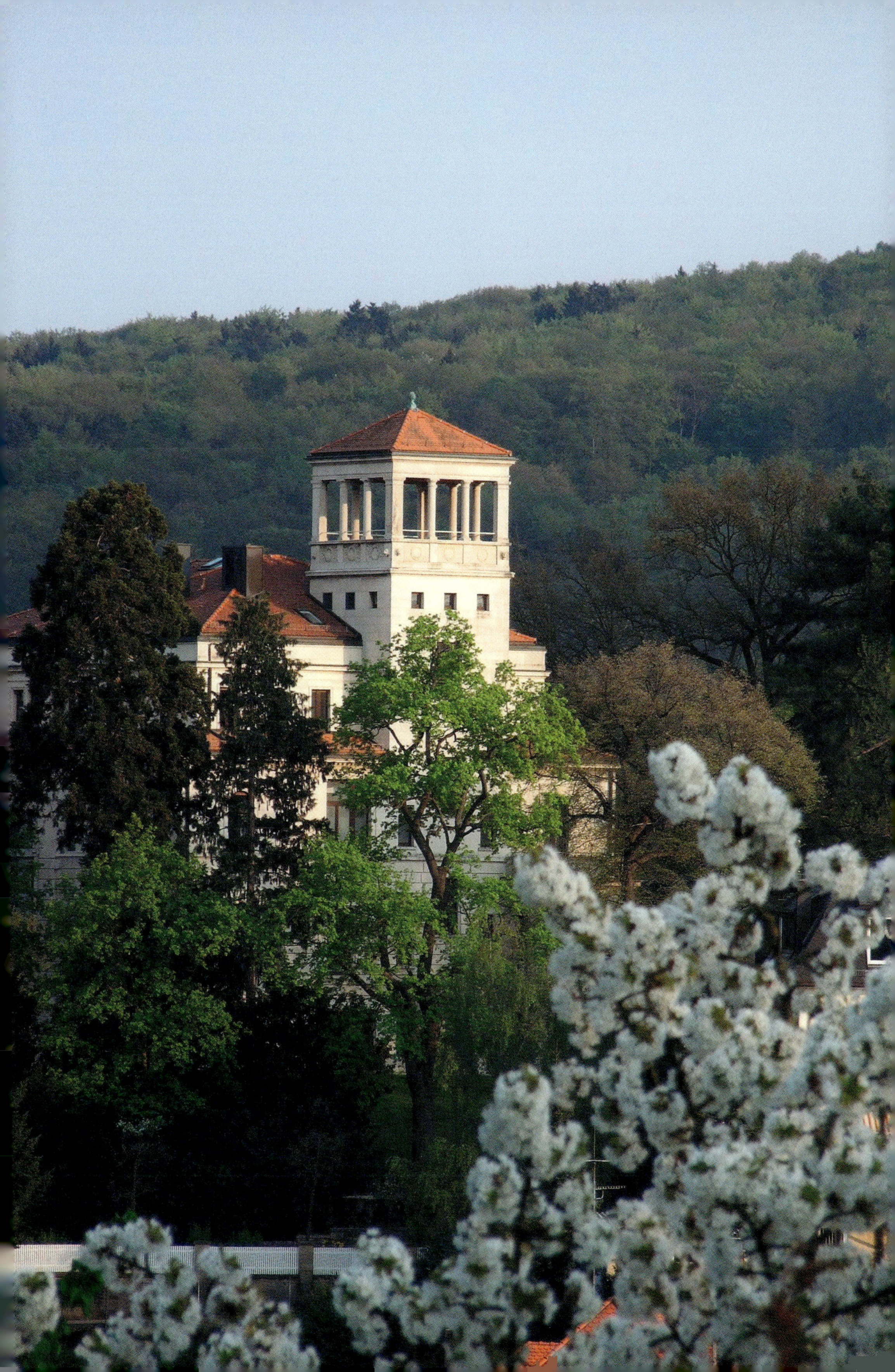

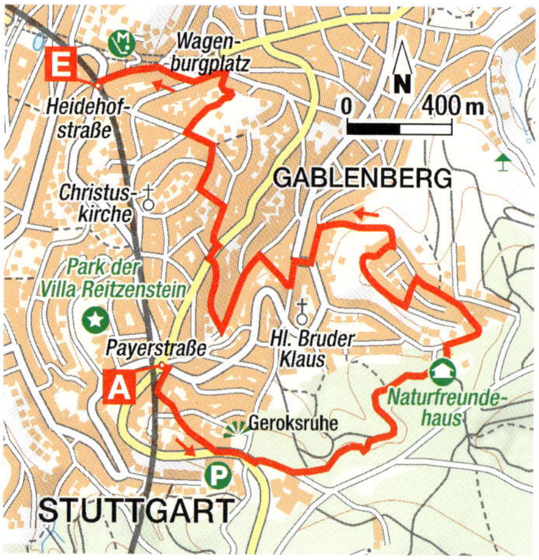

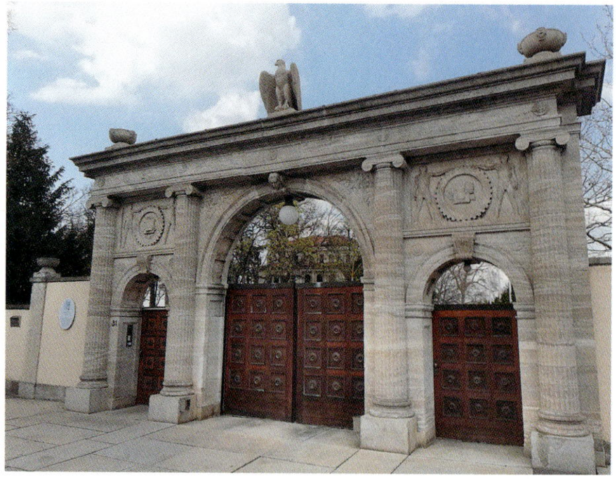

Eingangsportal des Robert-Bosch-Hauses

wir der Neuen Straße rechts hoch in die Straße Im Buchwald und spazieren diese in gleicher Richtung weiter. Bei Haus Nr. 56 biegen wir nach links in den Waldmeisterweg, gehen nach links in den Enzianweg und wandern den Ginsterweg bergab. Die schöne Wohnstraße bietet uns wunderbare Ausblicke auf die Uhlandshöhe und die Gänsheide. Am Ende der Straße spazieren wir auf der Ginsterstaffel hinunter ins Gablenberger Tal. Unten liegt **Gablenberg** mit der **Petruskirche** und die umliegenden Höhenzüge umschließen das ehemalige Weingärtnerdorf wie eine Gabel. So kam der Ort vermutlich zu seinem Namen.

Wissenswertes

Der Stuttgarter Dichter und Oberhofprediger Karl von Gerok hat am nach ihm benannten Aussichtspunkt **Geroksruhe**, seinem Lieblingsplatz, schon vor 150 Jahren gerne die Aussicht auf Gablenberg, die dahinterliegende Uhlandshöhe und bis weit in den Schwäbischen Wald hinein genossen. Viele seiner Gedichte und Predigten sollen an diesem herrlichen Fleckchen Erde entstanden sein.
Er erlebte die Industrialisierung und nahm so die zunehmende Zersiedelung des Stuttgarter Talkessels deutlich war. Im Jahr 1867 entstand sein etwas klagendes Gedicht über die Entwicklungen in Stuttgart: »Siehe vom Berge die Stadt, wie sie wachsend mit heiteren Straßen bald bis zum Rande des Tals grünendes Becken erfüllt! Ja, doch seh ich nicht mehr der Kindheit trauliche Pfade, wieder ein Stück Paradies find ich mir heute verbaut …«

Bummel durch die Wohngebiete Unten angekommen, gehen wir die Neue Straße links hoch, queren sie und biegen dann in die Grünblickstraße rechts ein. In der hübschen Gablenberger Hauptstraße, sie war vor dem Bau der Neuen Straße die Ortsdurchfahrt, halten wir uns links bis zum Deyhleweg, dem wir nach rechts folgen. Dieser nette Weg bringt uns hinunter in die Farrenstraße, die wir nach links weitergehen. Der Name erinnert an den einstigen städtischen Farrenstall in diesem Tälchen. In der Marquartstraße spazieren wir nach rechts und kommen durch schöne Wohngebiete. Oben queren wir die Planckstraße, gehen kurz rechts und wandern in den Straußweg. Nach Haus Nr. 46 biegen wir nach links in den Rößlinweg und halten uns in der Hackländerstraße rechts. Vorbei an noblen Wohndomizilen und schönen Gärten stoßen wir am Ende der Straße direkt auf das Gelände des **Robert-Bosch-Hauses**. Die Villa mit Turm wurde von 1910 bis 1911 für den Industriellen Robert Bosch gebaut und gilt als einer der letzten hochherrschaftlichen Villenbauten in Stuttgart. Heute ist hier der Sitz der Robert-Bosch-Stiftung.

Wir wandern die Heidehofstraße bergab, biegen in die Hugo-Eckener-Straße rechts ein und gehen vor bis zum Aussichtspunkt **Straußstaffel**. Von hier wandern wir die Straußstaffel mit herrlichen Ausblicken auf die östlichen Stadtteile zur Libanonstraße runter. Unten halten wir uns links, spazieren rechts am **Wagenburggymnasium** vorbei und gehen die Wagenburgstraße nach links bis zur Gerokstraße. Hier, an der Stadtbahnhaltestelle Heidehofstraße, endet diese Tour. Im Restaurant gegenüber bietet sich die Möglichkeit zu einer Einkehr.

Hügelig: Wohnen in Gablenberg

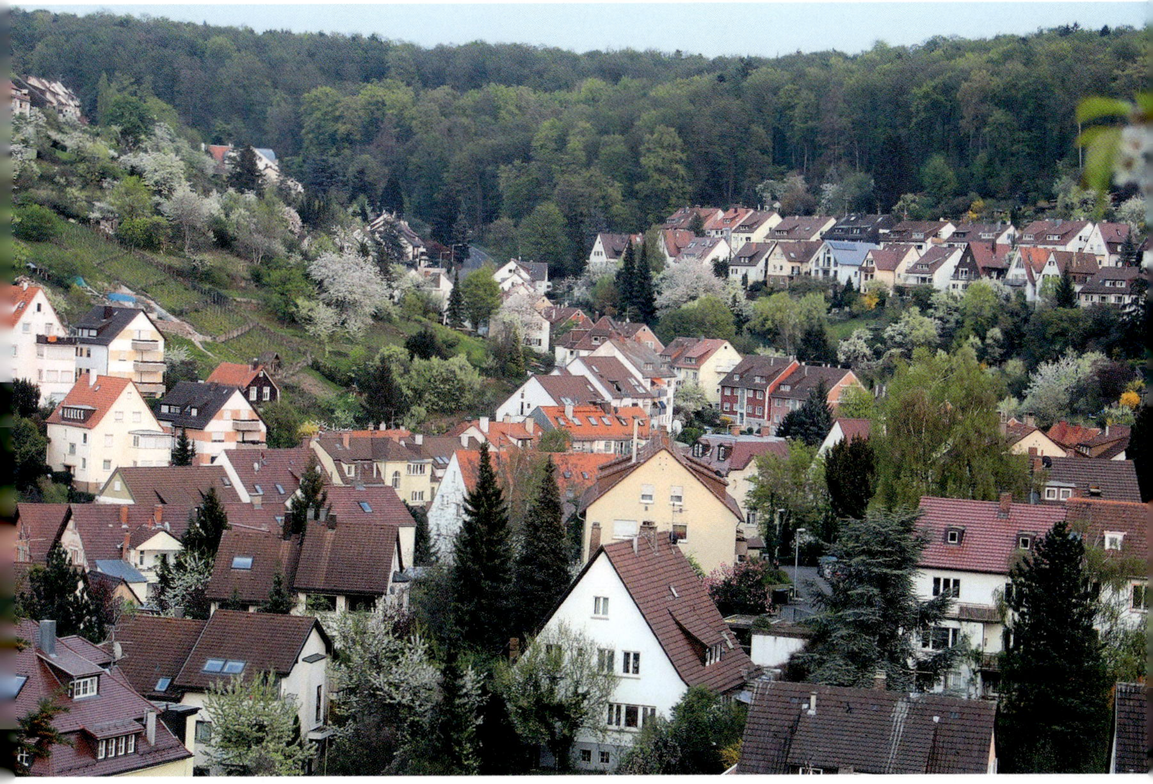

24 Schlossplatz, Villa Reitzenstein und Altstadt

Wanderung zu alten und neuen Residenzen

Leicht | 5,1 km | 124 Hm/124 Hm | 1.30 Std.

Wegecharakter
Überwiegend Asphalt

Ausgangspunkt
Stadtbahnhaltestelle Schlossplatz (U5, U6, U7, U12, U15, U25)

Endpunkt
Stadtbahnhaltestelle Schlossplatz (U5, U6, U7, U12, U15, U25)

VVS
Die Tour kann an verschiedenen Stadtbahnhaltestellen abgebrochen werden. Ungefähr die Hälfte der Strecke hat man oben bei der Stadtbahnhaltestelle Bubenbad (U15) erreicht, wo diese Tour abgekürzt oder auch begonnen werden kann.

Einkehrmöglichkeit
Eis-Bistro Pinguin am Eugensplatz, Apotheke Tagesbar im Stuttgarter »Flatiron-Building« am Eugensplatz, Restaurant Ilysia beim Bubenbad, Gastronomie am Schlossplatz, Weltcafé Stuttgart am Charlottenplatz

Diese Rundwanderung führt uns vom Schloss- über den Eugensplatz zu den nobelsten Stuttgarter Halbhöhenlagen und wunderbaren Aussichtspunkten. Vorbei am Staatsministerium wandern wir über den schönen Stuttgarter Süden zurück in die Innenstadt.

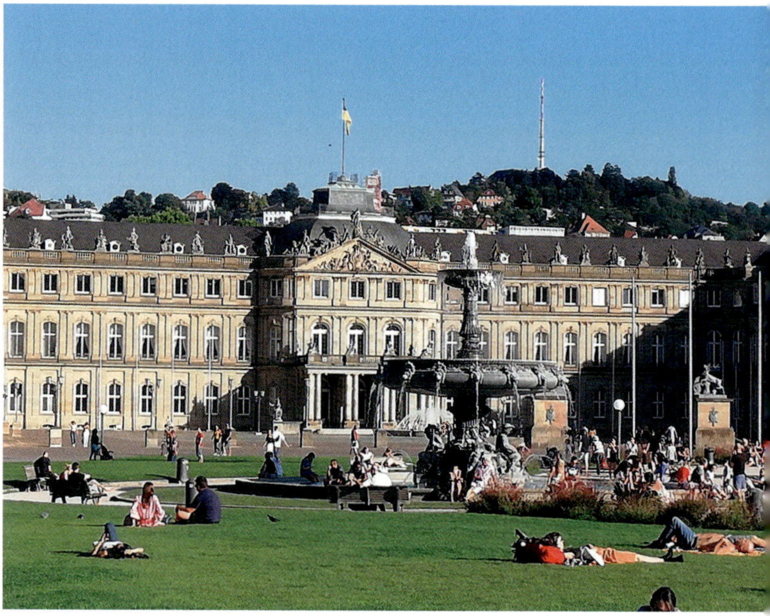

Stuttgarts pulsierendes Herz: der Schlossplatz mit dem Neuen Schloss

Durch den Schlossgarten hinauf zum Eugensplatz Wir beginnen diese Rundwanderung am **Schlossplatz**. Der zwischen 1860 und 1865 angelegte Platz zwischen Neuem Schloss, Altem Schloss, Königsbau und Kunstmuseum bildet mit seinen Gebäuden aus den verschiedensten Epochen das Herz der City und ist gleichzeitig ein Gesamtkunstwerk. Wir spazieren zwischen dem Neuen Schloss und dem in den Jahren von 1910 bis 1913 errichteten Kunstgebäude hindurch in den **Schlossgarten**.
Nun geht's zwischen der von 1909 bis 1912 nach Plänen von Max Littmann errichteten **Oper**, dem »Großen Haus«, und dem

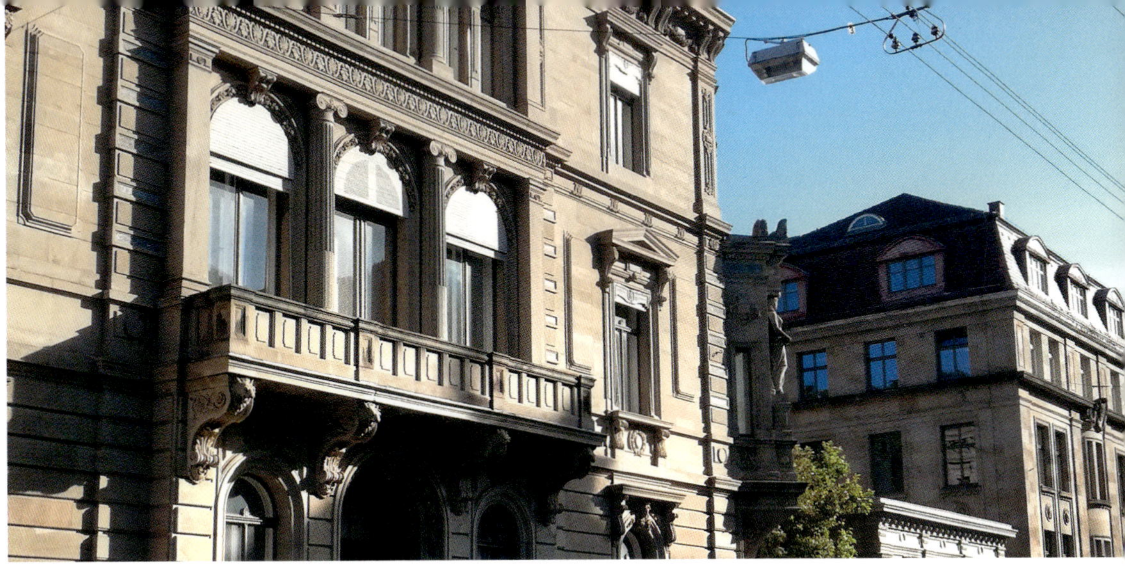

modernen **Landtag** auf dem Wilhelm-Keil-Weg Richtung Süden weiter. Nach Querung der B14 bzw. der Konrad-Adenauer-Straße folgen wir ab der **Landesbibliothek** der Archivstraße durchs Gerichtsviertel hoch in die Olgastraße und biegen nach links. Hier haben sich noch schöne historische Gebäude erhalten, so etwa gegenüber die palaisartige **Villa Bohnenberger** von 1870 mit ihrem von Atlanten getragenen Gartenpavillon. Rechts davon steht das ehemalige königliche **Kriegsministerium** von 1913 bis 1914. Wir folgen der Olga- und der Werastraße bergauf

Villa Bohnenberger und einstiges königliches Kriegsministerium

Wissenswertes

Die Mitte des **Schlossplatzes** bildet die nach Plänen von J. M. Knapp im Jahr 1841 errichtete Jubiläumssäule. Sie wird von zwei Springbrunnen von 1861 flankiert, deren Putten und Figuren die wichtigsten Flüsse in Württemberg symbolisieren. Das zwischen 1746 und 1806 von den Architekten Leopoldo Retti, Philippe de la Guêpière und Nikolaus Friedrich von Thouret errichtete Neue Schloss brannte bei den Luftangriffen 1944 aus. Während das Äußere nach heftigen Diskussionen wieder weitgehend original aufgebaut wurde, sind die Innenräume bis auf einige Repräsentationsräume modern gestaltet. Das Alte Schloss, das auf eine ehemalige Wasserburg Graf Eberhards I. aus dem 10. Jahrhundert zurückgeht, wurde zwischen 1553 und 1578 im Renaissancestil ausgebaut. Der Königsbau mit seinen 26 ionischen Säulen wurde von 1856 bis 1860 nach Plänen von Knapp & Leins als Gesellschaftshaus mit Ball und Konzertsälen konzipiert.

Im Zweiten Weltkrieg brannte das inzwischen zum Geschäftshaus umgewandelte Gebäude aus und wurde etwas vereinfacht wiederaufgebaut. Seit 2006 ist es Teil der Königsbau Passagen. Der reich verzierte gusseiserne Musikpavillon davor stammt von 1871, als es nach der damaligen Reichsgründung offensichtlich viel zu Feiern gab.

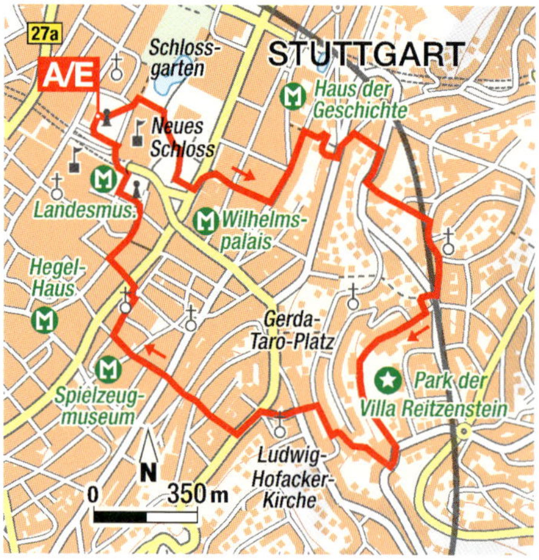

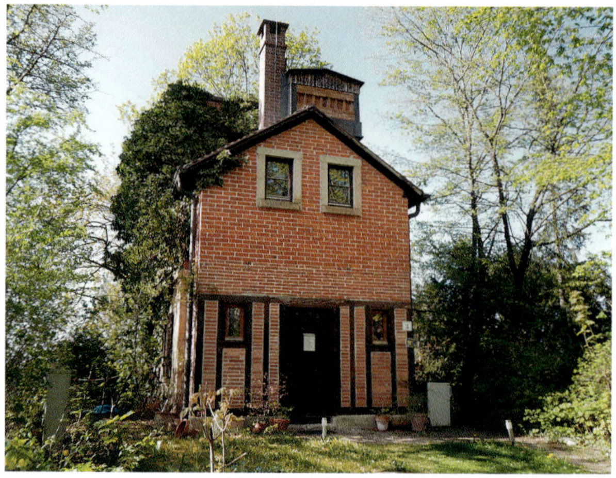

Wachsam: das Kanonenhäusle

und steigen nach Haus Nr. 10 die Staffeln rechts hoch zum **Eugensplatz**. Oben erkennen wir erst ein Faunengesicht, aus dessen Mund Wasser über Kaskaden herunterplätschert. Der eigenwillige **Brunnen** wird von einer Frauenfigur in burlesker Pose gekrönt, die auf ihrem Sockel die Stadt überblickt.

Links sehen wir die **Mopssäule**. Sie erinnert an den Humoristen Loriot (Vicco von Bülow), der von 1938 bis 1941 in Stuttgart lebte. Von ihm stammt der Ausspruch: »Ein Leben ohne Mops ist möglich, aber sinnlos.« Wir folgen nun kurz der Wagenburgstraße und dann der Gerokstaffel hoch in die Gerokstraße. Dort gehen wir erst rechts und folgen dem Franz-Dingelstedt-Weg links hoch zur Hillerstraße.

Wissenswertes

Aufgrund ihrer spärlichen Kleidung soll die Nymphe **Galatea** bei der Enthüllung des gleichnamigen **Brunnens** 1890 für so große Entrüstung gesorgt haben, dass die Stifterin Königin Olga damit drohte, die Figur umzudrehen, damit diese den Stuttgartern ihren blanken Allerwertesten zeigen solle.

Oben sehen wir einen weiteren Brunnen mit Krebsen, Fischen, Muscheln und Fröschen. Dies alles gehört zur Brunnenanlage »Zur schönen Galatea«, die Otto Rieth nach italienischen Vorbildern geschaffen hat. An warmen Sommertagen ist dies ein beliebter Platz zum Chillen und um bei einer Kugel Eis aus dem nahen Eiscafé den wunderbaren Stadtblick zu genießen.

Mondäne Bauten und imposante Villen

Oben angekommen, passieren wir das **Kanonenhäusle**, einen auf älteren Grundmauern 1862 errichteten Backsteinbau, von dem aus früher im Brandfall mittels Lärmkanonen die Stadtfeuerwehren alarmiert wurden. Weiter geht's durch die Hillerstraße in die Gänsheidestraße, wo wir uns rechts halten. Am Albrecht-Goes-Platz im Zentrum der mondänen **Gänsheide** kommen wir zum **Bubenbad** mit dem kleinen **Salamanderbrunnen** von 1912. Wir spazieren durch die Richard-Wagner-Straße, vorbei an repräsentativen Villen und Gärten, bis zur schlossähnlichen und gut bewachten **Villa Reitzenstein**, dem heutigen Staatsministerium, zu dem auch die sich rechts anschließende **Villa Clay** gehört. Diese 1921 bis 1922 erbaute Villa war bis 2012 der Wohnsitz von Generälen des US-amerikanischen Militärs. Sie ist nach dem Militärgouverneur General Lucius D. Clay benannt, unter dessen Leitung nach dem Zweiten Weltkrieg der Alliierte Länderrat in der Villa Reitzenstein tagte. Auf der rechten Seite bietet uns die Plattform **Heinrich-Heine-Höhe** einen weiteren schönen Stadtblick. An der nächsten Kreuzung halten wir uns rechts, wandern den Steingrübenweg runter in die Stafflenbergstraße und orientieren uns wieder rechts. Wir sind in einer eleganten Wohnstraße mit schönem Blick auf die unterhalb in der Sonnenbergstraße liegenden alten Villen.

Nach ca. 50 Metern steigen wir die Staffeln links hinunter zur Dobelstraße und folgen ihr bergab in die Hohenheimer Straße. Wir queren sie an der Stadtbahnhaltestelle und spazieren auf der anderen Straßenseite kurz bergauf in die Wächterstraße. Hier

Feudal: der Regierungssitz Villa Reitzenstein

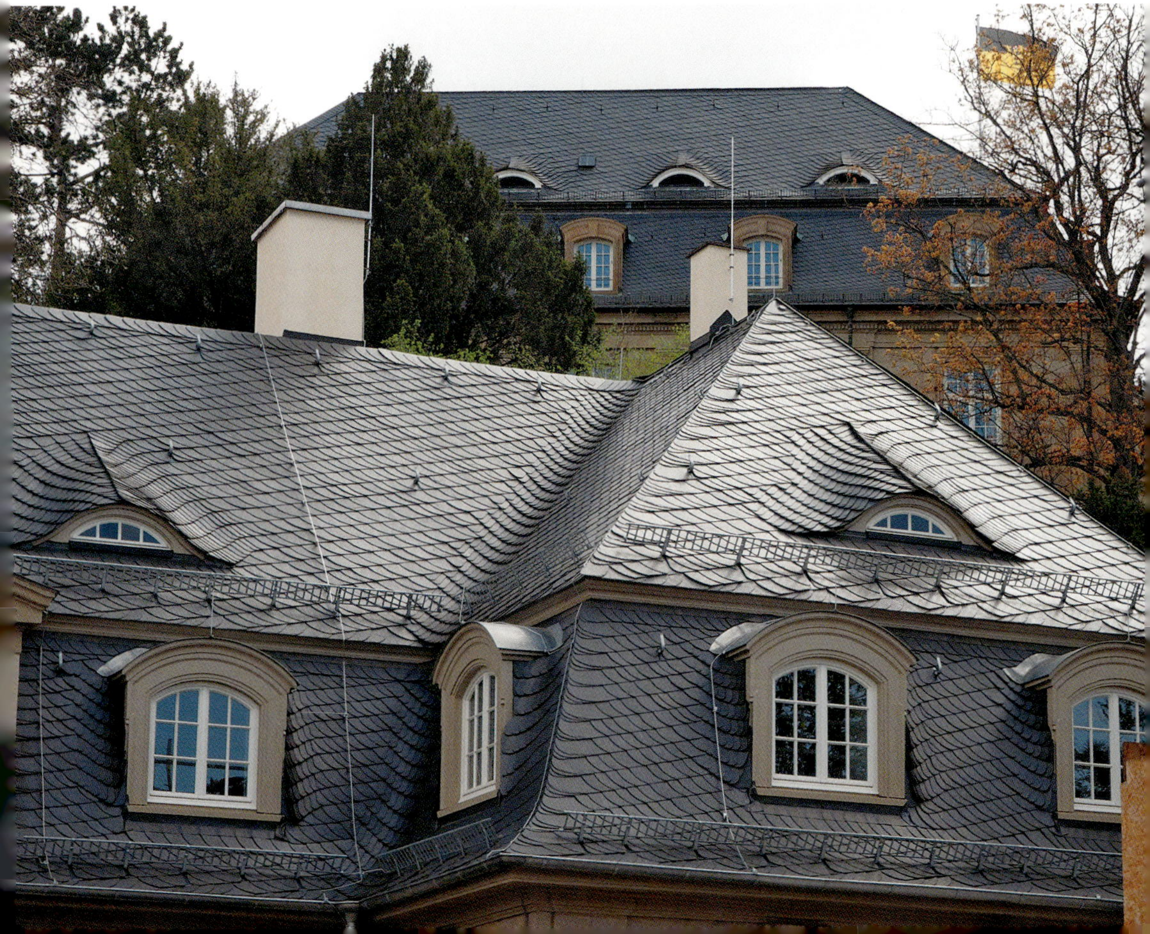

Wissenswertes

Mit der **Villa Reitzenstein** hatte sich von 1911 bis 1913, noch kurz vor Ausbruch des Ersten Weltkriegs, die Baronin Helene von Reitzenstein, Tochter des wohlhabenden Verlegers Hallberger, ihren Traum von einem kleinen Versailles erfüllt. Das Palais hatte 61 Zimmer und galt Zeitungsberichten zufolge bereits in der Erbauungszeit als Attraktion. Durch Krieg und Inflation musste die Baronin das Anwesen jedoch verkaufen und es ist seit 1925 Sitz des Landtages. Heute ist die gut gesicherte Anlage bis auf das Torgebäude ziemlich zugewachsen und man kann im Sommer zwischen riesigen Linden und Buchen nur einzelne Gebäudesegmente erspähen.

gehen wir nach rechts und streifen durch ein schön erhaltenes Altbauquartier mit ausgefallenem Fassadenschmuck. Nach Querung der Danneckerstraße steigen wir die Wächterstaffel hinunter, queren die Alexanderstraße und wandern weiter in die Olgastraße. Während die Alexanderstraße noch stark vom mondänen Wohngeschmack der Belle Époque geprägt ist, dominieren in diesem Abschnitt der einst so feinen Olgastraße heute Nachkriegsbauten.

In der Stuttgarter Altstadt Weiter geht's über die Jakobstraße, vorbei an der **Jakobschule** (1884/86) bis zur Katharinenstraße. Wir queren auch diese und spazieren durch einen erhaltenen Rest der Stuttgarter Altstadt, genauer gesagt die

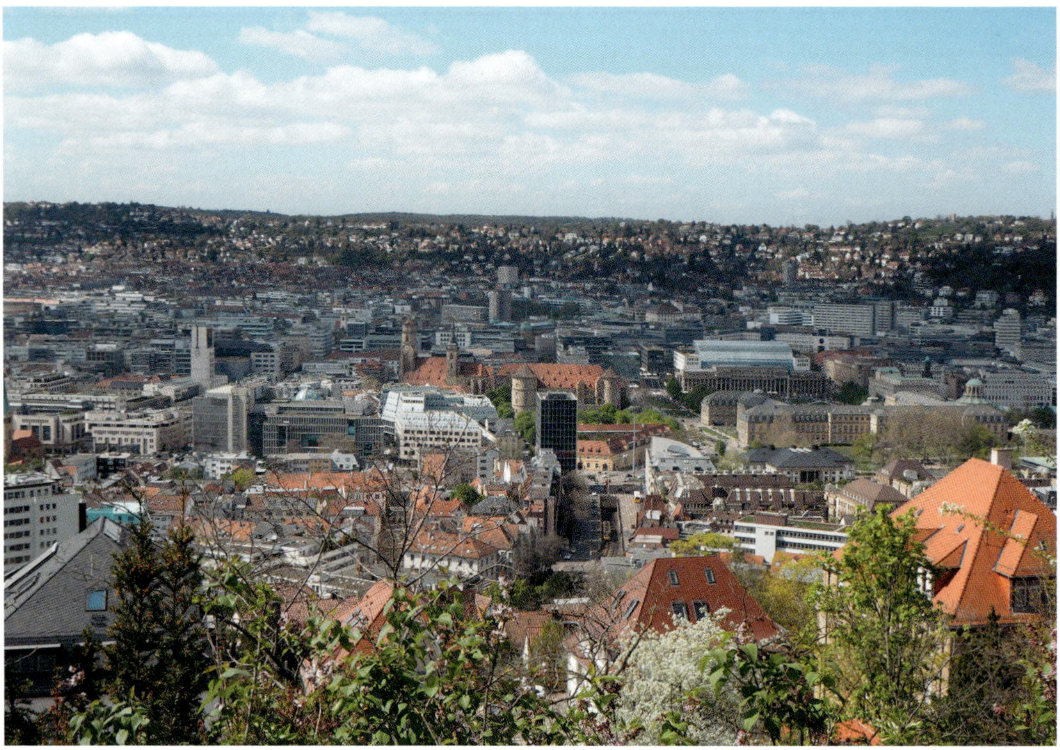

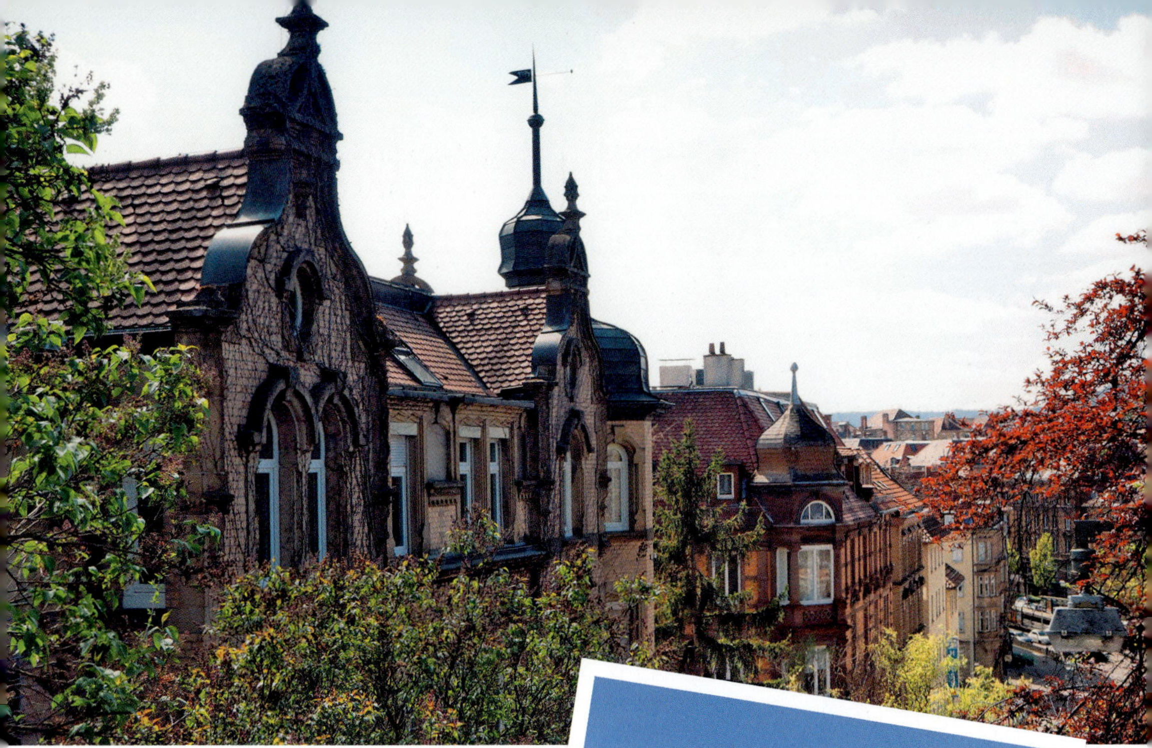

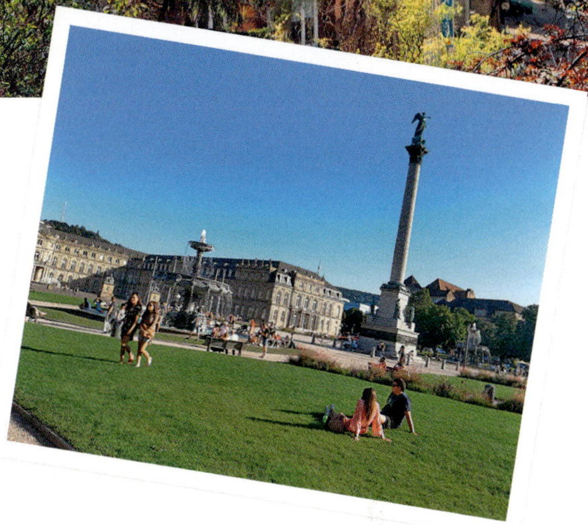

Leonhardsvorstadt, mit barocken Handwerkerhäusern aus dem 18. Jahrhundert. In den ehemaligen Handwerkergassen westlich der Leonhardskirche haben sich in den letzten Jahrzehnten neben Stuttgarts kleiner »Sündiger Meile« mit Bars und Klubs auch Galerien und Geschäfte etabliert. Am **Leonhardsplatz** geht's nach rechts und wir kommen, vorbei am Gustav-Siegle-Haus, zur **Leonhardskirche**. Die 1463 von Aberlin Jörg errichtete Kirche wurde nach starken Kriegszerstörungen ab 1948 äußerlich wieder original aufgebaut. Im Inneren befindet sich das Grab des Humanisten Johannes Reuchlin (1455–1522). Der im Krieg zerstörte Leonhardsplatz wird heute von Parkhäusern und Straßen dominiert. Letzte Überbleibsel sind der **Nachtwächterbrunnen** von 1899 und die Kopie der mittelalterlichen Kreuzigungsgruppe von Hans Seyffer. Ein städtischer Platz ist nicht mehr erkennbar, denn anstelle der Wohnhäuser verläuft heute die vierspurige Hauptstätter Straße. Wir unterqueren diese und kommen nach der Unterführung über die Marktstraße und die Karlspassage zum **Karlsplatz** mit dem Denkmal Kaiser Wilhelms I. und dahinter zum Schlossplatz, wo unsere Tour endet.

Oben: Altbauparadies um die Dobelstraße

Darunter: Schlossplatz und Jubiläumssäule

Linke Seite: Blick auf die City mit Altem und Neuem Schloss

25 Über die feine Uhlandshöhe nach Ostheim

Villen, Parks und Wohnkolonien

Leicht | 4,6 km | 92 Hm/113 Hm | 1.30 Std

Wegecharakter
Überwiegend Asphalt und Schotter

Ausgangspunkt
Stadtbahnhaltestelle Staatsgalerie (U1, U2, U4, U9, U11, U14)

Endpunkt
Stadtbahnhaltestelle Schlachthof (U9)

Einkehrmöglichkeit
Poffers Café Stuttgart am Kernerplatz, Vietal Kitchen am Ostendplatz, Café Zuhause am südlichen Ende der Lehmgrubenstraße, Theater Gaststätte Friedenau an der Ecke Abelbergstraße/Rotenwaldstraße

Diese Rundwanderung hat wirklich Vielfältiges zu bieten: interessante Architektur, grandiose Aussichtspunkte und schöne Wohngebiete und Gärten. Neben der herrlichen Uhlandshöhe sind die erhaltenen Wohnkolonien im Osten eine besondere Kostbarkeit.

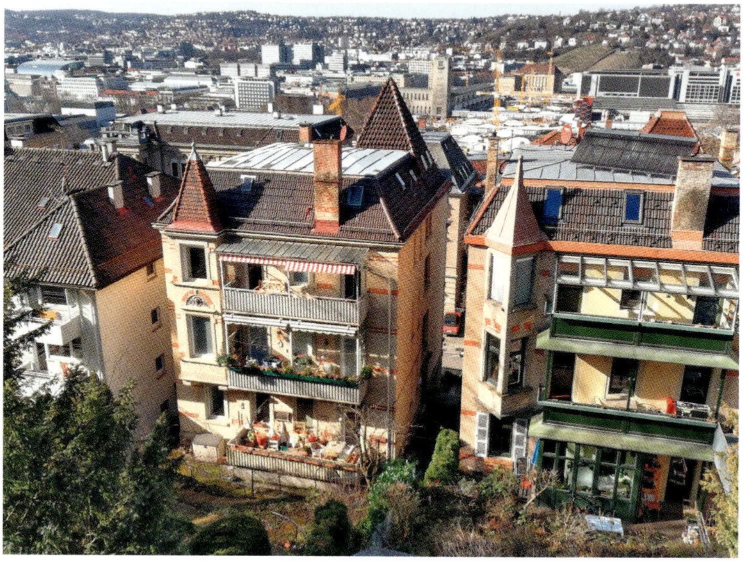

Stadtblick von der Haußmannstraße

Über die Waldorfschule zur Uhlandshöhe

Die Tour beginnt an der Stadtbahnhaltestelle Staatsgalerie am Mittleren Schlossgarten. Wir gehen durch die Unterführung zum südlichen Ausgang Richtung Kernerplatz. Über einen Fußgängersteg wandern wir durch das Hotel **Le Méridien** zum Kernerplatz und folgen dort der Kernerstraße rechts hoch zum Schützenplatz. Prächtige Stadthäuser aus der Zeit um 1900 säumen den runden Platz. Auf der gegenüberliegenden Seite geht's weiter und wir steigen die Emil-Molt-Staffel hoch, queren die Werastraße und kommen oben in die Haußmannstraße, wo wir uns links halten. Mit einem herrlichen Panoramablick auf die City und den Bahnhofsbezirk geht's jetzt weiter bis zur **Freien Waldorfschule**. Vor dem Haus mit dem Staffelgiebel, der Burschenschaft Alemannia, spazieren wir das Sträßchen Uhlandshöhe erst rechts und dann links durch das anthroposophische Herz von Stuttgart.

Nach der parkartigen Anlage halten wir uns beim Rudolf-Steiner-Haus rechts. Die Straße Zur Uhlandshöhe windet sich langsam hoch auf das Plateau des 355 Meter hohen Oberen Ameisenbergs, der heute durch eine Uhlandslinde als Uhlandshöhe bekannt ist. Nach der **Sternwarte** am Wasserwerk folgen wir dem Alfred-Lörcher-Weg mit herrlichem Stadtpanorama durch den kleinen Höhenpark. Der alte Kiefernbestand gibt der Uhlandshöhe besonders in der heißen Jahreszeit ein mediterranes

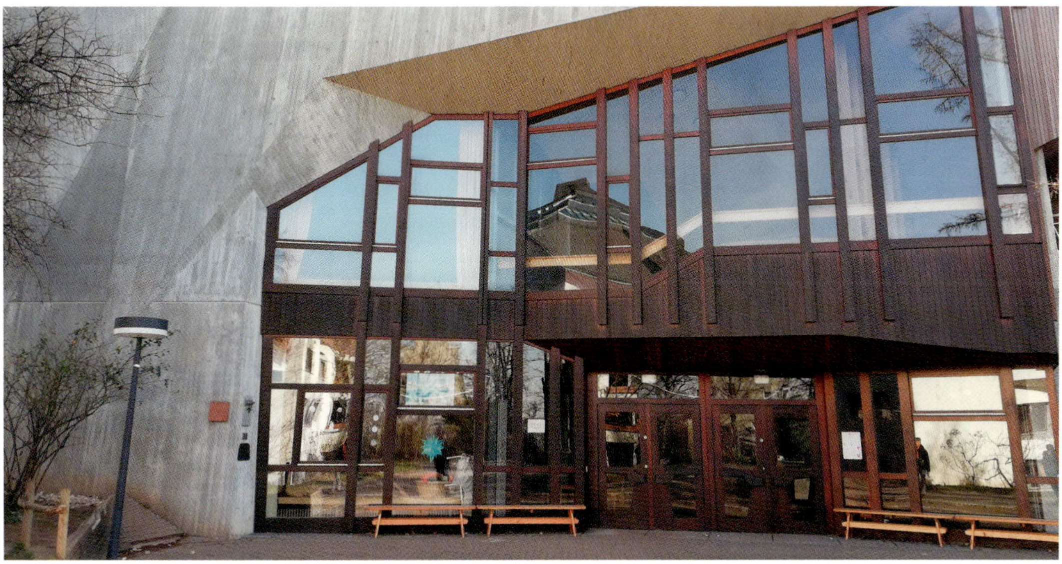

Pionierarbeit: Freie Waldorfschule an der Uhlandshöhe

Flair und man fühlt sich etwas an die Gärten auf den Hügeln Roms erinnert. Links eine Gärtnerei und ein schön gelegener Minigolfplatz, rechts unterhalb schließen sich die Schulgärten der Waldorfschule an den Park an.

Wir erreichen den **Aussichtspunkt Uhlandshöhe**, einen kleinen Turm, von dem man einen grandiosen Ausblick auf die Stuttgarter City, den Süden und Westen und die dahinter liegenden Höhenzüge hat. Haben wir uns an diesem Traumblick sattgesehen, wandern wir, an der Statue »Eva« vorbei, den Karl-Donndorf-Weg hinunter zur Ameisenbergstraße. Dort biegen wir links ein und spazieren durch die schöne Wohnstraße bis zur Schellbergstraße, in die wir rechts einbiegen. Nach ein paar Häusern wird sie kurz zu einem Treppenweg und wir kommen unten in die Schwarenbergstraße. Dort geht's weiter nach links über die Haußmannstraße bis zur Neuffenstraße, wo wir schon fast mitten in der historischen Arbeiterkolonie **Ostheim** sind. Links befindet sich der ehemalige Kinderhort der Wohnkolonie von 1896, gut auszumachen am **Glockentürmle**. Unter der Uhr wacht Eduard Pfeiffer noch immer als Patron seiner Siedlung.

Wissenswertes

Die 1919 vom Direktor der Waldorf-Astoria-Zigarettenfabrik, Dr. Emil Molt, gegründete **Freie Waldorfschule** auf der Uhlandshöhe war weltweit die erste ihrer Art. Molt wollte eine freie Schule für alle Schichten, unabhängig von Herkunft, Konfession oder Nationalität. Mit dem pädagogischen Konzept wurde Rudolf Steiner betraut. Das Gebiet um die Uhlandshöhe ist auch heute noch ein wichtiges Zentrum der anthroposophischen Bewegung mit zahlreichen Bauwerken in anthroposophischer Architektur, die gerade Winkel vermeidet. Stilmerkmale sind gerundete Ecken, organische Formen sowie geometrische Figuren. Dächer werden größtenteils als Schalen oder Kappen angelegt.

Unterwegs im »Roten Osten« Es geht geradeaus weiter und wir passieren das **Denkmal der Kolonie** und den **Jünglingsbrunnen** von 1913. Am Eduard-Pfeiffer-Platz biegen wir in die Landhausstraße rechts ein. Kleine Geschäfte und Manufakturen wie der faire Kaffee- und Teehandel Schwarzmahler bilden das Sahnehäubchen für dieses heimelige Viertel im einstigen »Roten Osten«. Schließlich erreichen wir den **Ostendplatz**, der wegen seiner vielen sozialistischen Aufmärsche in den 1920er-Jahren auch als »Roter Platz« bekannt war. Vor der Ostend Apotheke gibt's an der »Solarbank« freien Strom zum Laden der Handys und WLAN. Verschiedene Lokale wie das vietnamesische **Vietal Kitchen** bieten hier die Möglichkeit zu einer Einkehr. Nun folgen wir links vom Vietal der Haußmannstraße und tauchen noch tiefer in den proletarischen Osten ein, der sich überraschend schön zeigt. Prächtige Mietshäuser wie das Doppelhaus Nr. 218/220 von 1903 säumen die teilweise noch gepflasterten Straßen und das Viertel versprüht einen ursprünglichen Charme. Einige Straßenzüge hier waren Teil städtischer Siedlungskolonien aus den 1920er-Jahren wie die Siedlung Abelsberg- und Rotenbergstraße und die Raitelsbergsiedlung. Die gehobene Wohnkolonie

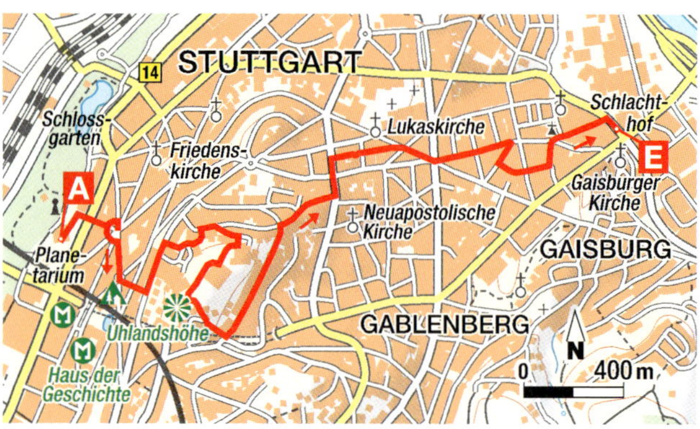

Ostenau südlich der Straße entstand ab 1911 für Angestellte, Beamte und Lehrer. Wer jetzt Hunger auf Schwäbisches hat, sollte an der nächsten größeren Kreuzung links durch die Abelsbergstraße zur **Theaterwirtschaft** in der Friedenau spazieren. Sie wird gerne als Wohnzimmer des Ostens bezeichnet und auch das **Café Zuhause** am unteren Ende der Lehmgrubenstraße versprüht echte Gemütlichkeit.

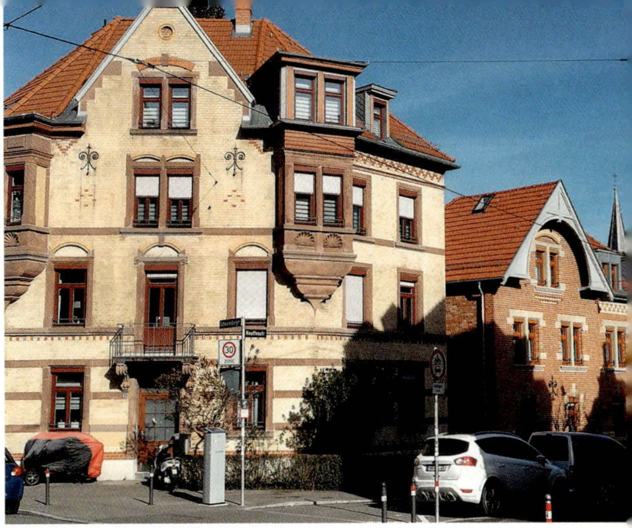

Vorbildlich: Arbeiterkolonie Ostheim

Wir spazieren nun die Lehmgrubenstraße erst nach rechts und folgen dann der Luisenstraße nach links. Mit dem im Krieg leider teilweise zerstörten **Luisenplatz** haben wir das einstige Herz der Kolonie Ostenau erreicht. Viele der erhaltenen Altbauten wurden in den letzten Jahren aufwendig saniert. Wir folgen weiter der Luisenstraße. Plötzlich drängen sich kleinere Häuschen und die **Gaisburger Kirche** ins Bild und man fühlt sich fast wie auf dem Dorf. Am kleinen Plätzle folgen wir der lauschigen Straße Am Gelben Weg zwischen liebevoll renovierten Reihenhäuschen nach links und spazieren weiter durch die Friedenaustraße. Hier in der **Friedenau** entstanden in den 1920er-Jahren im Schatten des 1875 hierherverlegten Gaskessels Gasarbeitersiedlungen sowie eine Straßenbahnersiedlung. Der inzwischen stillgelegte **Gaskessel** von 1929 war damals Europas größter Gasbehälter. Die Friedenaustraße führt uns zur Rotenbergstraße mit der Stadtbahnhaltestelle Schlachthof, von wo wir wieder zurückfahren können.

Wissenswertes

Die **Arbeiterkolonie Ostheim** wurde von 1892 bis 1903 im Auftrag des Vereins für das Wohl der arbeitenden Klassen geplant und entstand auf dem freien Feld. Um die Siedlung abwechslungsreich zu gestalten, bekam jedes Haus durch unterschiedliche Dachformen, Türmchen, Erker und Balkone ein anderes Aussehen. Die Häuschen hatten bis zu drei Wohneinheiten. Initiator und Investor war der Stuttgarter Millionär Eduard Pfeiffer, der sich schon früh für die Belange der sozial schwachen Bevölkerungsgruppen und ihre Rechte engagierte. Die schön eingegrünten Häusle mit ihren kreativen Klinkerfassaden und gusseisernen Balkongeländern zwischen den gepflasterten Straßen verströmen eine kleinstädtische Behaglichkeit. Das Viertel ist für viele eines der charmantesten Stuttgarts.

26 Rundwanderung um Sillenbuch

Eichen, Aussicht, Revoluzzerparadies

Leicht | 8,2 km | 74 Hm/74 Hm | 2.30 Std.

Wegecharakter
Überwiegend Asphalt und Schotter

Ausgangspunkt
Stadtbahnhaltestelle Silberwald (U7, U8, U15)

Endpunkt
Stadtbahnhaltestelle Silberwald (U7, U8, U15)

Einkehrmöglichkeit
Waldheim Sillenbuch (Clara-Zetkin-Haus), Café Rosenstöckle am Beginn der Tuttlinger Straße, Bäckereicafé Treiber in der Kirchheimer Straße, Eiscafé Timone in der Kirchheimer Straße

Diese besondere Rundwanderung führt uns durch herrlich gelegene Stuttgarter Stadtteile auf den Fildern, voller Geschichte und Geschichten und mit faszinierenden Naturdenkmalen wie dem Eichenhain. Wir werden auf dieser Tour immer wieder mit schönen Ausblicken belohnt.

Auf den Spuren Clara Zetkins Startpunkt dieser Rundwanderung ist die Stadtbahnhaltestelle Silberwald am westlichen Eingang von Sillenbuch. Gleich beim Aussteigen fällt das schmucke Haus Nr. 14 im Schwarzwaldstil ins Auge. Die 1903 erbaute, idyllisch eingegrünte Villa mitten in einem kleinen Park war das Wohnhaus der sozialistischen Politikerin Clara Zetkin und ihres Gatten, des Kunstmalers Friedrich Zundel. Sie ist heute in Privatbesitz und nicht zu besichtigen.
Wir spazieren nun den Weg links der Stadtbahnhaltestelle ortsauswärts. Auf der gegenüberliegenden Straßenseite sehen wir hinter der tief eingegrabenen Haltestelle noch eine alte **Grubbank**, auf der früher vor allem Markt- und Milchfrauen ihre Körbe und Kannen abstellten, um auszuruhen, schwäbisch »gruba« oder »gruha«. Die Milchfrauen trugen die schweren Kannen auf dem Kopf weite Wege, oft barfuß, um sie den Städtern zu bringen. Nicht selten verschütteten sie dabei die Milch, wovon die Redewendung »Milchmädchenrechnung« stammen soll: Die Mädchen hatten sich umsonst überlegt, was sie mit dem verdienten Geld machen würden. Nun kommen wir an der **Villa Bosch-Zundel** mit dem Sommer- und Winteratelier Friedrich Zundels vorbei. Im weiträumigen, nicht öffentlichen Park entdeckt man interessante Steinfiguren und Reliefs. Einige Samen der mächtigen Bäume soll Zundel aus Italien mitgebracht haben, als er am Lago Maggiore bei Graf Casanova malte. Im Ringelnatzweg und in der Äckerwaldstraße spazieren wir jeweils nach links und biegen dann rechts in die Gorch-Fock-Straße ein. Gepflegte Ein- und Mehrfamilienhäuser säumen die Straße. Nach einigen Schritten

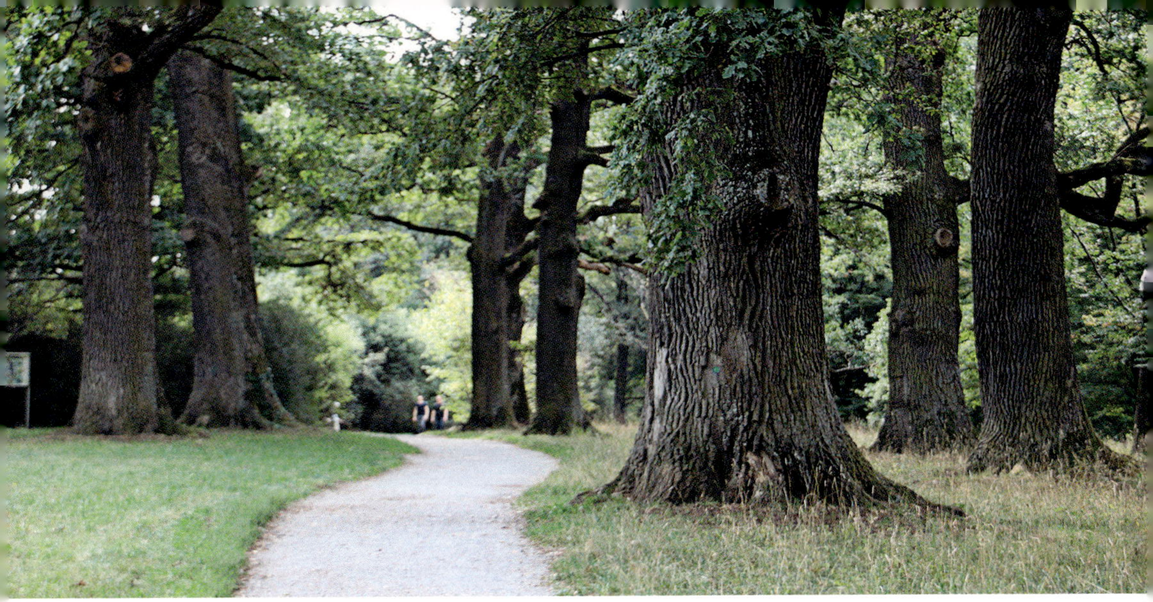

erscheint rechts das **Clara-Zetkin-Waldheim**, eine bekannte und geschichtsträchtige Einkehrmöglichkeit auf der Strecke.

Märchenhaft: Sillenbucher Eichenhain

Im Schatten der Baumriesen Im hübschen Hermann-Löns-Weg halten wir uns links und folgen ab der Kreuzung mit der Rudolph-Brenner-Straße dem Schotterweg schräg rechts in den zauberhaften **Eichenhain**. Die knorrigen Eichenriesen links und rechts des Weges dienten einst als Schattenspender für das

Geier wachen an der Villa Bosch-Zundel.

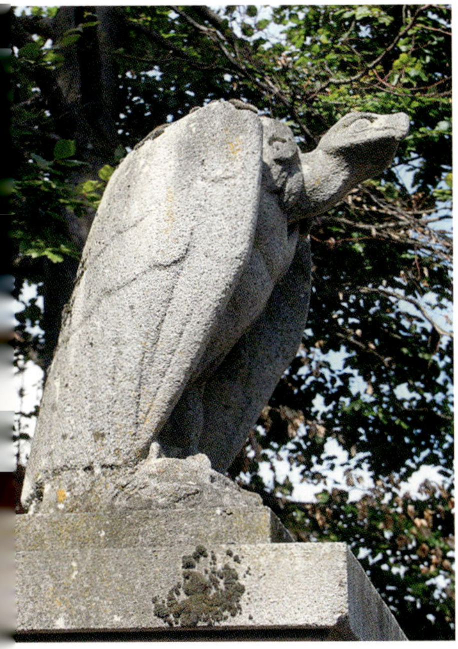

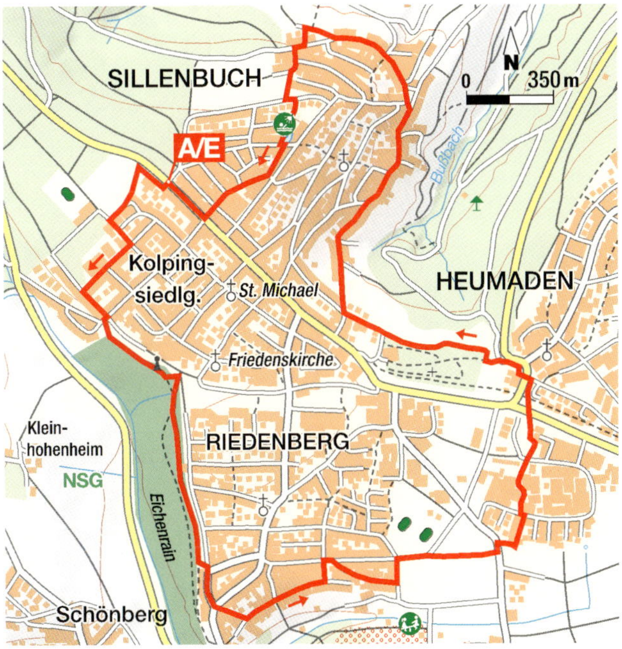

Weidevieh und manche von ihnen haben schon den Dreißigjährigen Krieg erlebt. Ein Wunder, dass diese Baumriesen selbst die Kriegszeiten und den großen Holzbedarf in der ausgebombten Großstadt überlebt haben.
Immer wieder haben wir interessante Ausblicke auf das beschauliche Tälchen des Kleinhohenheimer Bachs mit dem zur Uni Hohenheim gehörenden Gehöft Kleinhohenheim und dahinter die Hochhausgiganten der Asemwald-Wohnsiedlung Hannibal von 1972. Unser Weg schlängelt sich zwischen den alten Eichen. Vor einer Rechtskurve zwischen zwei abgestorbenen Baumriesen und einer Infotafel biegen wir nach links. Wir sind nun in der Eichenparkstraße, der wir nach rechts folgen.

Dorfidylle in Riedenberg Im alten Dorfkern von **Riedenberg** biegen wir schräg nach links in die Brunnenwiesen ein und schlendern durch die hübsche Wohnstraße mit eingegrünten Einfamilienhäusern oberhalb des Auener Bachs. Bis zum großen Bauboom in den 1950er- und 1960er-Jahren waren diese Hänge im damals schneesicheren Dörfle ein beliebtes Skigebiet der Stuttgarter. Riedenberg taucht erstmals um 1110 in Urkunden auf, wurde 1942 nach Stuttgart eingemeindet und gehört seit 1946 zum Stadtteil Sillenbuch. Vor dem Sackgassenschild halten wir uns erst links und dann in der Straße Steinäcker wieder rechts. Am Ende der

Wissenswertes

Die von Kaiser Wilhelm einmal als »gefährlichste Hexe des deutschen Reiches« bezeichnete Politikerin und Frauenrechtlerin **Clara Zetkin** war u. a. Mitbegründerin des Spartakus-Bundes und 1917 der neuen Unabhängigen Sozialdemokratischen Partei Deutschlands USPD. Außerdem war sie von 1920 bis 1933 KPD-Abgeordnete im Reichstag. In ihrem Sillenbucher Haus trafen sich Freunde und politische Weggefährten wie August Bebel, Karl Liebknecht und Rosa Luxemburg sowie nicht zuletzt Wladimir Iljitsch Lenin, der 1907 während des Weltkongresses der II. Internationalen in Sillenbuch Station machte. Clara war mit dem deutlich jüngeren Künstler Friedrich Zundel verheiratet. Mit der Zeit trennten sich die Wege des Paares. Friedrich ließ sich von Clara scheiden, um 1927 Paula Bosch, die jüngste Tochter des Industriellen Robert Bosch, zu heiraten. Zundel baute zunächst im weitläufigen Sillenbucher Garten von Clara die Bosch-Zundel-Villa, zog dann aber bald mit Paula auf den Tübinger Berghof, wo er sich eine ähnliche Villa mit Atelier errichten ließ. Clara Zetkin starb am 20. Juni 1933 in Archangelskoje bei Moskau. Stalin selbst trug ihre Urne zur Beisetzung an der Moskauer Kremlmauer.

Wohnstraße wandern wir den anfangs asphaltierten Feldweg geradeaus weiter und queren am anderen Ende die Kemnater Straße. Weiter geht es nach links und an der ersten Möglichkeit wieder rechts. Nach wenigen Schritten biegen wir in den Kristallweg und wandern Richtung Norden. Es geht durch ein wenig spannendes Wohngebiet mit Reihen- und Mehrfamilienhäusern und nach Querung der Bernsteinstraße etwas links versetzt den Schwellenäckerweg in gleicher Richtung weiter.

Beim Ladenzentrum orientieren wir uns erst links und dann beim Lokal **Zum Schluckspecht** wieder rechts. Nach Überquerung der Bernsteinstraße sowie Unterquerung der Kirchheimer Straße kommen wir in die Straße Pfennigäcker. Wir halten uns links, queren die Bockelstraße am Überweg und spazieren den Weg gegenüber kurz in gleicher Richtung weiter. Nun folgen wir dem Fußweg oberhalb der Hedelfinger Filderauffahrt Richtung **Ostfilderfriedhof**. Auf dem 1970 hainartig angelegten Gottesacker befinden sich auch die Gräber des früheren Stuttgarter Oberbürgermeisters Manfred Rommel sowie des 1977 von der RAF ermordeten Arbeitgeberpräsidenten Hanns Martin Schleyer.

Direkt vor dem Eingang des Friedhofs biegen wir nach rechts und folgen dem asphaltierten Wanderweg unterhalb Richtung Westen. Wer gerne durch den Friedhof gehen möchte, hält sich später am Westausgang rechts und im Höhenringweg links.

Dörflicher Charme: Riedenberg

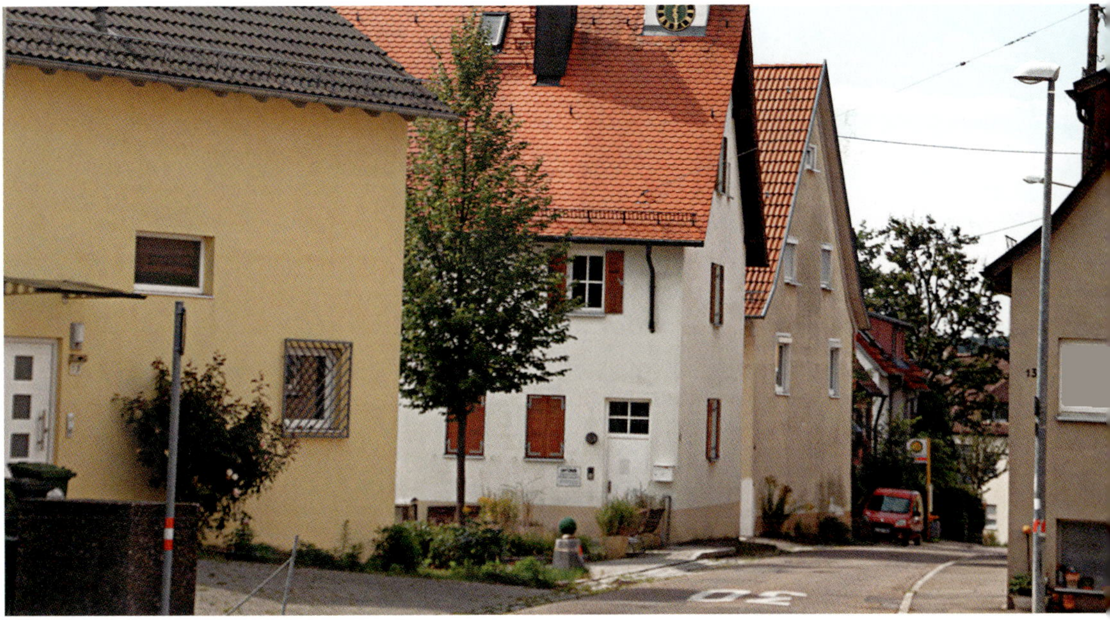

Immer wieder bieten sich schöne Ausblicke auf Alt-Sillenbuch, den Fernsehturm, das Bußbachtal und im Hintergrund Rotenberg mit der Grabkapelle und die Schurwaldhöhen.

Aussichtsreich durch Sillenbuch Nach einigen Schritten erreichen wir auf dem Höhenringweg wieder Sillenbuch und biegen bald in die talwärts führende Madenstraße mit weiteren schö-

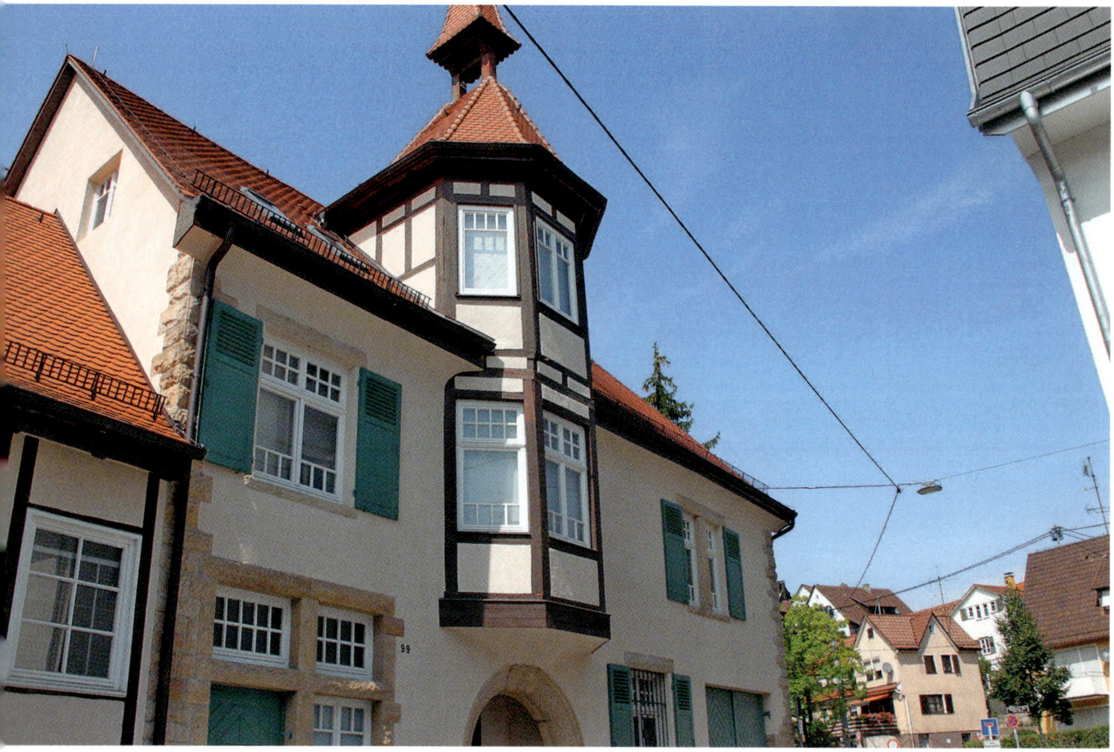

Altes Sillenbucher Rathaus

nen Ausblicken ein. Ihr Name erinnert nicht etwa an gefräßige Würmer, sondern an die alten Sillenbucher Mähwiesen, auch »Mähder« genannt. Für Ackerbau waren diese Böden nämlich zu karg.

Es geht geradeaus weiter und wir gelangen über die Tuttlinger Straße ins hübsche **Sillenbucher Ortszentrum** mit schön erhaltenen Bauern- und Handwerkerhäusern aus dem 17. bis 19. Jahrhundert. Am früheren **Gasthof Waldhorn** erreichen wir die Buowaldstraße und folgen ihr. Bei Haus Nr. 58 schwenkt die Straße nach links und wir wandern den Weg kurz geradeaus weiter. Die Bebauung auf der rechten Seite endet und wir

bekommen eine faszinierende Sicht über das Tiefenbachtal mit den malerischen Weinbergen sowie über den Stadtteil Frauenkopf mit dem Fernmeldeturm. Ganz links steht der Fernsehturm auf dem Bopser und ganz rechts sehen wir die Weinberge des Neckartals.
Nun biegen wir an der nächsten Möglichkeit nach links in einen Fußweg und wandern bergauf. In der Buowaldstraße halten wir

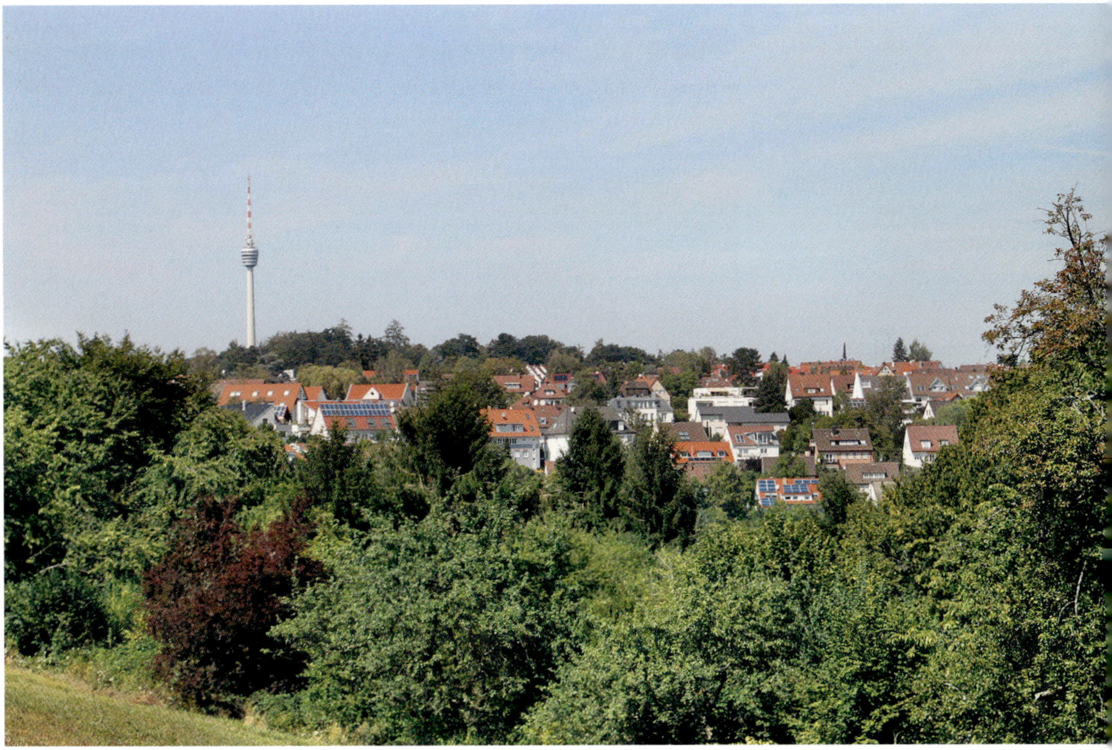

Wohnen in luftiger Höhe: Sillenbuch mit dem Fernsehturm am Horizont

uns kurz rechts, folgen der Fridinger Straße bergauf und steigen in gleicher Richtung den eingegrünten Stäffelesweg hoch bis zur Kernerblickstraße. Hier gehen wir kurz nach links und spazieren dann den Wetteweg zwischen Freibad und der Landstadtsiedlung aus den 1930er-Jahren rechts hoch.
In der Trossinger Straße angekommen, wandern wir erst links und dann nach rechts, auf einem weiteren Fußweg, bis zur Corneliusstraße. Wir folgen dieser Straße nach rechts ins Sillenbucher Geschäftszentrum. In der Kirchheimer Straße geht's rechts zurück zur Stadtbahnhaltestelle Silberwald, wo diese Rundwanderung endet.

27 Von der Dobelstraße über Frauenkopf nach Gaisburg

Durch den schönen Südosten der Stadt

Leicht | 7,9 km | 220 Hm/293 Hm | 2.30 Std.

Wegecharakter
Asphalt und unbefestigt

Ausgangspunkt
Stadtbahnhaltestelle Dobelstraße (U5, U6, U7)

Endpunkt
Stadtbahnhaltestelle Wangener-/Landhausstraße (U4, U9)

Einkehrmöglichkeit
Waldheim Gaisburg und Waldheim Raichberg, Gaststätte Ratze in der Kleingartenanlage Raichberg

Diese zauberhafte Tour führt uns von der Innenstadt durch die grünen Stadtviertel im Osten wie die Buchwaldsiedlung und Frauenkopf. Wir erwandern wunderschöne Höhenzüge, lauschige Wohnquartiere, Naturoasen und entdecken herrliche Aussichtspunkte.

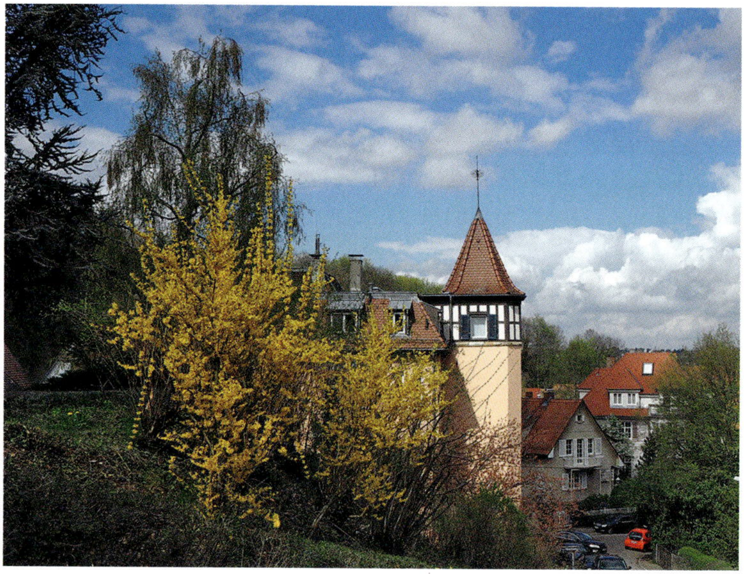

Einstige Gastwirtschaft an der lauschigen Dobelklinge

Rechts: Wohnhäuser im Dobelbachtal

Durch den Wald nach Frauenkopf Wir beginnen diese Wanderung an der Stadtbahnhaltestelle Dobelstraße in der Hohenheimer Straße und folgen der einmündenden Dobelstraße bergauf. In der Sonnenbergstraße halten wir uns rechts und kommen an schön eingegrünten Jugendstilvillen aus der Zeit um 1900 vorüber, ein wahres Paradies für Altbaufans. An der Kreuzung mit der Straße Im Unteren Kienle erreichen wir den Himmelfahrtsbrunnen. Wir spazieren die charmante Wohnstraße Im Unteren Kienle weiter aufwärts bis zum imposanten Gründerzeitbau Nr. 7, in dem früher eine beliebte Gastwirtschaft war.

Hier geht's den Weg Dobelklinge links hoch und wir bekommen bald herrliche Ausblicke auf das **Dobelbachtal** und den **Killesberg** links dahinter. Rechts oben sehen wir den 192,4 Meter hohen Fernmeldeturm auf dem Frauenkopf, den wir nun bald im Bogen umwandern. Über den Waldweg Dobelsträßle geht's weiter bergauf bis zur Stadtbahnhaltestelle Stelle. Gegenüber folgen wir der Straße Richtung Frauenkopf auf der rechten Seite. Nach ca. 150 Metern spazieren wir nach rechts in den geschotterten Rohrackerweg (Wanderzeichen roter Punkt) und streifen durch ein wunderbares Waldgebiet. Der Weg führt durch kleine Bachklingen und sanfte Mulden. Der Stubensandstein hier oben ist ein guter Quellhorizont für den **Tiefenbach**.

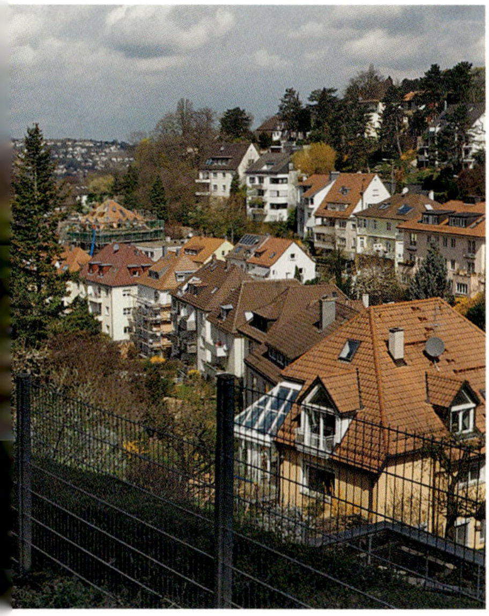

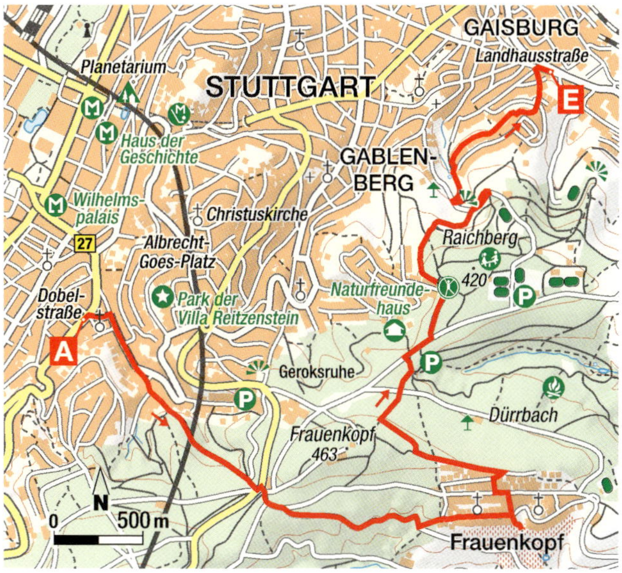

Abstecher ins Zwergenparadies Wir erreichen ein asphaltiertes Sträßchen und spazieren links hoch in den Stadtteil **Frauenkopf**. Dabei haben wir immer wieder schöne Ausblicke über das Tal des Tiefenbachs nach Sillenbuch. In der Rosengartenstraße geht's in der gleichen Richtung weiter und wir kommen an feinen Villen und Gärten in schöner Lage vorbei. Im kreuzenden Eselweg können wir einen kurzen Abstecher rechts runter zum Stuttgarter **Zwergenparadies** machen und dabei einen herrlichen Blick auf das Tal mit Rohracker und die Weinberge erhaschen.
Gleich nach der Linkskurve wird man von Hunderten Zipfelmännern und anderen Kreaturen erwartet, die hier in einem

Wochenendgrundstück zwischen kleinen Zwergenhäusle und Burgen ihr ganz eigenes Leben führen. Ein paar Schritte weiter haben wir eine schöne Sicht ins Tiefenbach- und Bußbachtal. Früher schleppten auf diesem Weg Grautiere vor allem Steine zum Bau der vielen Weinbergmauern am Frauenkopf. Wir wandern den Eselweg nun bergauf, gehen in der Frauenkopfstraße kurz nach links und spazieren dann über die Max-Ackermann-Staffel weiter hoch in den Filderblickweg, wo uns eine herrliche Sicht für den Aufstieg belohnt.

Aussicht genießen über Raichberg Es geht weiter bergauf und wir biegen in der exquisiten Distlerstraße mit ihrem begleitenden Weg am Waldrand nach links Richtung **Fernmeldeturm** ab, der auf dem 462,3 Meter hohen Frauenkopf thront. Vor dem schön angemalten Wasserreservoir (Nr. 79) folgen wir dem Waldweg nach rechts. Der Pfad schwenkt bald nach links und nach 350 Metern gelangen wir an eine T-Kreuzung. Hier halten wir uns rechts und wandern bergab zu einem Waldparkplatz (Wanderzeichen roter Punkt). Danach queren wir das Sträßchen Waldebene Ost und wandern auf dem unterhalb verlaufenden Begleitweg nach rechts. Bald kreuzen wir ein asphaltiertes Sträßchen. Wir biegen danach links ein und spazieren auf dem parallel verlaufenden Waldpfad. Schließlich erreichen wir die **Buchwaldsiedlung** mit der Buchwaldstraße. Hier verlassen wir den Wald und folgen dem asphaltierten Sträßchen nach rechts, immer am Waldrand entlang. An einem modernen weißen Wohngebäude halten wir uns wieder rechts und biegen unten am Waldrand noch mal nach rechts auf einen unbefestigten Weg ab. Er führt uns am Wald entlang und wir genießen oberhalb der Kleingartenanlage **Raichberg** herrliche Ausblicke auf den Stuttgarter Osten und das Neckartal.

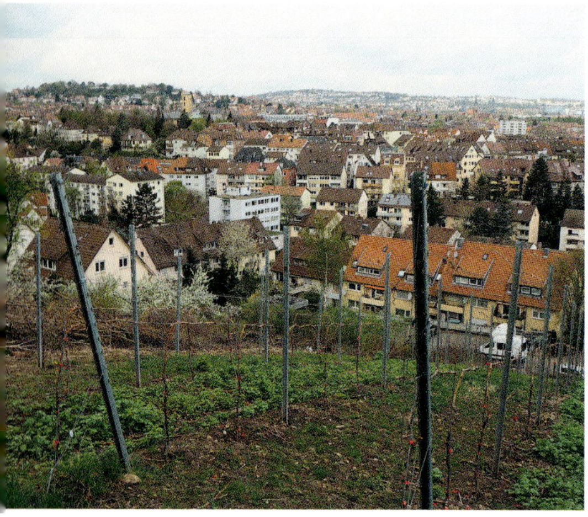

Blick auf Gaisburg und die Herz-Jesu-Kirche

Pittoresker Rückweg Am Ende der Siedlung haben wir die Möglichkeit, zur beliebten Gaststätte **Ratze** abzusteigen. Von dort können wir links in die Straße Im Bruckenschlegel hinunterwandern. Ansonsten bleiben wir weiter oben auf dem nach links schwenkenden Weg und erreichen nach dem Wald die

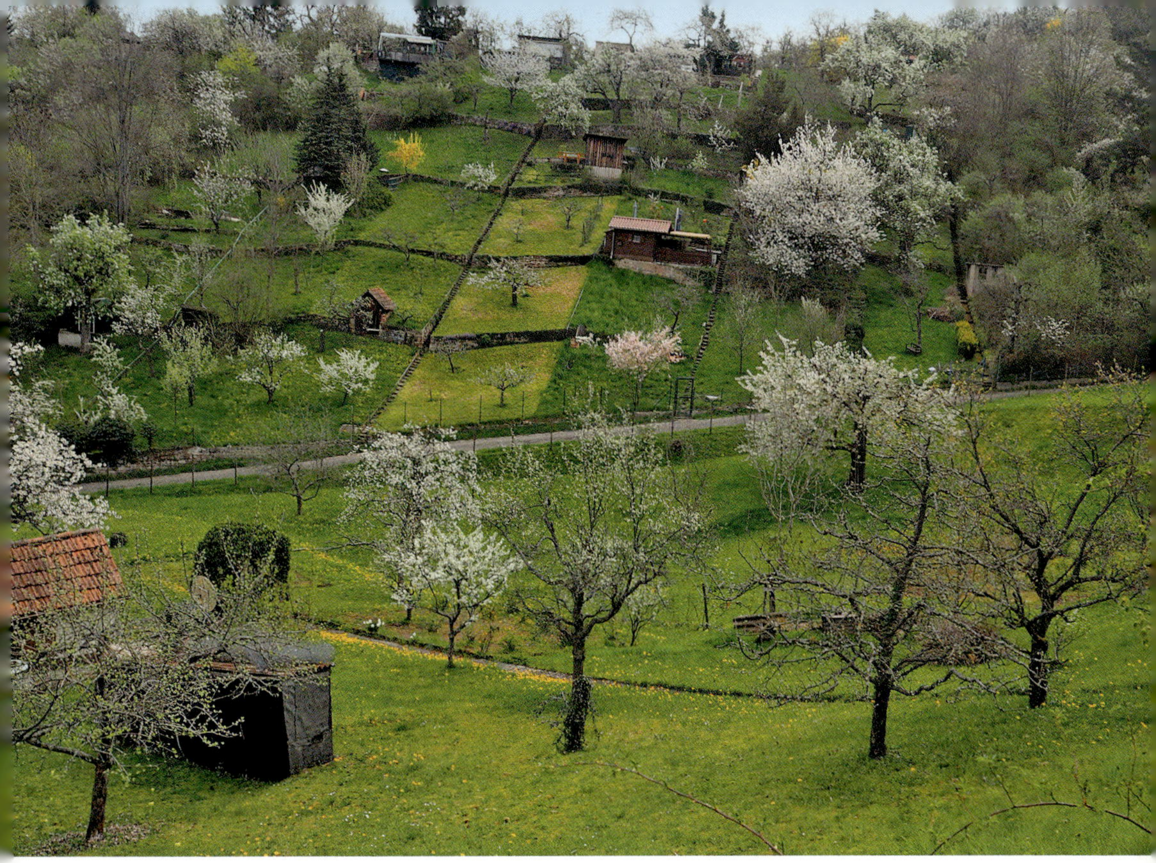

Frühling im Froschbeißertälchen

Straße. Hier haben wir mit dem **Waldheim Gaisburg** auf der rechten Seite und dem oberhalb liegenden **Waldheim Raichberg** gleich zwei Einkehrmöglichkeiten. Nun geht's über die Obere Neue Halde links hinunter und nach ca. 200 Metern spazieren wir nach rechts ins lauschige **Froschbeißertälchen**. Wieder nach ca. 200 Metern, an einem alten Fachwerkhäusle, geht's abermals rechts und wir kommen zu einer weiteren Wohnsiedlung, die ab den 1930er-Jahren in den Gaisburger Weinbergen entstanden ist. Vor den Häusern gehen wir erst links und dann rechts mit freiem Blick auf Gaisburg und die Neckaraue weiter. An einem Weinberg schwenkt unser Weg kurz rechts hoch und wir folgen gleich darauf am Spielplatz dem Stäffele links hinunter ins Tal. Beim Abstieg haben wir interessante Ausblicke auf das Schlachthof- und Großmarktareal im industrialisierten Neckartal. Nach Querung der Drackensteinstraße, der Seeburger und der Lenninger Straße erreichen wir unten die Steinbruch- und die Landhausstraße. Hier biegen wir rechts ein und gelangen zur doppelten Stadtbahnhaltestelle Wangener-/Landhausstraße, von der wir am schnellsten mit der U4 (obere Haltestelle) zum Ausgangspunkt zurückkommen.

28 Von Wangen nach Hedelfingen

Auf Wandelwegen durch alte Weinberge

Mittel | 6,3 km | 201 Hm/198 Hm | 2 Std.

Wegecharakter
Unbefestigt, Schotter und Asphalt

Ausgangspunkt
Stadtbahnhaltestelle Inselstraße (U4, U9)

Endpunkt
Stadtbahnhaltestelle Hedelfingen (U9, U13)

Einkehrmöglichkeit
Restaurant Tante Blanka (Neckarblick) auf der Wangener Höhe, Onkel Otto auf der Wangener Höhe, Friedrichsruh auf der Wangener Höhe, Café Deinz an der Stadtbahnhaltestelle Hedelfingen

Diese spannende Wanderung führt uns durch die einmalige Natur- und Kulturlandschaft Wangener Höhe. Auf den Spuren von alten Weinbautraditionen kommen wir an legendären Gartenlokalen und schönen Aussichtspunkten vorbei und entdecken dabei die Stadtteile Wangen und Hedelfingen.

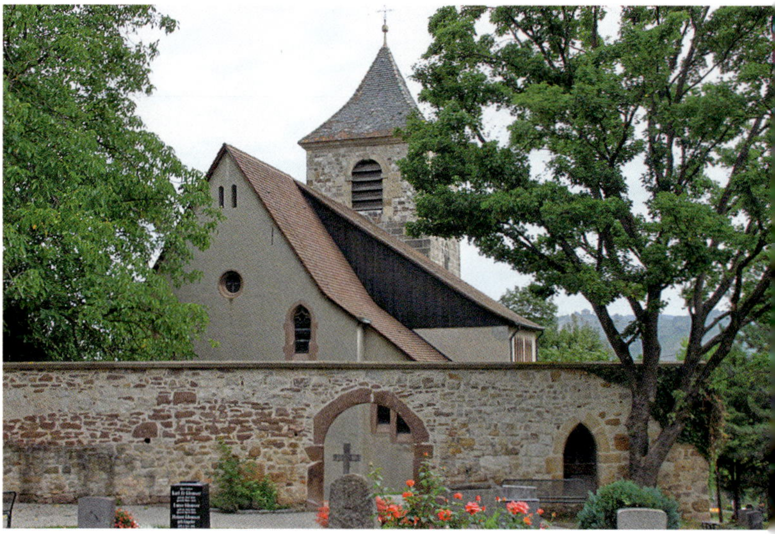

Trutzig: Wangener Michaelskirche

Durch Wangen ins Grüne Die Tour beginnt an der Stadtbahnhaltestelle Inselstraße und wir folgen der Ulmer Straße Richtung Südosten. Im weiteren Verlauf der Straße begleiten uns auf der rechten Seite bald ein paar schmucke Mietshäuser aus der Zeit um 1900 und wir passieren die große **Kelter** von 1713. Etwas weiter hinten sehen wir das **Wangener Rathaus** mit Türmchen von 1847. Kurz davor biegen wir nach rechts und kommen über die Buchauer Straße in den alten Dorfkern von Wangen mit einigen alten Weingärtnerhäusern.

Oben macht die Straße eine Linkskurve und wir sehen über uns die ummauerte Wangener Kirche **St. Michael**. Wer sich die

Kirche näher anschauen möchte, steigt die Treppen nach oben. Das Gotteshaus ist zwar meist verschlossen, aber das Äußere mit der Ringmauer und den alten Grabmälern auf dem stimmungsvollen Friedhof ist trotzdem einen Besuch wert. Nun folgen wir unterhalb der Kirche dem Staibhöhenweg rechts hinauf und haben immer wieder interessante Ausblicke auf das industrialisierte Neckartal und die Weinberge gegenüber.

Aussichtsreich zur Einkehr Weiter oben macht das Sträßle eine scharfe Rechtskurve und wir wandern den Fußweg schräg links in gleicher Richtung weiter bergauf. Schließlich befinden wir uns auf dem schön eingegrünten Schillerlindenweg und erreichen die **Schillerlinde**, einen bekannten Aussichtspunkt mit herrlichem Panoramablick.

Von hier spazieren wir scharf links Richtung Restaurant **Tante Blanka/ Neckarblick**, eine von mehreren guten Einkehrmöglichkeiten auf unserer Tour. Auf dem Pfad oberhalb des Lokals biegen wir am Ende der Minigolfanlage rechts ein. Nach einigen Schritten erreichen wir an einer alten »Wengerterschütz« aus Sandsteinplatten den Rennweg, den wir nach links weitergehen.

Wissenswertes

Das Leben in einem mittelalterlichen Dorf war voller Gefahren, ganz besonders in der Schusslinie zwischen der Freien Reichsstadt Esslingen und der württembergischen Residenzstadt Stuttgart. Das sieht man noch gut an der mächtigen Mauer um die einstige **Wehrkirche St. Michael**. Die Bewohner brauchten im Kriegsfalle einen einigermaßen sicheren Ort, an den sie fliehen konnten. Das an den Wangener Berg geduckte Gotteshaus mit mächtigem Westturm entstand um 1250 und ist damit eine der ältesten Kirchen Stuttgarts. Am romanischen Chorturm erkennt man noch die mittelalterliche Inschrift »Michahel est Patronus« und, vermutlich, eine Darstellung des Erzengels Michael aus der Anfangszeit.

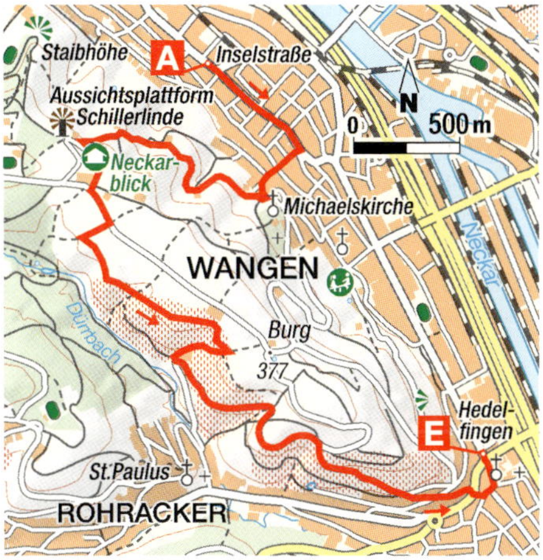

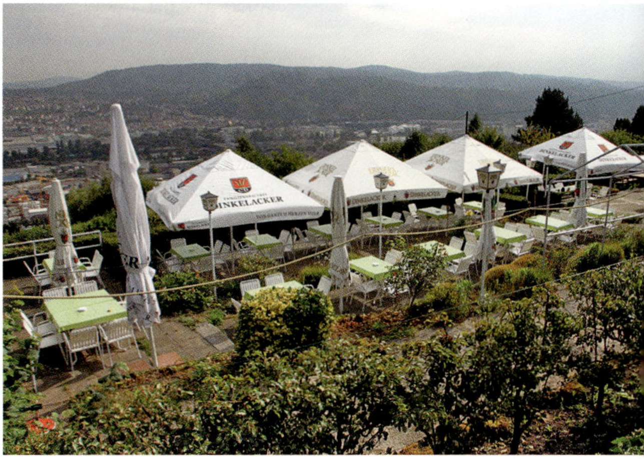

Neckarblick bei der Schillerlinde

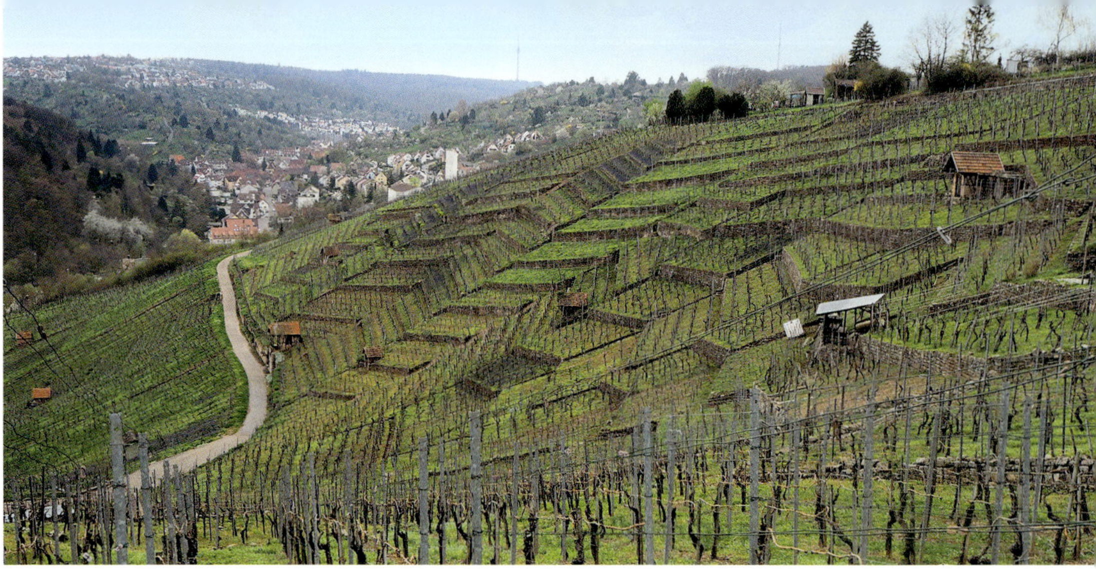

Blick nach Rohracker und ins Dürrbachtal

Wir passieren das legendäre Gartenlokal **Onkel Otto** und haben an der nächsten Kreuzung, wo wir rechts abbiegen, die Möglichkeit für einen Abstecher nach links zum ebenfalls beliebten Ausflugslokal **Friedrichsruh**. Ansonsten biegen wir hier nach rechts in den Pflasterweg (Ziegler Nord) Richtung Grenzwandel und folgen der Ausschilderung, einem Dreieck mit zwei »W«, zu diesem Wandel an der zweiten Möglichkeit nach links.

Unterwegs auf dem Wandelweg Wir wandern für längere Zeit auf diesem idyllischen Wandelweg. Die **Grenzsteine** zeigen uns, dass wir uns auf dem richtigen Pfad befinden. Einmal biegt ein Weg nach links. Dies ist jedoch ein anderer Wandel und wir steigen hier geradeaus die Steinstufen hinunter in eine kleine Mulde und auf der anderen Seite in gleicher Richtung weiter.
Nach ungefähr 1,3 Kilometern schwenkt der Weg nach rechts und wir gelangen auf eine freie Wiese. Dort halten wir uns schräg links und wandern den Pfad entlang einer alten **Weinbergmauer** kurz weiter bis zum gepflasterten Singerweg, an dem wir uns nach rechts wenden. Wir kommen nun hinunter in ein lauschiges Tälchen und auf der rechten Seite sehen wir noch traditionelle Weinberge mit teilweise schon im Mittelalter aufgeschichteten Mauern. Ein malerisches Bild und Lebensraum für zahlreiche Tiere. Noch ein paar Olivenbäume, und wir würden uns in der Toskana wähnen. Unten erreichen wir eine asphaltierte Kreuzung bei einem Häusle und wählen den Engenbergweg ganz links.

Durch die Weinberge nach Hedelfingen Wir spazieren nun wieder leicht bergauf mit Blick aufs Dürrbachtal und Rohracker.

Der Weg schwenkt nach links und führt durch einen noch bewirtschafteten Weinberg. Wir queren den Rohracker Kirchweg. Auf diesem uralten, auch Rotweg genannten Verbindungspfad mussten früher die Bewohner von Rohracker zu den katholischen Messen in der Wangener Michaelskirche pilgern, weil der Ort bis 1447 keine eigene Kirche besaß. Auch die Trauerzüge mit den Toten mussten diesen steilen Weg nehmen. Wir wandern den Weinwanderweg in gleicher Höhe weiter und haben bald schöne Ausblicke auf die liebliche **Weinberglandschaft** um das Bußbachtal. Im Hintergrund erstreckt sich das industrialisierte Neckartal, ein heftiger Kontrast.

Nach ca. 600 Metern biegen wir in den talwärts führenden Asphaltweg und folgen ihm für längere Zeit. Rechts unterhalb liegt die Hausmeisterklinge, in der die historischen Weinbergmauern von Rebflurbereinigungen verschont blieben. Wir wandern in ungefähr gleicher Richtung hinunter nach **Hedelfingen**, queren dort den Alosenweg und spazieren den hübschen Beundweg weiter bergab in den Ort. Unten queren wir die Rohracker Straße, gehen kurz nach rechts und folgen der Planstraße nach links. Die Heumadener Straße führt uns nun nach links durch den alten Hedelfinger Flecken mit urigen Wengerthäusle und weiteren Einkehrmöglichkeiten. In der Amstetter Straße geht's nach links, vorbei an der meist verschlossenen alten **Hedelfinger Kirche**. Auch sie war eine Wehrkirche und ist für ihre gotischen Wandmalereien berühmt. Bald erreichen wir die Stadtbahnhaltestelle Hedelfingen, den Endpunkt dieser Wanderung.

Wissenswertes

Die **Wangener Höhe** beherbergt überraschend vielfältige Lebensräume: Terrassenweinberge und Gärten, Staffeln, Brachen, Obstbaumwiesen und Hecken. Sie sind idealer Lebensraum für seltene Vogelarten wie den Gartenrotschwanz, den Wendehals oder den Grünspecht. Verbunden wird dieses Gebiet mit einem dichten Netz aus Wandeln, Wegen und Staffeln. Sie wurden in den letzten Jahren für die Wanderer und die Grundstückeigentümer wiederhergerichtet und sind ein wichtiger Garant dafür, dass diese einzigartige Kultur- und Naturlandschaft erhalten bleibt. »Wandel« sind die alten Pfade der hiesigen Winzer, schwäbisch Wengerter, zur Erschließung und Bewirtschaftung der ausgedehnten Weingärten. Der Grenzwandel, dem wir auf der Tour folgen, bildete die einstige Grenze zwischen Wangen, Rohracker und Hedelfingen und wird von alten Grenzsteinen begleitet. Ein »W« auf den Steinen steht für Wangen, »RA« für Rohracker und »H« für Hedelfingen.

29 Von Untertürkheim nach Rotenberg

Durchs Weinparadies zu Saluccis Meisterwerk

Leicht	9,8 km	262 Hm/262 Hm	3 Std.

Wegecharakter
Asphalt-, Beton- und Schotterwege

Ausgangspunkt
Bahnhof Untertürkheim (S1)

Endpunkt
Bahnhof Untertürkheim (S1)

Einkehrmöglichkeit
Rotenberger Weingärtle in Rotenberg, Gastronomie in Untertürkheim, Besenwirtschaften in den Weinbergen (temporäre Öffnungszeiten)

Diese herrliche Rundwanderung führt uns durch Stuttgarts wunderbare Weinlagen zu faszinierenden Aussichtspunkten und Highlights wie Rotenberg mit seiner berühmten Grabkapelle.

Durch Untertürkheim in die Weinberge Wir beginnen diese Wandertour am Bahnhof Untertürkheim und gehen über die Augsburger Straße die Widdersteinstraße hoch durch das alte Zentrum des einstigen Weingärtnerdorfes. Weiter oben schwenkt die Widdersteinstraße (bei der Eingemeindung nach Stuttgart gab man fast allen Straßen alpenländische Namen) nach rechts und wir halten uns in der Großglocknerstraße wieder links. In der Ötztaler Straße geht's nochmals nach links. Die kleinen Häuser der früheren Weingärtner und Tagelöhner drängen sich hier noch dicht an dicht. An der Kreuzung mit der Oberstdorfer Straße sehen wir die **Kindertagesstätte im Schlössle**. Die 1870 erbaute schmucke Villa wurde bereits 1914 vom damaligen Eigentümer, dem jüdischen Bettenfedernfabrikanten und dänisch-isländischen Generalkonsul Max Straus, für die Einrichtung einer Kinderkrippe zur Verfügung gestellt.

In der Oberstdorfer Straße halten wir uns rechts. An einer hübschen Treppenanlage mit **Brunnen** von 1905 steigen wir hoch in die Kappelbergstraße, queren sie und gehen geradeaus weiter und an den Weinbergen nach links. Auf dem idyllischen Wengertweg mit der 1903 erbauten Kirche **St. Johannes** wähnt man sich fast irgendwo in der Lombardei.

Über die idyllische Hangstraße kommen wir wieder in die Kappelbergstraße, halten uns rechts und biegen gleich wieder rechts in die Margaretenstraße ein. In der Hettichstraße geht's erst links und in der Fellbacher Straße wieder nach rechts. Nach ein paar Schritten halten wir uns links und folgen der Straße Im Häldle durch ein schönes Wohngebiet mit ersten Ausblicken auf Rotenberg und seine Grabkapelle. Bei Haus Nr. 18 gehen wir die Friedhofstaffel rechts runter und wandern unten die Gehren-

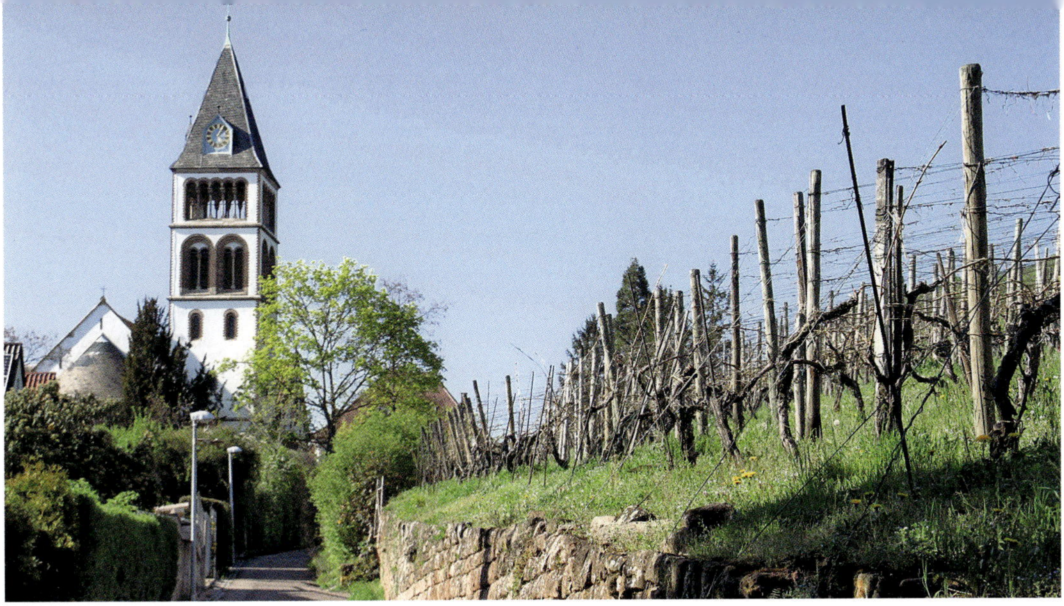

Malerisch: St. Johanneskirche an den Weinbergen

waldstraße links vom **Gögelbach** bergauf. Die Straße schwenkt bald nach rechts und wir bleiben auf den Weg entlang des Bachs. Er führt uns rechts am **Weingut Zaiss** mit seinem Sommerbesen vorbei und wir biegen nach 80 Metern links hoch, wo wir bald einen schön eingegrünten **Weiher** erreichen.

Auf idyllischen Wegen nach Rotenberg Unsere Wege führen nun links am Gögelbach entlang bis zu einem Regenrückhaltebecken, das wir nördlich umwandern. Oberhalb des Weihers mit dem **Weingut Diehl** schwenkt unser Weg nach links und wir wandern in einem großen Rechtsbogen durch die Weinberge bergauf. Vor einer Linkskurve folgen wir einem Stäffelesweg rechts hoch. Oben halten wir uns rechts und erreichen am Waldrand einen herrlichen Aussichtspunkt. Wir gehen weiter und folgen ab der nächsten Kreuzung den orangen Symbolen des Untertürkheimer Rundwanderwegs hinunter ins malerische **Rotenberg**.

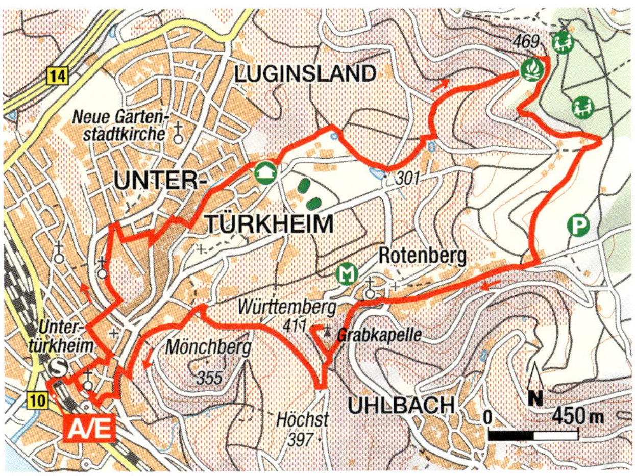

Zur Grabkapelle und weiter durch die Weinberge Vorbei am **Rotenberger Weingärtle**, einer guten Einkehrmöglichkeit, geht's die Württembergstraße hinauf und wir bekommen einen grandiosen Ausblick auf die Weinberge um Uhlbach und auf den Schurwald. Am früheren **russisch-orthodoxen Priesterhaus** halten wir uns rechts und schlendern in einem Bogen mit weiteren herrlichen Ausblicken auf Stuttgart und seine umliegenden Höhenzüge hoch zum **Mausoleum** auf dem 1907 in **Württemberg** umbenannten ehemaligen Rotenberg. Als Vorbilder für das von März bis Ende Oktober geöffnete Meisterwerk Saluccis gelten das antike Pantheon in Rom und die Renaissancevilla Rotonda bei Vicenza.

Nun geht es wieder hinunter und wir folgen noch für eine Weile den orangen Wandersymbolen. Der Panoramaweg führt uns durch die Weinberge zur alten **Rotenberger Steige**. Weiter unten verlassen wir an der Brücke den markierten Weg nach rechts und halten uns oben links. Nach den Wohnhäusern biegen wir nach rechts und haben weitere schöne Ausblicke. Der Weg schwenkt nach links, und bevor er wieder ansteigt, biegen wir rechts ab in einen urigen Stäffelesweg – mit seinen alten Mauern und Steintreppen ein idyllischer Rest vieler 1970 verschwundener Weinbergterrassen.

Wissenswertes

Das Weingärtnerdorf **Rotenberg** war jahrhundertelang durch die Burg Wirtemberg, die Stammburg der Württemberger, geprägt. 1819 wurde der Adelssitz auf Beschluss des damaligen Königs Wilhelm I. abgerissen und durch ein prachtvolles Mausoleum ersetzt. Der neue Bau war als ewiger Liebesbeweis für seine früh verstorbene zweite Frau, die Zarentochter Katharina Pawlowna, gedacht. Baumeister war der Florentiner Giovanni Salucci. Später wurden dort auch der König und die gemeinsame Tochter Marie Friederike Charlotte von Württemberg beigesetzt. Der seit 1931 zu Stuttgart gehörende Ort ist durch seine steilen Lagen immer noch vom Weinbau geprägt und ein Weingärtnerdorf geblieben.

Zurück nach Untertürkheim Die Staffeln werden steiler und wir gelangen in die Strümpfelbacher Straße. Wir folgen ihr bergab, biegen bald rechts in die Heppacher Straße ein und kommen an der **Runkelinskelter** von 1574 vorbei. Sie zählt zu den ältesten erhaltenen Keltern der Region. In der Augsburger Straße geht es wieder nach rechts bis zur **Alten Apotheke**. Hier biegen wir schräg rechts in die Trettachstraße ein, die frühere Kirchstraße. Nach wenigen Schritten sehen wir linker Hand das alte **Pfarrhaus**. Der prächtige Fachwerkbau aus dem Jahr 1520 wurde später immer wieder verändert. Ein altes Steinrelief mit Inschrift und Wappenstein stammt noch aus der ersten Bauzeit. Die Kirche **St. Germanus** ist ein Bau von 1478, sie hat ihre Anfänge aber schon im 11. Jahrhundert. Nach Zerstörungen wurde sie immer wiederaufgebaut. Der älteste sichtbare Teil ist der Turm mit Schießscharten. Das Gotteshaus wurde später erweitert und um 1970 innen radikal

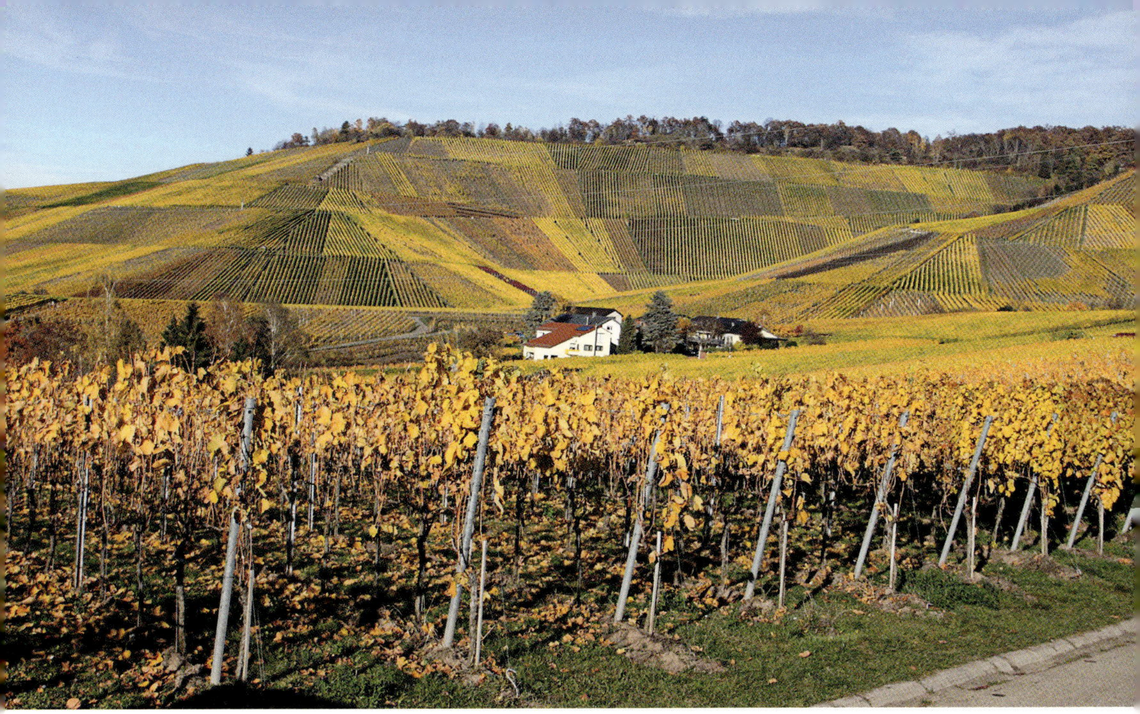

modernisiert. Durch Wandmalereien aus dem 17. Jahrhundert, die »Untertürkheimer Bergpredigt« von Carl Schmauck (1932) sowie die eindrucksvolle »Josephswand« von HAP Griesheimer (1970), ist sie aber eine Besichtigung wert. Grieshaber selbst bezeichnete sein Werk als »der Welt größter Paravent«. Wir gehen direkt an der Kirche links runter zur Augsburger Straße, halten uns rechts und sind bald am Untertürkheimer Bahnhof.

Herbstzauber in den Untertürkheimer Rebhängen

Wissenswertes

Der Stuttgarter Stadtteil **Untertürkheim** erscheint erstmals 1121 in einer Urkunde als Durinkheim in Urkunden und der Weinbau war hier schon ab dem 8. Jahrhundert von großer Bedeutung. Ab 1845 kam die Anbindung an die Eisenbahn, was bald die ersten Betriebe anlockte. 1889 eröffneten die Bettenfedernfabriken Straus & Cie hier ihre Produktionsstätte und 1898 siedelte sich die von Ernst Staengel um 1857 in Stuttgart gegründete Kakao- und Schokoladenfabrik Staengel & Zisichs hier an. Aus ihren Initialen entstand der Name »Eszet«.

1900 erwarben hier die Unternehmer Gottlieb Daimler und Wilhelm Maybach ein großes Areal für ihre Daimler-Motoren-Gesellschaft. Dafür entstand auch ein Elektrizitätswerk: Das heute älteste kommunale Wasserkraftwerk in Württemberg ist noch immer in Betrieb. Trotz allem hat Untertürkheim seinen charmanten Charakter als Weinort bis heute bewahrt. Die lieblichen Weinlagen Altenberg, Mönchberg und Schloßberg sind weit über die Landesgrenzen hinaus bekannt und seine Besenwirtschaften und Weingüter sind echte Publikumsmagnete.

30 Von Obertürkheim über die Katharinenlinde nach Uhlbach

Weinromantik auf Genießerpfaden

Leicht | 7,6 km | 240 Hm/240 Hm | 2.30 Std.

Wegecharakter
Asphalt-, Beton- und Schotterwege

Ausgangspunkt
Bahnhof Obertürkheim (S1)

Endpunkt
Bahnhof Obertürkheim (S1)

Einkehrmöglichkeit
Höhengaststätte Katharinenlinde, Waldschenke Sieben Linden, Weinstube Café Löwen in Uhlbach, Gasthaus Ochsen in Uhlbach, Gastronomie in Obertürkheim, Besenwirtschaften in den Uhlbacher Weinbergen wie das Dreimädelhaus oder Ziegler's Hofbesen (temporär geöffnet)

Diese malerische Weinlandschaft lässt jeglichen Bürostress und Stuttgarter Verkehrsstau im Nu vergessen. Die Rundwanderung führt uns über herrliche Panoramawege um die idyllischen Stadtteile Uhlbach und Obertürkheim zur Katharinenlinde und nach Sieben Linden.

Raus aus Obertürkheim, rein in die Weinberge Wir beginnen diese Rundtour am S-Bahnhof Obertürkheim. Von hier geht es ins Obertürkheimer Ortszentrum und über die Göppinger Straße in die Asangstraße. Beim ehemaligen Gasthof Ochsen halten wir uns rechts und wandern die Rüderner Straße bergauf. Je weiter wir an Höhe gewinnen, desto ruhiger wird es und wir bekommen bald herrliche Ausblicke auf Obertürkheim mit seiner malerisch in den Weinbergen gelegenen **Petruskirche**.
Am Ende der Straße steigen wir über einen in gleicher Richtung führenden Stäffelesweg zwischen Sträuchern weiter bergauf. Wir queren ein asphaltiertes Sträßchen bei einem **Ruhebänkle** und kommen schließlich am **Kriegerdenkmal** des Turnvereins Obertürkheim unterhalb eines Sportgeländes vorbei. Halten wir uns hier vor dem ersten Weinberg rechts, kommen wir zum **Melac-** oder **Ailenbergturm**: ein lohnender Abstecher.

Obertürkheimer Petruskirche

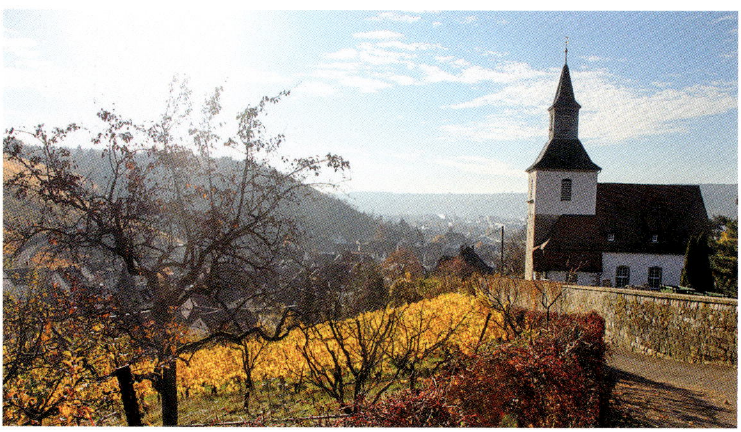

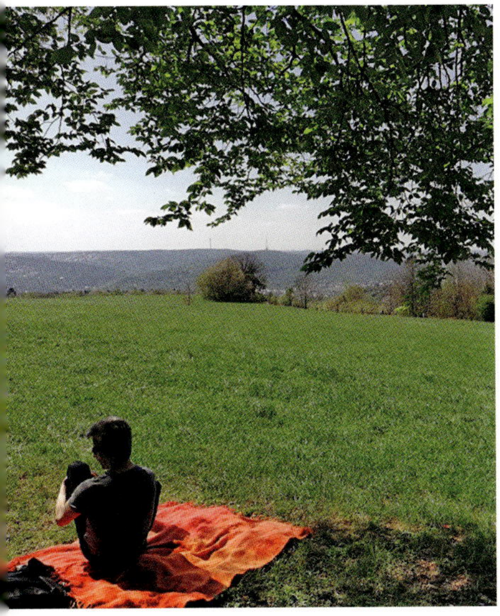

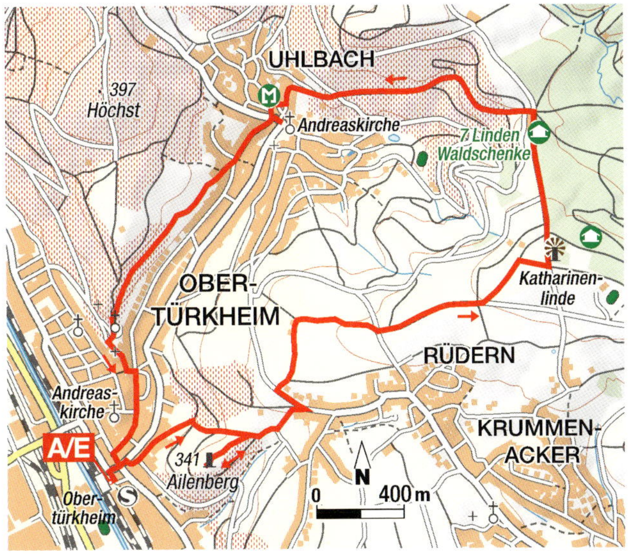

Geschichtsträchtig: Aussichtspunkt Katharinenlinde

Fantastische Aussicht an der Katharinenlinde Wir wandern nun in gleicher Richtung weiter bergauf und gehen ganz hoch bis in die Uhlbacher Straße, wo wir uns wieder links halten. Zwischen dem westlichsten Wohnhaus von **Rüdern** und dem **Weingut Bayer** folgen wir dem asphaltierten Weg rechts hoch. Vorbei am Pflanzzentrum Eisele kommen wir durch Streuobstwiesen und halten uns oben vor den Weinbergen rechts bis zum Rüderner Heideweg. Wir folgen dabei den Ausschilderungen zur »Katharinenlinde«. Schließlich erreichen wir den 17 Meter hohen **Aussichtsturm Katharinenlinde** mit der Höhengaststätte. Ohne zu übertreiben haben wir hier einen der großartigsten Aussichtsplätze in der Region Stuttgart erreicht. Bei guter Sicht überblicken wir den Trauf der mittleren und südlichen Alb, die Fildern und den Stuttgarter Kessel mit Fernseh- und Fernmeldeturm.

Wissenswertes

Das **Türmle auf der Ailenberg-Kuppe** entstand 1574 als Lusthaus. Der Sage nach soll hier der Weingeist Schlurger hausen, der nachts durch die Neckarvororte schlurft – schwäbisch »schlurgt«, um sie zu bewachen. Faulenzer erschreckt er gerne und sein Auftauchen soll ein gutes Weinjahr ankündigen. Der Bau erinnert auch an eine andere Geschichte. Angeblich hatte hier der französische General Ezéchiel de Mélac mit einer Esslinger Pfarrerstochter ein Rendezvous, die ihn töten wollte, um ihre Heimatstadt zu retten. Nachdem er sie bei einem Gerangel erdolchte, soll er aus Reue Esslingen vor der Zerstörung verschont haben.

Über die Sieben Linden nach Uhlbach Direkt an der Höhengaststätte führt uns der mit einem roten Kreuz gekennzeichnete Weg weiter zur **Waldschenke Sieben Linden**, einer weiteren Rastmöglichkeit an einem schönen Aussichtsplatz. Von den ursprünglich sieben Linden, die hier vor langer Zeit am »Tor

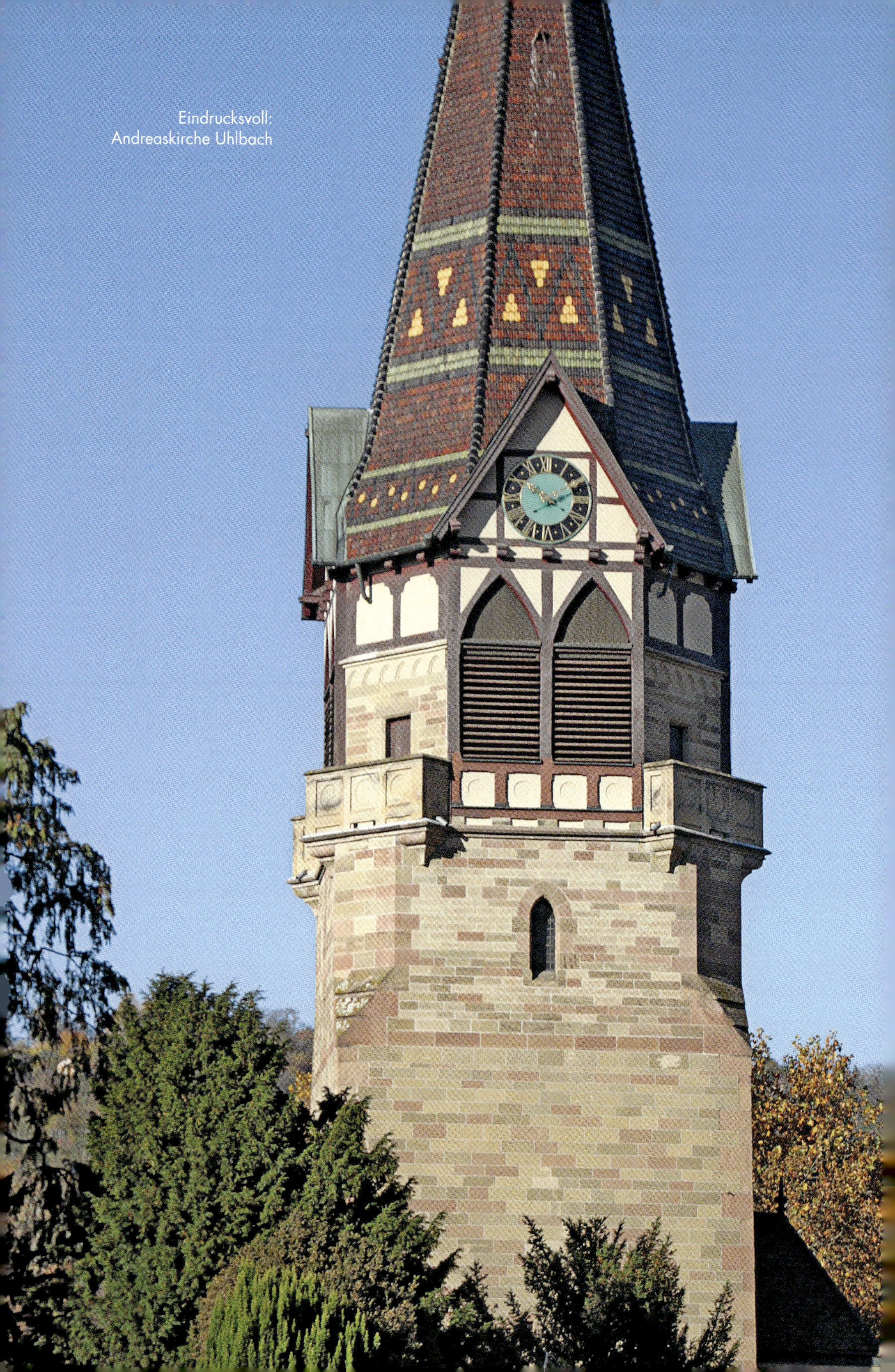

Eindrucksvoll:
Andreaskirche Uhlbach

zum Wald« oberhalb der Finsterklinge gepflanzt wurden, stehen heute noch vier. Die anderen wurden durch junge Bäume ersetzt. Ab hier folgen wir dem Weinbergsträßchen und Weinlehrpfad links hinunter nach **Uhlbach**. Die Landschaft öffnet sich und wir bekommen weitere himmlische Ausblicke auf die umliegenden Weinberge und den Weinort Uhlbach. Oberhalb von Uhlbach schwenkt die Straße nach rechts und wir folgen dem alten gepflasterten Wengertweg hinunter in den malerischen Weinbauernflecken.

Nach kurzer Zeit erreichen wir die Herrengasse, in der wir uns links halten. Sie führt uns direkt hinunter zum Uhlbacher Platz mit dem malerischen **Fachwerkrathaus** von 1612 und der **Kelter** mit dem **Weinbaumuseum**. Vor der evangelischen

Wissenswertes

Der 469 Meter hohe Aussichtsberg **Rüderner Heide** ist Schauplatz der Legende von der heiligen Katharina, der auch das Esslinger Spital geweiht war. Es handelte sich dabei um Katharina von Alexandrien, eine Christin, die im Jahre 307 unter dem römischen Kaiser Maxentius wegen ihres Glaubens zum Tode verurteilt worden sein soll. Ihr gelang jedoch die Flucht durch halb Europa und die Legende erzählt, dass sie schließlich hier oben bei einer heidnischen Opferstätte von den Römern gefasst wurde. Sie weigerte sich, den Gottheiten zu huldigen, und sollte hingerichtet werden. Auf ihre Bitte hin wurde eine Linde verkehrt in den Boden eingepflanzt. Sollte sie trotzdem grünen, wäre dies ein Beweis, dass das Christentum den heidnischen Gottheiten überlegen ist. Die Wurzeln begannen zu grünen und es wurde Katharina zu Ehren hier oben eine Kapelle errichtet und eine Linde gepflanzt, die im 19. Jahrhundert durch den jetzigen Baum ersetzt wurde. Die Kapelle wurde nach der Reformation abgerissen.

Das heute so beschauliche **Uhlbach** lag an der Grenze zwischen Württemberg und der Freien Reichsstadt Esslingen und wurde bei Kriegen oft zerstört. Seine Weinlagen waren begehrt und viele Esslinger Bürger wie auch Klöster besaßen hier Güter. Die Dorfkelter »auf dem Plan«, dem heutigen Uhlbacher Platz, wurde schon 1366 erstmals erwähnt. Der Bau mit dem Stuttgarter Weinbaumuseum entstand um 1907. Für das Jahr 1386 ist eine erste Kapelle bezeugt, die man 1490 durch die Andreaskirche ersetzte. Das lauschige Nest wurde früher schon als reizvoll empfunden und Carl Julius Weber schrieb um 1800: »Beim Anblick dieses glücklichen, verborgenen, mitten in den Weinbergen liegenden Dörfchens wünschte ich mir, Pfarrer da zu sein.« Die Andreaskirche wurde 1895 vom bekannten Architekten Heinrich Dolmetsch aufwendig im Stil der Neugotik umgebaut. Die üppige Bemalung wurde inzwischen wieder freigelegt und kann im Sommer jeden Sonntagnachmittag von 14 bis 16 Uhr bewundert werden. Seit 1937 gehört Uhlbach zu Stuttgart, ist aber noch ganz vom Wein- und Obstbau geprägt.

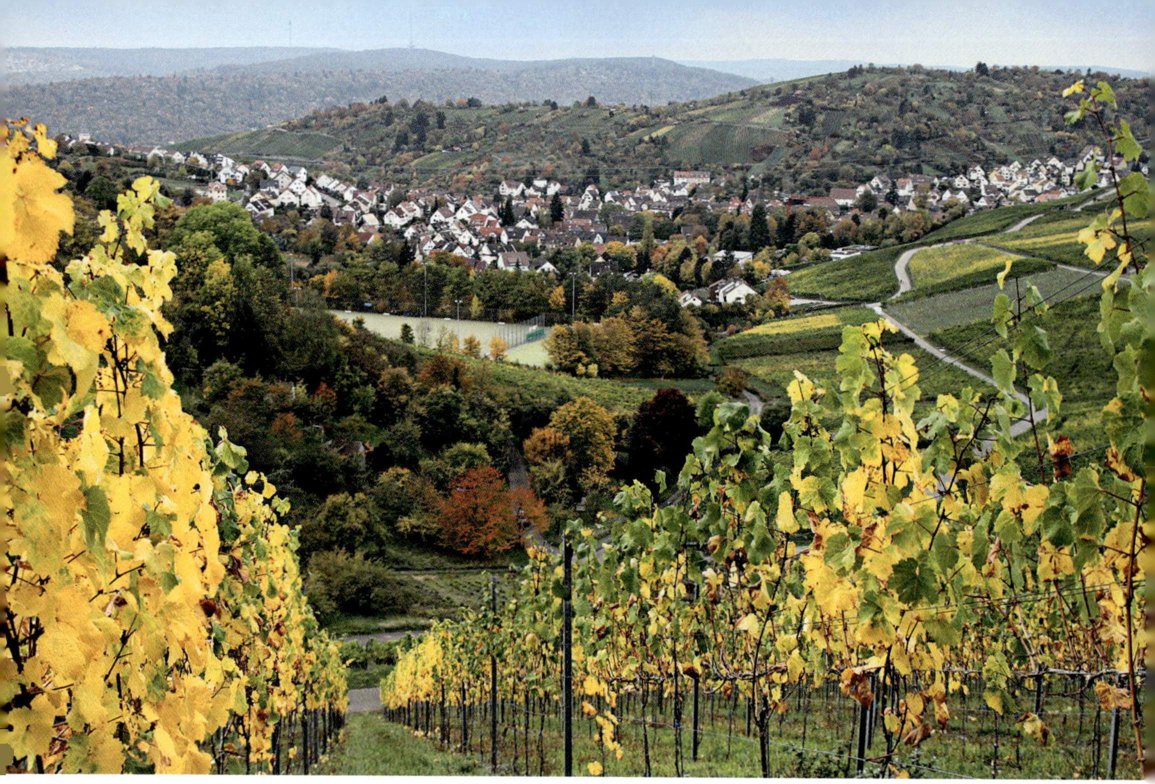

Blick ins Uhlbacher Täle

Andreaskirche steht der **Urbansbrunnen** von 1902. Die Inschrift »O heiliger Urban send uns Wein, wir wollen dafür dankbar sein« ist vermutlich ein Unikum in einem protestantischen Dorf. Eindrucksvoll ist auch das vom renommierten Steinbildhauer Karl Donndorf geschaffene **Kriegerdenkmal** am Kircheneingang. 1926 für die Opfer des Ersten Weltkriegs eingeweiht, ist es eine ungewohnt drastische Plastik mit pazifistischer Intention – ein couragiertes Mahnmal!

Rückweg mit schönen Ausblicken Nun folgen wir der Uhlbacher Straße ortsauswärts und kommen an der 1924 erbauten **Genossenschaftskelter** vorbei, in der das Collegium Wirtemberg Uhlbacher Wein verkauft und Interessierte gerne berät. Wir spazieren weiter und passieren die **Weinkellerei Konzelmann** mit prächtiger Steinfassade. An der Kreuzung mit der Hegnachstraße folgen wir dem Äckerlesweg leicht bergauf und wandern dann auf dem unteren Weinbergweg mit weiteren schönen Ausblicken zur Obertürkheimer **Petruskirche**.
Sie entstand ab 1285 als Wallfahrtskapelle mit dem heute noch vorhandenen mächtigen Turm. Da der Jakobsweg hier verläuft, machten Pilger hier auf ihrem Weg nach Santiago de Compostela schon immer gerne Station. Weil das Kirchle die Massen oft nicht

fassen konnte, befand sich außen am Turm eine Kanzel im Freien. Im Sommer ist die Kirche meist von 14 bis 17 Uhr geöffnet.
Von dort geht's über die Kirchsteige wieder runter in die Uhlbacher Straße. Bei Haus Nr. 42 kommen wir an der **Gemeindekelter** vorbei. Sie stammt im Kern aus dem Jahr 1585, wurde aber 1896 umgebaut. Nun sind wir im alten Dorfkern von Obertürkheim, der sich über einen flachen Sporn zwischen Uhlbach- und Neckartal erstreckt. Rechts sehen wir das **Obertürkheimer Rathaus** von 1809 und daneben (Nr. 31) das alte Stadtschultheißenwohnhaus aus dem 17. Jahrhundert mit hübschem Fachwerk auf der Südseite.
Fast schlossartig wirkt die weiter unten liegende **Villa Kayser** (Nr. 7), die sich 1907 ein zu Geld gekommener Holzhändler gönnte. Eine Nachfahrin vom ihm war übrigens Anna Bosch, geborene Kayser, die erste Frau des Industriellen Robert Bosch. Schließlich kommen wir in die Augsburger Straße. Hier halten wir uns links und gelangen über die Asangstraße wieder zum Ausgangspunkt, den S-Bahnhof Obertürkheim.

Besenwirtschaft Weingut Ruoff neben dem Obertürkheimer Rathaus

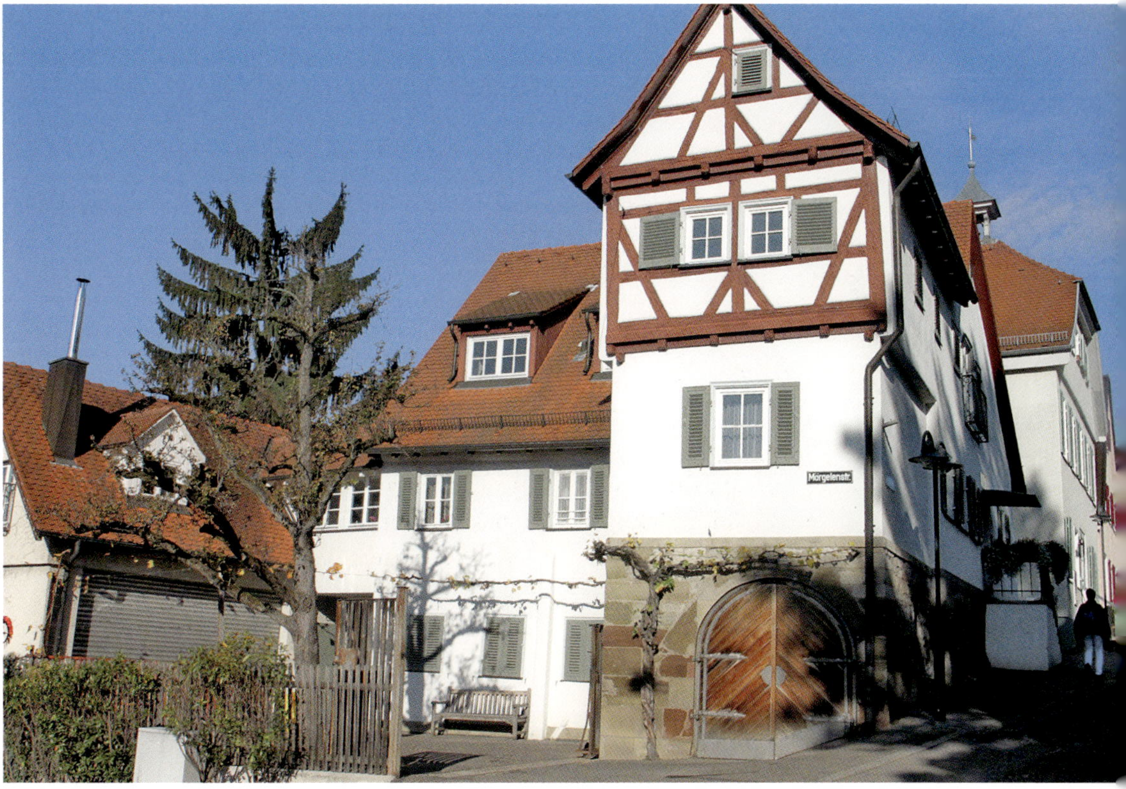

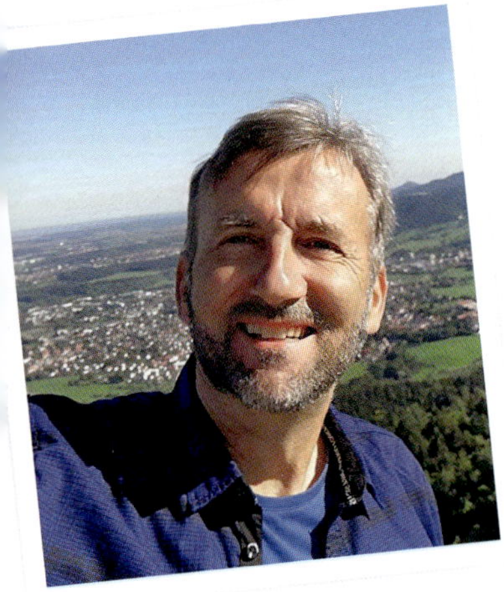

Zugabe

Eine Stadt im stetigen Wandel *Obwohl ich sehr gerne beim Wandern auf der Alb oder im Schwarzwald die weite Natur genieße, habe ich schon früh ein Faible für das Wandern in Stuttgart entwickelt. Bis heute überrascht mich die große Vielfalt unseres »Schdurgards« und immer wieder entdecke ich Neues: Hier hat eine Eckbeiz dichtgemacht, dafür hat sich ein nettes Café mit lauschigem Biergärtle etabliert. An der nächsten Kreuzung fallen mir plötzlich ungewöhnliche Putten und ein unheimliches Fabelwesen an einer Jugendstilfassade ins Auge, an der ich bisher achtlos vorbeigegangen war.*

Spannungsreiche Kontraste *An Stuttgart liebe ich besonders die Kontraste, die hier oft nahe beieinander liegen. Dicht mit Arbeiterhäusle oder gründerzeitlichen Stadthäusern bebaute Viertel in den Niederungen vom Nesen- und Vogelsangbachtal werden schnell durch mondäne Villen mit großen Gärten abgelöst, wenn man etwas die Hänge hochgeht. Auch die Bewohnerstrukturen verändern sich ständig, was den besonderen Reiz von »Kesseltown« ausmacht. Eine echte Kostbarkeit sind die Stadtteile in den Weinbergen östlich des Neckars. In den Wein- und Besenwirtschäftle der alten Wengerterflecken erlebt man noch echte schwäbische Lebenskultur. Auf meinen Touren begegnet man immer wieder großen Kontrasten. Sie machen die Touren bunt, kurzweilig und spannend.*

Pulsierendes Leben, idyllische Ruhe *Der Straßenlärm der großen Stuttgarter Verkehrsadern nervt schnell und ich bevorzuge auch in Stuttgart die verkehrsberuhigten Stadtviertel, in denen dafür buntes Leben brodelt. Gerne wandere ich auch auf den idyllischen Stäffele durch die in Stuttgart so bekannten Halbhöhenlagen. Hier lässt sich der dicht bebaute Stadtkessel wunderbar überblicken und gleichzeitig kann man in der Sonne dösen und das Grün der Gärten und Parks genießen.*

Viel Freude beim Entdecken meines geliebten Stuttgarts wünscht

Gerettetes Kleinod: Klösterle
in Bad Cannstatt

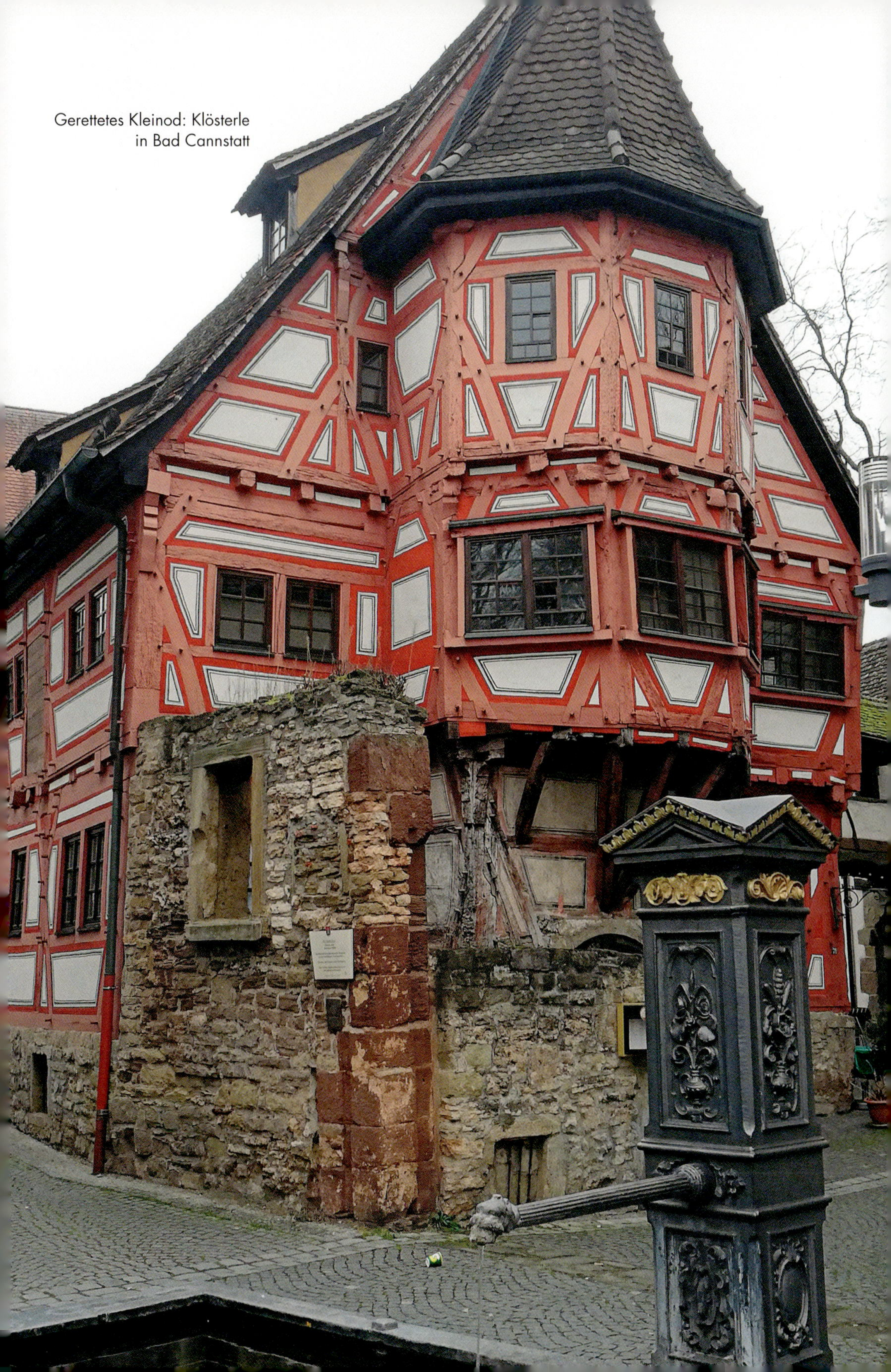

Register

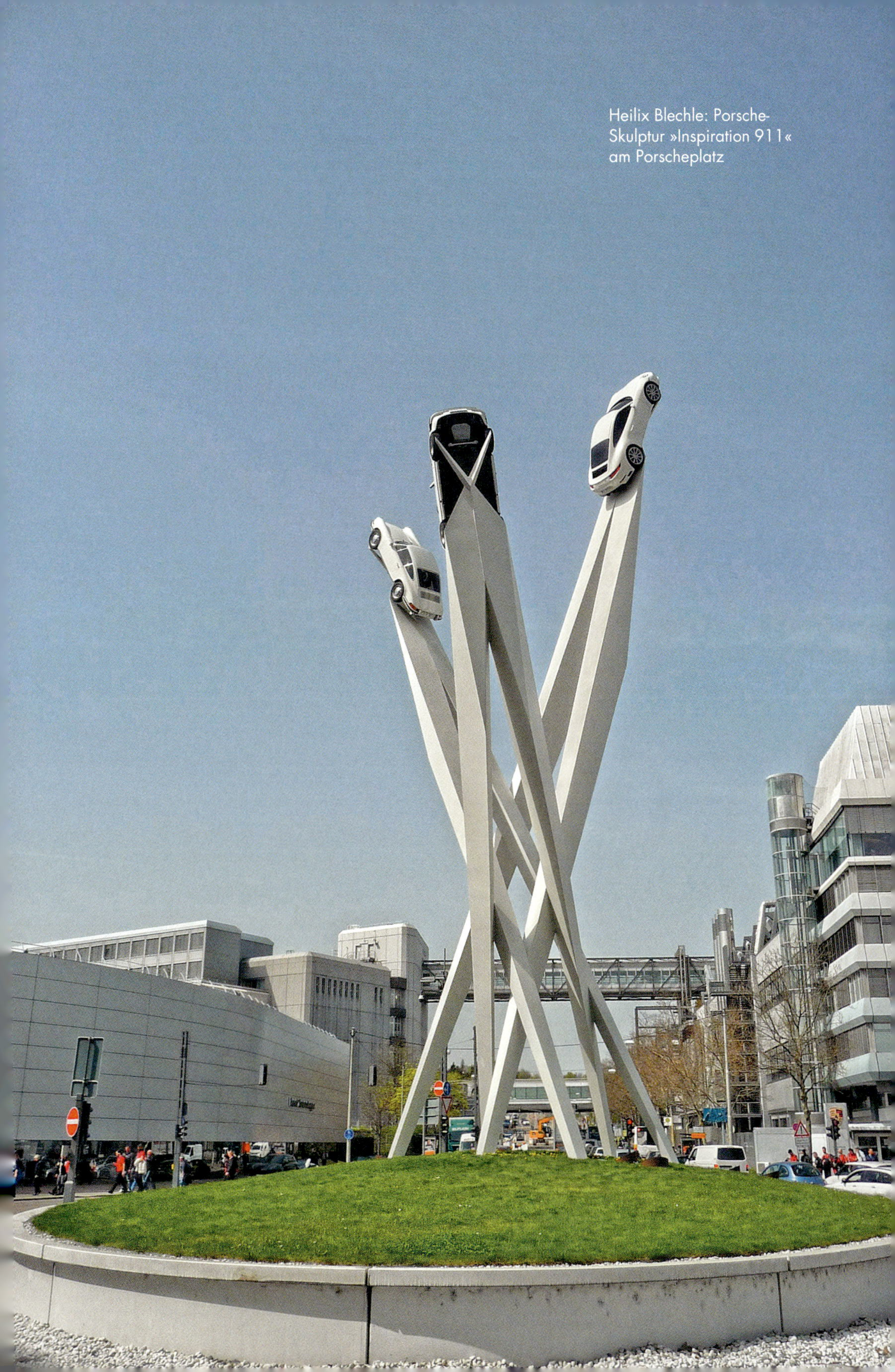

Heilix Blechle: Porsche-Skulptur »Inspiration 911« am Porscheplatz

In gleicher Reihe erschienen ...

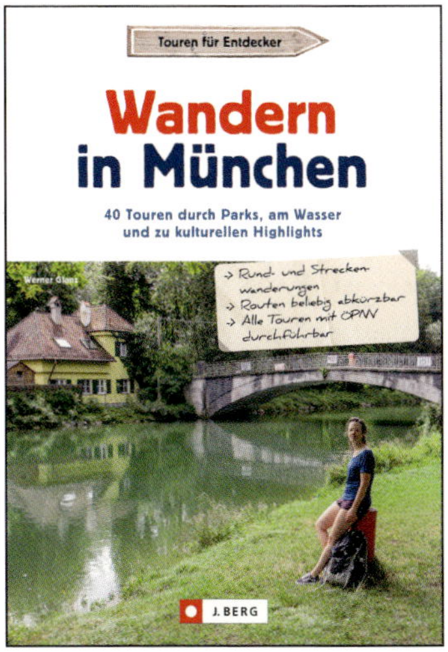

ISBN 978-3-86246-742-6

Warum nicht mal die eigene Stadt erkunden und dabei Unbekanntes entdecken? Dieses Buch präsentiert 40 schöne Touren durch München.

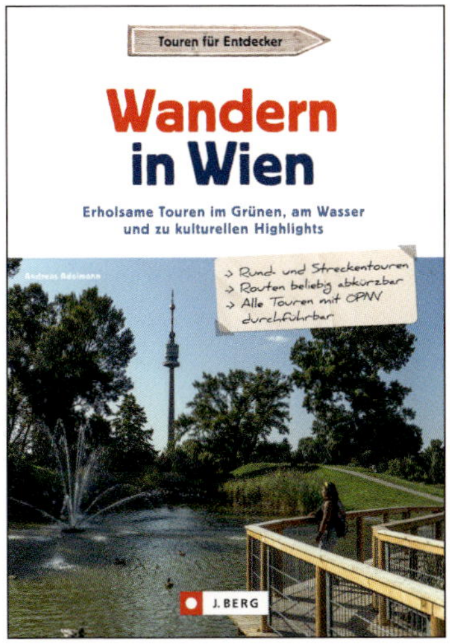

ISBN 978-3-86246-834-8

Wien hat nicht nur viel Schmäh zu bieten, sondern auch wunderbare Stadtwanderungen. Vorbei an allen kulturellen Highlights, hinaus ins erholsame Grün.

Impressum

Verantwortlich: Sabine Klingan
Lektorat, Redaktion und Layout: Verlagsbüro Wais & Partner, Stuttgart
Kartografie: Bruckmann Kartografie, Heidi Schmalfuß
Repro: P.R.O. Medien
Herstellung: Bettina Schippel
Printed in Slovenia by Florjancic Tisk D.o.o.

★★★★★

Sind Sie mit diesem Titel zufrieden? Dann würden wir uns über Ihre Weiterempfehlung freuen. Erzählen Sie es im Freundeskreis, berichten Sie Ihrem Buchhändler oder bewerten Sie bei Onlinekauf. Und wenn Sie Kritik, Korrekturen, Aktualisierungen haben, freuen wir uns über Ihre Nachricht an Bruckmann Verlag, Postfach 40 02 09, D-80702 München oder per E-Mail an lektorat@verlagshaus.de

Unser komplettes Programm finden Sie unter www.j-berg-verlag.de

In diesem Buch wird aus Gründen der besseren Lesbarkeit das generische Maskulinum verwendet. Weibliche und anderweitige Geschlechteridentitäten werden dabei ausdrücklich mitgemeint, soweit es für die Aussage erforderlich ist.

Empfehlung der Redaktion
Sie sind auf der Suche nach weiterführender Literatur? Dann empfehlen wir Ihnen den Titel »Premium Wanderwege Schwarzwald« von Dieter Buck. Oder Sie werfen einen Blick in die Zeitschrift SCHÖNER SÜDWESTEN. Hier werden Sie bestimmt fündig.

Bildnachweis: Alle Bilder im Innenteil und auf den Umschlagseiten stammen vom Autor mit folgenden Ausnahmen: Umschlagvorderseite (Shutterstock/ Hunter Bliss Images).
Umschlagvorderseite: Aussichtsturm im Höhenpark Killesberg, Tour 14
Umschlagrückseite: Johanneskirche mit Feuersee, Tour 10

Die Deutsche Nationalbibliothek verzeichnet diese Publikation in der Deutschen Nationalbibliografie; detaillierte bibliografische Daten sind im Internet über http://dnb.d-nb.de abrufbar.

Infanteriestraße 11a
80797 München

ISBN 978-3-86246-832-4